111 GRÜNDE, DIE SCHWEIZ ZU LIEBEN

Brigitte Beyer

111 Gründe, die Schweiz zu lieben

Eine Liebeserklärung an das schönste Land der Welt

SCHWARZKOPF & SCHWARZKOPF

*Für meinen Mann und seine Geduld
und für alle alten und neu gewonnenen Freunde,
die mir geholfen haben.*

Inhalt

hilft • *Weil die Schweizer den Papst beschützen* • *Weil man eine gute Aussicht auf den Genfersee hat* • *Weil sie den Volksentscheid lieben* • *Weil sogar Frauen wählen dürfen* • *Weil die Schweiz so schöne alte Häuser gebaut hat* • *Weil die Schweizer so schöne neue Häuser bauen*

Die Schweiz, das Land der Gipfel, Gletscher und Genüsse

Vorwort

»Die Schweiz ist ein kompliziertes Land«, urteilt Roger de Weck über seine Heimat und konstatiert:»Sie ist weder eine heile Welt noch ein gigantischer Panzerschrank mit Nummernschloß.« Klein, aber vier Sprachen, unterschiedliche geistige, politische und kulturelle Ausrichtungen durch die Jahrhunderte, verspielt und militäraffin, sanft und mondän, steil und sozial. Je nachdem und vieles mehr.

Die Schweiz hat was. Fand ich vor meinem ersten Besuch nicht, als mein damaliger Freund mit mir in die Schweiz fuhr. Vor 30 Jahren wusste ich auch noch nicht, dass es hier die beeindruckendsten Berge, Gletscher und Bergbahnen gibt, Künstler, die nackt herummarschieren oder ihre Werke zerschneiden, die Einheimischen einen Schneemann platzen lassen oder maskiert ihr Unwesen treiben und alles andere, was die Schweiz ausmacht. Nicht nur Schokolade, Käse und das Matterhorn. Von denen zumindest hatte ich schon einmal etwas gehört. Und geschmeckt.

Und so fange ich dieses Buch mit dem Kapitel »Klischees« an, auf die ich auch hereingefallen bin. Denn es gab sie, es gibt sie, und außerdem sind sie noch beliebt! Sie stellen sozusagen die Grundausstattung dar, wenn man die Schweiz besucht. Und schnell feststellt, dass es so viel anderes zu entdecken gibt. Denn, oh Wunder, es gibt ja nicht nur die Schweiz, sondern es gibt vor allem ihre Bewohner und Bewohnerinnen, die die Vielfalt ausmachen!

Liebe Schweizer und Schweizerinnen, die euch dieses Buch in die Hände fällt: Ich hoffe, ihr habt nicht allzu viel zu *nürzä*. Aber als Einwohnerin eines flächenmäßig etwas größeren Nachbarlandes war ich mit eurer Vielfalt vielfach überfordert.

Was sind schon »111 Gründe, die Schweiz zu lieben«? Das schönste Land der Welt hat riesenhohe Berge und Datenberge, und für beide gilt: Oben angekommen, ist die Aussicht immer eine andere, neue und aufregende. Was man da alles nachsehen kann! Wo kommt gerade ein Herdenschutzhund seiner Aufgabe nach? Wie viele Erdstöße gab es gestern in der Schweiz, und wer hat's gespürt? Um wie viel kürzer ist mein Lieblingsgletscher seit letztem Jahr geworden? Was für ein Sport ist das denn? Die Schweizer machen Kuchen aus Gemüse? Die Schweizer fahren ununterbrochen mit der Eisenbahn? Muss ich wirklich mit Drachen kämpfen?

111 exotische Begebenheiten und Begegnungen. Also doch ein großes Land, groß an Vielfalt auf jeden Fall. Das mit der Vielfalt ist nicht neu, damit hat die Schweiz schon 1992 auf der Weltausstellung in Sevilla geworben. Aber deshalb ist es nicht falsch. Und deshalb kommen in diesem Band auch so viele Zahlen und Lebensdaten vor. Denn sie zeigen: Schweizer und Nichtschweizer fühlen sich schon immer der Schweizer Vielfältigkeit verbunden. Die Beantwortung der Frage, ob der Plural von »Schlaraffenland« Schweiz ist, überlasse ich den geneigten Lesern.

Abwechslungsreichtum kann man nicht genug haben, oder? Deshalb fangen wir jetzt an und setzen alles an den Anfang, zum Beispiel die Betonung. Das ist so wichtig, dass ich es auch <u>unterstreiche</u>!

Brigitte Beyer

Kapitel 1

Die Schweiz und ihre Klischees

1. Grund

Weil auch Asterix die Schweiz liebt

Beim Sammeln von angeblichen Stereotypen fange ich als Deutsche am besten mit einem Comic aus unserem Nachbarland Frankreich an. Der zeigt, dass auch die Franzosen bestimmte Vorstellungen von der sogenannten typischen Schweiz haben. Es sei dahingestellt, ob die Anregung für diesen Band wirklich auf Georges Pompidou zurückgeht.

Der 1970 erschienene 16. Band der *Asterix*-Reihe heißt im französischen Original *Astérix chez les Helvètes*, im Deutschen natürlich (wieso natürlich?) nicht *Asterix bei den Helvetiern*, sondern *bei den Schweizern*, erschienen 1973. Dies mag vielleicht daran liegen, dass die Franzosen gerade zu den keltischen Helvetiern eine engere Beziehung haben. Beinahe wären die Helvetier sogar nach Frankreich

11

umgezogen. Aber bekanntlich war schon Julius Caesar von dieser Idee nicht begeistert (s. Grund 69).

Nun aber zu unseren Comic-Helden, die in gewohnt humorvoller Art nationale und regionale Eigenheiten auf die Schippe nehmen. Dabei ist es immer wieder ratsam, das französische Original zu Rate zu ziehen, das oft noch näher als die deutsche Übersetzung manches Klischee karikiert. Dies lässt sich vielleicht am ehesten an den Namen erkennen: Da ist zunächst einmal Zurix, der Bankier aus Zürich, jedenfalls dem Namen nach, im Comic natürlich ein liebenswerter Mensch, der sich in der deutschen Übersetzung Vreneli nennt, in Anlehnung an das Goldvreneli, eine Schweizer Goldmünze. Der hilfreiche Wirt heißt im Deutschen Seewirt und in der italienischen Übersetzung Formagginix, womit er näher am französischen Original ist. Dort heißt er Petisuix, nach einem französischen Weichkäse namens *Petit Suisse*, also »Kleine Schweiz«, ein Käse, der in der Schweiz auch Gervais heißt.

Ganz wichtig ist es natürlich, dass die Schweiz sauber ist! Das fängt schon am Grenzübergang und den entsprechenden Grenzschildern an bzw. am Fass mit der Aufschrift *Détritus* (beim ersten Bild), einem französischen Wort für Abfall. Durch den Akzent weist es sich als französisch aus und nicht lateinisch, wie man es vielleicht aus der Zeit der Erzählung ableiten könnte. Das Wort kann auch Geröll, Schutt, Steinabrieb bedeuten – ein weiteres Wortspiel? Beim zweiten Bild mit dem inzwischen mehr als gefüllten Fass steht in der deutschen Version »Antiquitäten.«

Egal. Die stereotype Sauberkeit zieht sich durch die ganze Geschichte bis hin zur Bemerkung eines Schweizers »wie unzivilisiert«, als Gaius Infarctus, der das dritte Mal sein Stück Brot im Fonduekessel verliert und deshalb mit Gewichten beschwert in den Genfersee muss. Nicht nur das ist eine Anspielung auf die teilweise etwas kruden Rituale beim Fondueessen. Und der andere Schweizer auf diesem Bild bemerkt: »Um diese Jahreszeit ist das Wasser im See noch schmutziger.« Um noch einmal auf Detritus zurückzukommen: Das kann – auch im Deutschen – ungesunde Stoffe in Gewässern bedeuten!

Wenden wir uns schöneren Dingen zu, zum Beispiel der guten Luft in der Schweiz: »Die Luft ist so gut bei uns« heißt es des Öfteren. Und natürlich: die Berge! An Letzteren zumindest hegt Obelix massive Zweifel: »Sag mal, Asterix, wo sind denn die Berge?« Überhaupt ist das Land nicht so, wie er es sich vorgestellt hat, wenig Berge, stattdessen viel Wasser: »Die haben einen See hier?« Sein Fazit auf die Frage, wie Helvetien denn nun sei, lautet folgerichtig: »Flach.«

Damit hat Obelix natürlich einiges verpasst, schließlich erfindet er, wenn auch nicht ganz freiwillig, so nebenbei das Anseilen beim Bergsteigen und den Wintersport. Tut mir leid, Obelix, dass du dafür als Schlitten herhalten musstest. Für geniale Erfindungen muss man eben Opfer bringen.

Abgesehen davon haben die Schweizer keine Erfindungen anderer Nationen nötig, sie haben schon ganz viele selber gemacht: Sie verfügen über funktionierende Uhren, auch wenn ausgerechnet gewissen nördlich angrenzenden Barbaren die Pünktlichkeit auf die Nerven geht. Sie haben sichere Banken und ein Bankgeheimnis, sie agieren harmonisch in ihren Vereinen und bei ihren berühmten Musikfestivals, und das Rote Kreuz erfanden sie auch noch. Das Jodeln alleine zwar nicht, aber das mag der gemeinsamen französisch/romanischen Tradition des Originalcomic geschuldet sein. Schließlich waren alle Gallier bzw. Kelten dafür berüchtigt, über ohrenbetäubende Musikinstrumente zu verfügen. Ob das Alphorn eine späte Reminiszenz daran ist?

Wilhelm Tell bzw. der berühmte Apfelschuss kommt natürlich auch vor, aber das ist eine spätere Geschichte, ebenso wie die allgemeine Wehrhaftigkeit der Schweizer.

Ein weiterer *running gag* ist die Geschichte mit der wieder aufgebauten Brücke nach Genf. Schließlich wollten die Helvetier damals auswandern, und Caesar war dagegen, weswegen er die Brücke zerstören ließ. Dazu unten mehr (s. Grund 69). Nun leben sie wieder da, wo sie hingehören: in der Schweiz, wo sie satt und zufrieden sein können, ebenso wie ihre Tiere friedlich und heiter. Noch hängen die Felle glücklicher Kühe nur an der Wand, schließlich wird es noch etwas dauern, bis aus deren Milch Glück spendende Schokolade wird.

Da kann man doch wohl darüber hinwegsehen, dass ihr Käse Löcher hat und sie immer saubere Schuhe haben müssen. Schließlich sind sie neutral, international und verschwiegen. Wie Zurix/Vreneli es außergewöhnlich wild für einen Schweizer (oh, ein weiteres Klischee!) brüllt: »Ich will, dass es still bleibt um meine Konten!« Die Zeiten dürften vorbei sein. Und das Edelweiß? Das durfte anscheinend noch gepflückt werden.

Ich möchte noch einmal kurz auf die Geschichte mit dem Grenzübergang zurückkommen: In römischer Zeit gab es natürlich die Schweiz in der heutigen Ausdehnung nicht, »schlimmer« noch: Nachdem die Römer das Gebiet der Schweiz in Besitz genommen hatten, verteilte sich das heutige Staatsgebiet auf vier römische Provinzen. Also: Wo sollte da bitte eine Grenzkontrolle gewesen sein?

Nichts da: Ohne irgendwelche Formalitäten konnten sich alle bewegen. Das ist 2000 Jahre her und heute fast wieder Alltag.

2. Grund

Weil die heile Welt einen Namen hat: Heidi

»Sehr verehrtes Fräulein Rottenmeyer,

sind Sie wirklich auf die Idee gekommen, das arme Heidi zu verschachern? Das gehört sich im heilen Heidiland nicht, abgesehen davon, dass Frauen nicht zu kaufen sind! Ich nehme hiermit meine Verehrung zurück!

Mit unfreundlichen Grüßen
Die Autorin

*

Sehr geehrte Frau Autorin (was ist das denn für ein Name?),
dieser Fauxpas tat mir noch nachträglich leid, es soll nicht wieder
vorkommen. Aber Heidi ist inzwischen groß und hat beim Volksent-
scheid am 1. August erfolgreich abgestimmt: Die Schweiz bleibt eine
heile Welt.
Hochachtungsvoll
Fräulein Rottenmeyer
PS (keine Frau bringt es fertig, einen Brief ohne PS zu schreiben):
Meine Adresse wird sich übrigens ändern: Ich ziehe aus der Finanz-
metropole Frankfurt nach Zürich. Das scheint mir sicherer. Ich habe
auch schon ein Konto eröffnet.«

Wie gemein war das denn, das arme Heidi verkaufen zu wollen! Wo
bleibt denn da die heile Welt?

Gott sei Dank ist dieser Versuch nur einmal vorgekommen, nämlich als 1937 der Kinderstar Shirley Temple im ersten Tonfilm zum
Thema das Heidi spielen durfte. Diese Schauspielerin ist in ihrer Vita
ein schönes Beispiel dafür, was noch heute an Heidi bewundert wird:
sich durchzukämpfen.

Und dann liebt das Heidi natürlich die Berge, die ihre Welt sind,
wie jeder spätestens nach dem Song von Gitti und Erika weiß. Heidi
ist nun mal ein Synonym für die Schweiz. Sie findet sogar noch Erwähnung in der Eurovisionssendung vom 2. Februar 2019 *Ich weiß*
alles: über Heidi.

Sich durchkämpfen ist immer noch eine wichtige Aufgabe. Dennoch mute ich dem Leser (und mir) jetzt nicht zu, sich durch die
bislang 25 Verfilmungen des Heidi-Stoffes zu kämpfen.

Worum ging es noch mal?

Es war einmal ein Damals, als die lauschigsten Alpentäler durch
das Gespenst der Ökonomisierung aufgeschreckt wurden. Alles, was
bis dahin ein, wenn auch karges, so doch freies Leben ermöglichte,
war dahin. Die Menschen hatten die Wahl, zu verarmen, zu verhun-
gern, an Seuchen zu sterben oder auszuwandern. Die Schweiz war

ein Jammertal und konnte nur mit den Wölfen heulen (dazu später mehr) oder ihrer freien Vergangenheit nachweinen.

Aber dann kam ein kleines Mädchen, das alles rettete. Es hieß Heidi und war ein Fantasiegeschöpf, was es ihm ermöglichte, länger zu leben als die normalen Sterblichen. Und das tat es denn auch, und wenn es nicht gestorben ist, so lebt es noch heute. Was es auch tut. Das führt uns heutzutage fast zwangsläufig zu einem Heidi-Erlebnisweg. Unter anderem. Ganz im Heidifieber lebt der Ort Maienfeld (GR), mit Heidihaus im Heididorf, Heidialp, Heidibrunnen – und natürlich Heidi-Shop. Das findet noch immer Anklang, vor allem bei den Japanern, die in den 1970er-Jahren sogar einen 52 Folgen währenden Zeichentrickfilm daraus machten. Alle waren fasziniert, nur einige störten sich an einem winzigen Detail: Heidi war nicht blond, sondern schwarzhaarig (s. Grund 51).

Ursprung der ganzen Begeisterung war der Wohlfühlfaktor in der heilen Bergwelt, den die verwitwete Kinderbuchautorin Johanna Spyri (1827–1901) bei ihren Besuchen im Weinort Jenins (GR) entdeckte, diese »pathetische Geschichte über die reinigende Kraft der Bergwelt und ihrer unverdorbenen Menschen«. Damit übt Heidi eine Faszination aus, die zum Beispiel die Japaner aus ihrer eigenen Berg- und Waldwelt so nicht kennen.

Seit 1880 verteidigt das Heidi bis heute die frische freie Luft der Schweiz sozusagen bis zum letzten Atemzug und zeigt, wie die Schweiz auch weiterhin die Insel der Seligen bleiben kann.

Und das als Mädchen. Na gut, sie hatte auch männliche Unterstützung, zunächst einmal den Geissenpeter, der doch nicht so doof war, wie es den Ziegenhirten gerne nachgesagt wurde, und dann ihren Opa, den Alpöhi (hochdeutsch Almöhi). Den spielte der große, Anfang 2019 verstorbene Bruno Ganz in der Verfilmung des Klassikers 2015. Und er gab eine aussagekräftige Antwort auf die Frage der Journalisten, wie er denn diese Rolle spielen könne, wo er doch vorher den Hitler gegeben hätte: »Ich (…) kapierte, dass ich sie spielen muss, weil ich alt genug bin und weil ich Schweizer bin.«

Ein guter Übergang zum deutschen Heidi, finde ich. 1952 wurde der Stoff verfilmt mit den damals sehr populären deutschen Schauspielern Willy Birgel als Konsul Sesemann und Theo Lingen als Diener Sebastian, der Heidi liebe- und verständnisvoll Mamsellchen nennt. Ein »Fräuleinchen« passte gut in die Zeit. Denn Heidi traf bei den verunsicherten Deutschen auf ein angeknackstes Lebensgefühl nach dem Zweiten Weltkrieg. Das Publikum begeisterte sie sogar so sehr, dass 1955 die Fortsetzung *Heidi und Peter* gedreht wurde.

Alles schwarz-weiß natürlich noch, so wie die Geschichte. Aber alles wird gut, und aus dem Kitsch ist im Laufe der Zeit ein respektables Märchen über das einfache Leben geworden. Und das Heidi kann an der Hand des Großvaters in der heilen Heimat in die Sonntagsmesse gehen. Die Berge engen ein. Heißt es. Stadtluft macht frei. Heißt es. »Wo ich meine Freiheit finde, entscheide ich«, könnte Heidi gesagt haben.

3. Grund

Weil die Schweizer schwungvoll sind

Alle drei Jahre wird seit 1895 das »Eidgenössische Schwing- und Älplerfest« veranstaltet. Hier wird nicht nur die Fahne geschwungen, gejodelt und man schwingt sich gegenseitig auf die Matte, es finden auch Steinstoßwettbewerbe (s. Grund 100) und das Hornussen (s. Grund 99) statt. 2022 findet das nächste Eidgenössische in Pratteln (BL) statt.

Als gäbe es nichts Einfacheres auf der Welt, wirbeln Fahnenschwinger ihre flatternden Geräte durch die Lüfte und strahlen dabei eine bewundernswerte innere Ruhe aus. Doch diese scheinbare Leichtigkeit ist hart antrainiert: Jede noch so kleine hastige Bewegung macht die Kunst zunichte. Und eine Kunst ist es tatsächlich, 99 verschiedene Schwünge ebenso sicher mit der linken wie mit der rechten Hand zu beherrschen: von den Leibschwüngen über die Teller- bis zu den Hochschwüngen.

Das Fahnenschwingen, meist begleitet von urigen Alphornklängen, ist Teil des Brauchtums an volkstümlichen Festen. Es ist aber auch eine der ältesten Nationalsportarten der Schweiz. An Jodler- oder Schwingfesten treten die Kandidaten mit dreiminütigen »Kampfübungen« gegeneinander an. Wer einmal selbst die Fahne in die Höhe schleudern möchte, besucht einen Kurs – zum Beispiel in der Zentralschweiz in Brunnen oder im Emmental.

Man schwingt also entweder seine rot-weiß gekreuzte Fahne oder sich gegenseitig auf die Matte. Bzw. ins Sägemehl. Das Eidgenössische oder Das Kantonale heißt es seit über 100 Jahren einfach, und sofort weiß jede und jeder, was gemeint ist: Es geht schon wieder ums Schwingen, dieses Mal darum, dass kräftige Männer und Frauen auf sandrunden Plätzen oder im Sägemehl an speziellen Hosen reißen, um einander zu Fall zu bringen.

Der Ursprung dieses typischen Schweizer Nationalsports soll in der Zentralschweiz liegen. Weil das ein Nationalsport ist, schwingt der Mann und seit 1980 das erste Mal in Aeschi (BE) auch die Frau auf dem Frauen- und Meitlischwinget. Anlässlich der Bundesfeier am 1. August treffen sich in Davos (GR) die besten Schwinger der Ostschweiz und kämpfen um den besten Schwung. Auch in Luzern ist das Schwingfest ein wichtiges Thema. 2019 fand es zum 100. Mal in Willisau statt, das »Basellandschaftliche Kantonalschwingfest« in Läufelfingen sogar 2019 zum 104. Mal.

»Schwingen liegt im Trend: Aus dem urchigen Hosenlupf für Bauern ist ein massenbegeisternder Spitzensport geworden, der Tausende von Menschen in seinen Bann zieht«, heißt es auf der Internetseite des »Schwingclubs Rothenburg und Umgebung«, der die Ehre hat, das 101. Luzerner Kantonale Schwingfest in Rothenburg 2020 auszurichten.

Der Sport ist so beliebt, dass er auch im Fernsehen übertragen wird, die Schweizer kennen ihre guten Schwinger, *die Bösen.*

Der Favorit ist nach zwei Gestellten im Rückstand! Der Hauptsieger, der Schwingerkönig, gewinnt ein ordentliches Rind bzw. Bülles oder den Muni. Die anderen Sieger, die *Eidgenossen*, können einen Kranz gewinnen. An exponierter Stelle im kleinen und lauschigen Park des Inseli in Luzern schuf Hugo Siegwart die Skulptur eines Schwingers. Sie war allerdings für damalige Verhältnisse etwas zu unbekleidet geraten, sodass die Luzernerinnen 1909 dagegen protestierten. Heute würden sie selber zum Schwingfest gehen und kräftig einen Schlungg, Stöckli oder den Bärendruck ausüben.

Lautstark nicht, das ist verpönt, man feuert wohltemperiert an. Es ist ja kein roher Sport, sondern eine präzise Technik, um seine Muskeln spielen zu lassen. Und unbekleidet sind die Schwinger auch nicht, schließlich tragen sie die Schwinghose aus Zwilch, eine sehr robuste Überhose. Die versucht der Gegner bis zum Entscheid nicht mehr loszulassen! Wer beim Gerangel mit den Schulterblättern oder dem Rücken den Boden berührt, hat verloren. Und der Sieger klopft ihm das Sägemehl vom Rücken.

Die Schweiz ist eben ein schwungvolles Land.

4. Grund

Weil die Schweizer gerne ins Horn blasen

»Einsam auf der Alp? Da blas ich mal ins Horn und höre, was die anderen so machen. Wo sind überhaupt die Kühe geblieben? Ich blas mal ins Horn und blase sie zusammen. Dann kommen sie zum Melken in den Stall. Dann wird es Abend, und da blas ich mal ins Horn. Das beruhigt. Nicht nur die Kühe. Morgen geht's ab ins Tal. Und da blas ich mal ins Horn, damit meine Leute Bescheid wissen.«

Denkt sich das der Senn? Vielleicht vor 300 Jahren, aber heute? Ich konnte keinen fragen, denn der Alphornbläserverein bläst gerade ins Horn. Das freut die Touristen. Denn in Zeiten der Handy-

Kommunikation braucht man kein Alphorn mehr. Das braucht man jetzt zum Musikmachen, was wieder die Touristen, aber auch die traditionsbewussten Folklorefans freut. Schließlich wurde das Instrument schon 1527 erwähnt. Aber so ein Alphorn ist schon ein sperriges Teil. Muss es aber sein, denn die Tonart, in der ein Alphorn gespielt werden kann, hängt von seiner Länge ab – deswegen die stattliche Länge von 3,50 Meter. Früher bestimmte die Länge des Baums, aus dem es gefertigt wurde, die Höhe des Grundtons. In der Schweiz ist das Fis/Ges-Alphorn tonangebend.

Was haben also das australische Didgeridoo und das Schweizer Alphorn gemeinsam? Die Größe ihres Herkunftslandes wohl nicht, aber die Größe des hölzernen Blasinstruments.

Das Alphorn ist heute noch ein langes, konisches Rohr, am Ende gebogen wie ein Kuhhorn. Bis in die 1930er-Jahre wurden zum Bau der Alphörner junge, an steilen Stellen krumm wachsende Tannen verwendet. Da dieses alpine Holz langsam wächst, liegen die Jahresringe eng beieinander. Die ganzen Stämme wurden in stundenlanger Arbeit aufgeschnitten, ausgehöhlt und wieder zusammengefügt. Heutige Alphornbauer verwenden auch andere Hölzer wie Esche, Haselfichte oder sogar Materialien wie Carbon.

Gut zwei Dutzend Alphornmacher soll es noch in der Schweiz geben. Das ist aber auch eine besondere Kunst und nicht gerade billig. Dafür kann man schon ein paar Tausend Franken hinblättern. Der Alphornmacher (wieso heißen die nicht -schnitzer? oder -bauer?) richtet sich beim Gewinn dieses Holzes nach dem Mondkalender. Denn in der Neumondphase, das soll schon der berühmte Geigenbauer Stradivari (1644–1737) berücksichtigt haben, hat das Holz eine bessere Qualität. Wem das zu laut vorkommt, der kann sich auch leiseren Flötentönen widmen: zum Beispiel seit 1945 am Zürichsee bei der Firma Huber, die Flöten herstellt.

Der Eidgenössische Jodlerverband, zu dem die Alphornbläser gehören, zählt heute rund 1.800 Alphornbläser und Alphornbläserinnen in der Schweiz und in der ganzen Welt zu seinen Mitgliedern –

Tendenz steigend. Seinen großen Auftritt erlebt das Alphorn jeweils am »Eidgenössischen Jodlerfest«, an den Umzügen der Schweizerischen Trachtenvereinigung sowie am jährlichen internationalen Alphornfestival in Nendaz (VS). Daneben sind Alphörner aber auch in der klassischen Musik anzutreffen oder im Jazz, und für Experimente in der modernen Musik kann man sie auch verwenden.

Seit 1910 jodelt es im Eidgenössischen Jodlerverband, seit 2009 geführt von einer Frau, Karin Niederberger. Damit ist sie auch Verbandsvorsitzende von vielen Tausend Jodlerinnen bei 20.000 Mitgliedern. Inzwischen kann man sich in Luzern sogar ein Diplom erjodeln.

Für alle deutschen Loriotfans: Sagen Sie jetzt nichts.

5. Grund

Weil Schweizer Uhren richtig und Berner Uhren langsam gehen

Was für ein Kulturschock: Da stehe ich auf dem Bahnsteig und warte auf den – natürlich – pünktlichen Zug. Und was muss ich sehen: Die Bahnhofsuhr geht falsch! Da kann man schon einmal an seinen Vorurteilen zweifeln, oder? Den Ort des Geschehens benenne ich hier nicht, da ich nach wie vor glaube, dass es sich um ein einmaliges Versehen handelte. Fanden meine japanischen Mitreisenden auch, die 2011 in Nagasaki auf den Zug gewartet hatten und anmerkten: »Es muss etwas passiert sein, der Shinkansen ist unpünktlich.« Seien wir also froh, dass so eine kleine Zeitverschiebung nicht gleich zu einer Katastrophe führt.

Von 1966 bis 2011 gab der Zeitzeichensender HBG als Zeitübertragungsdienst in Prangins am Genfersee (VD) den Takt vor. Seitdem beziehen auch die Schweizer Uhren ihre akkurate Zeit aus Mainflingen in Hessen.

»Erfunden« wurde die Uhrenindustrie der Schweiz im Jura, genauer gesagt in La-Chaux-de-Fonds (JU) und dem knapp südwestlich gelegenen Le Locle (NE). Seit über 200 Jahren ticken hier Namen wie Rolex, Ebel, Breitling, Omega, Tissot und so viele mehr, die vor allem zahlungskräftige Touristen begeistern.

Die Quarzuhr hatte in den 1970er-Jahren die Uhr zum Massenprodukt gemacht, bevor in den 1990er-Jahren das Pendel zurückschlug und hochpräzise mechanische Uhren für ein Luxusgefühl am Handgelenk sorgten. Da war auch wieder die Handwerkskunst des Guillocheurs gefragt, der ein zartes Muster ins Zifferblatt graviert. Wer's historisch mag, sieht sich die Prachtexemplare zum Beispiel im Uhrenmuseum Beyer in Zürich an. Das Museum bewahrt auch die Armbanduhr, die Sir Edmund Hillary bei der Erstbesteigung des Mount Everest trug.

Und was ist jetzt mit den Berner Uhren? Sie gehen wie alle anderen, das sollte ein Scherz sein. Denn im Humor wird auch in der Schweiz gerne über angebliche Stereotypen gelacht und gelästert. Danach machen die Thurgauer, die »Moschtindianer«, gerne lange Finger, und die Appenzeller sind aggressiv, wahrscheinlich, weil sie so klein sind. Herausgebildet hat sich das Klischee ausgerechnet vom witzigen Appenzeller Ende des 18. Jahrhunderts, Zeugnisse vom Witz in Appenzell finden sich aber schon früher, und später besiegelten erfolgreiche Witzeerzähler und Satiriker das Bild. Dabei verbindet der noch junge Witz-Slam Tradition und Slam-Kultur. Es gibt sogar einen Witzwanderweg zwischen Heiden und Walzenhausen, der Bein- und Lachmuskeln gleichermaßen bewegt.

Kehren wir langsam zurück zu den Bernern. Sagt ein Berner zum anderen: »Weihnachten ist schön.« Antwortet der: »Geschlechtsverkehr auch.« Wieder der Erste: »Aber Weihnachten ist öfter.« Damit sind selbst in Zeiten des Handy-Hypes die Berner vorbildlich: Sie brauchen keine teuren Seminare zur Entschleunigung, sie leben sie.

Und sind sowieso ihrer Zeit immer voraus. In Bern darf man schon ab 14 Uhr einen »Guten Abend« wünschen.

Aber zurück zur in der Schweiz erfundenen Bahnhofsuhr: In kaum einem anderen Land sind die Vorstellungen von »Eisenbahn« und »akkurater Zeitmessung« als technische Errungenschaften so aneinandergekoppelt wie in der Schweiz. Sie sind allgegenwärtig.

Aber schon Einstein wusste: Alle Zeit ist relativ. Und so ging in Bern die Bahnhofsuhr sogar rückwärts! Jedenfalls im Historischen Museum. Wie lässt sich die persönliche Relativität besser veranschaulichen? Leider geht die Uhr jetzt »richtig«. Jedenfalls scheinen die Berner zu wissen, wie man die Zeit nutzt. Nicht von ungefähr heißt eine Veranstaltungsseite im Internet *bern.carpe-diem.*

Wer trotzdem unbedingt aufs Tempo drücken will: In 57 Minuten erfährt man im Historischen Museum alles über Bern und seine Geschichten und was Napoleon, Einstein und James Bond in Bern machten. Gemach, dazu kommen wir noch.

6. Grund

Weil die Schweiz so süß ist I

Die älteste noch existierende Schokoladenmarke der Schweiz soll Cailler sein, auch wenn sie inzwischen zu Nestlé gehört. 2019 kann Cailler sogar den 200. Geburtstag feiern. Fleur Helmig, Direktorin des Maison Cailler in Broc im Greyerzerland (FR), weiß, warum sie so erfolgreich sind, nämlich weil hier »alle Elemente der Schweizer Identität vereint [sind]: Schokolade, Käse, Alpen, Kühe und ein Schloss«.

So was kommt gut an. Seit 2018 gibt es sogar einen eigenen Shop von Cailler in Corsier-sur-Vevey (VD) im Museum, das an Charlie Chaplin erinnert, und so ziert denn auch sein legendärer Tramp die Produkte. Als der Frankfurter Apotheker Heinrich Nestle (1814-1890) in die Schweiz auswanderte, zog er 1839 nach Vevey. Und legte sich einen Akzent zu.

Für die damalige Zeit war seine zündende Idee nicht schlecht. 1867 begann er, ein Produkt zu kombinieren, das Kindersterblichkeit verringern sollte bzw. Neugeborene, die nicht gestillt werden konnten, zu ernähren: und zwar seine *farine lactée* aus Kuhmilch (pfui!), Mehl (pfui!) und Zucker (pfui!). Heute, wo man festgestellt hat, dass Kuhmilch nicht das Bekömmlichste ist, weiß man natürlich, dass das alles nicht gut war. Trotzdem leben wir Nachfahren ja noch. So tödlich kann es also nicht sein.

Also nichts pfui! 1875 entwickelte Daniel Peter in Vevey die erste Milchschokolade. Das wurde ein Erfolgsschlager. Überhaupt sind 200 Jahre schon eine reife Leistung für ein Produkt, das erst im 17. Jahrhundert auch in der Schweiz bekannt wurde und im 18. Jahrhundert vor allem im Tessin und am Genfersee produziert wurde.

Im Laufe des 19. Jahrhunderts und Anfang des 20. Jahrhunderts wurden dann zahlreiche Schokoladenfabriken gegründet, deren Namen noch heute Klang haben: Lindt in Bern, Sprüngli in Zürich mit den Luxemburgerli (zwei Hälften Gebäck, dazwischen Creme), Kohler in Lausanne, Suchard in Neuchâtel-Serrières, Favarger in Genf und viele mehr, man kann sie wirklich nicht alle nennen. Bei der Konditorei Heini in Luzern wurden »Rägetröpfli« kreiert, mit Kirschwasser, auf jeden Fall leckerer als original Regentropfen, oder?

Und wer kennt sie nicht, die Toblerone, die Theodor Tobler (1876–1941) kreierte. Und zwar in Bern, wo es sogar in der ehemaligen Schokoladenfabrik seit 1993 ein Universitätsgebäude mit Namen Unitobler gibt. Angeblich nimmt man sogar eine »Kassentablerone«, wenn man an der Supermarktkasse steht, und trennt damit seine Waren von seinem Hintermann/-frau. Jedenfalls hat man so sein Schlaraffenland, in dem Milch und Honig fließen, immer im Blick.

Heute in Zeiten der *medical correctness* gilt auch dieser Glücklichmacher gerne erstens als zu süß und zweitens sowieso als ungesund. Denn: Nur Kühe trinken Milch. Die heißen in der Schweiz Brown Swiss, nicht weil sie schon als Schokoladenproduzenten auf der Weide stehen, sondern weil sie braun sind.

Wir sind eben alt genug, uns unsere kleinen Laster zu leisten. Und die kommen öfter in diesem Buch vor, womit nicht suggeriert werden soll, dass die Schweizer ein besonders lasterhaftes Volk sind! Auch wenn sie angeblich weltweit die meiste Schokolade verzehren, so über elf Kilo im Jahr. Und so ungesund kann Schokolade auch nicht sein, schließlich erreichte Philippe Suchard (1797–1884) ein durchaus respektables Alter! Ach ja, Klischee, Schokolade und Wilhelm Tell (der kommt später, s. Grund 102) gehören zusammen: Deshalb stiftete der Verband der Schweizerischen Schokoladefabrikantenvereinigung Chocosuisse wahrscheinlich auch das Glockenspiel in der Nähe der Tellskapelle am Vierwaldstättersee in Sisikon (UR).

Wer die Kalorien abarbeiten will, könnte jetzt den Schokoladentrail oder -zug wählen. Alle anderen nehmen ein Stück Schoggi und lesen weiter.

7. Grund

Weil man dem Matterhorn nicht entkommt

Hand aufs Herz: Was fällt Ihnen zuerst zur Schweiz ein? Wahrscheinlich das Matterhorn. Der Berg eben. Und damit sind Sie nicht allein. Sicherlich kennen Sie die Merianhefte, die uns seit Generationen alle Plätze der Welt aufs heimische Sofa bringen. Fünf Hefte haben sich bisher speziell mit dem Kanton Wallis beschäftigt, und da prangt das Matterhorn schon mal auf zweien davon: (1968 und 2010) – aber ohne Kolonnen von Gipfelstürmern und ohne den berühmten Kiosk, den der Schweizer Kurt Felix in den 1980er-Jahren extra für Reinhold Messner in der Fernsehsendung *Verstehen Sie Spaß* aufs Matterhorn bringen ließ. Noch weit unterhalb des metallenen durchbrochenen Kreuzes, das seinen Gipfel ziert (s. Grund 25). »Das ist kein Berg, das ist das Matterhorn«, pflegte mein Professor Max Matter des Öfteren zu betonen. Also stimmt dieser Grund: Dem

Matterhorn entkommt man nicht. Dem konnte auch Beat Sterchi in seinem Theaterstück aus dem Jahr 2000 *Das Matterhorn ist schön* in gewisser Weise beipflichten.

Kein Wunder, erscheint dieser »Zuckerhut« der Alpen doch wirklich überall: in der Werbung oder in der Presse als ultimativer Vergleich unvergleichlicher Schweizer Größe, vor allem beim Sport.

Eine Ausstellung des Alpinen Museums der Schweiz in Bern präsentierte im Jahre 2017 auf dem Gornergrat Produkte aus aller Welt, die mit dem Matterhorn beworben werden. »Die Produkte sollen die Besucher in erster Linie überraschen«, so Mitkuratorin Elena Lynch, »sei es durch ihre Skurrilität, ihre Unbekanntheit, ihre Kreativität oder ihre Vielfalt«. Und so dräut das Matterhorn über dem Ort Zermatt (VS) und ist überall präsent, auf Baseballcaps, Postkarten und Milchseife, Zigaretten und Bier. Er ist eben einfach »der Berg«, wie ihn die Zermatter nennen, die ihm zu Füßen liegen.

Man könnte aber auch einen Cappuccino trinken, dessen aufgeschäumte Milchhaube meines Wissens noch nicht die Form des Matterhorns eingenommen hat. Sie ist sozusagen matterhornresitent. Noch. Wer weiß, welche Lösung zum Beispiel die Japaner dafür finden werden. Die berühmteste Version des berühmtesten Berges ist natürlich die Toblerone, aber auch andere Schweizer Schokoladenhersteller bedienen sich des markanten Formates. Die größte dreidimensionale Toblerone-Werbung der Welt soll der in der charakteristischen Form konstruierte Zwischenausstieg der Sesselbahn Carmenna in Arosa (GR) sein. Das Matterhorn lässt sich eben nicht als Markenzeichen reservieren, es ist das Markenzeichen der ganzen Schweiz. Eine Erklärung für die seit 1909 gesetzlich geschützte dreieckige Tobleroneform gibt an, dass sich Herr Tobler von der Form des Matterhorns hätte inspirieren lassen. Andere Erklärungen interessieren uns jetzt hier nicht.

Ansonsten hat man das Matterhorn immer im Herzen. Das zeigt ja schon die grob aus Granit gemeißelte Kindchenstatue vor der Kirche in Zermatt (VS) – mit dem Matterhorn im Herzen.

Kapitel 2

Die Schweiz ganz natürlich

8. Grund

Weil der Klimawandel eine Herausforderung ist

Jenseits von Angstmacherei und Ausbeutung lässt sich die Klimaveränderung täglich erfahren: Gerade die Vielfalt auf kleinstem Raum in der Schweiz schafft auch eine Vielzahl von Auswirkungen. Galt es in früheren Zeiten, die Natur zu akzeptieren und auf sie zu reagieren, muss sich heute die immer größere Anzahl der Menschen, die in der seit Jahrhunderten geschaffenen Kulturlandschaft leben und weiterhin leben wollen, auf Veränderungen einstellen. Inzwischen hat man auch genügend Daten gesammelt, um feststellen zu können: Einen solch rasanten und den ganzen Globus betreffenden Temperaturanstieg hat es bisher nicht gegeben.

In den zunehmend heißen Sommern sterben Tausende von Menschen den Hitzetod. Also Vorsicht! Und viel trinken, natürlich kein Gletscherwasser. Nicht, weil dann die Gletscher noch schneller abschmelzen würden, sondern weil der Körper es erst anwärmen müsste. Das braucht er dann nicht auch noch! Lieber Obst und Pfefferminze, zum Beispiel in Wasser. Ästheten kippen das erst einmal in eine schöne Glaskaraffe und geben vielleicht noch einen Zitronenschnitz dazu. Da kühlt doch schon der Anblick angenehm.

Und dann Schatten suchen, zum Beispiel unter einer Palme. Man könnte natürlich auch in den Gletschergarten in Luzern gehen und sich den Abdruck eines Palmblattes ansehen. Das ist allerdings schon 20 Millionen Jahre alt und somit aus Zeiten, als hier subtropisches Klima herrschte. Und es noch keine Menschen gab. Aha, dann sind die Menschen am Klimawandel gar nicht schuld? Wie man's nimmt.

Der Erdball kannte und kennt viele Phasen der Abkühlung und viele der Erwärmung. Alle möglichen Faktoren sind dafür verantwortlich: Die Neigung der Erdachse, das Driften der Kontinente, Vulkanausbrüche und Erdbeben, Veränderungen in der Atmosphäre, die Umlaufbahn des Mondes um die Erde und die Umlaufbahn der Erde um die Sonne. Deren Strahlungsintensität schwankt beträchtlich, etwa alle elf Jahre kommt es sogar zu Sonnenstürmen, die Auswirkungen auf die Erdatmosphäre haben. 2001 und 2012 traten die Sonnenflecken auf, die schon Galileo Galilei im Jahr 1610 entdeckt hatte. Die Neandertaler hätten vor rund 30.000 Jahren nicht in das Jungfrau-Aletsch-Welterbe-Gebiet vordringen können: Die gigantischen Eiszeitgletscher hätten sich ihnen schon im Vorland als unüberwindliche Hindernisse in den Weg gestellt. In der Hochblüte des Römischen Reiches dagegen waren heute (noch) vergletscherte Alpenübergänge trockenen Fußes zu bewältigen, wie etwa Funde vom Schnidejoch im westlichen Berner Oberland zeigen.

Wir sprechen also von Jahrhunderten der Klimaveränderung, von Jahrtausenden, ja von Millionen. Kein Grund zur Aufregung. Was sind dagegen schon 100 Jahre eines Menschenlebens? Wenn es so einfach wäre. Dumm nur, dass sich inzwischen herumgesprochen hat, dass es sich nicht nur um unvermeidbare Naturkatastrophen handelt, sondern dass der Mensch kräftig mitmischt bei der Veränderung und richtig Gas gibt. Leider in die falsche Richtung und dann gleich weltweit. Der Mensch ist nicht gemacht für zunehmende UV-Strahlung, zunehmende Stürme und andere Extremwetterlagen, ansteigenden Meeresspiegel und veränderte Meeresströmungen, bröckelnde Landmassen usw. Andere Lebewesen auch nicht, weder zu Lande noch zu Wasser. Und auf dem eigenen Acker schon gar nicht. Stattdessen hilft er eifrig durch Industrie, die Verbrennung fossiler Brennstoffe und den Einsatz anderer Treibhausgase dabei mit, dass es immer wärmer wird.

Und was hat das jetzt alles mit der Schweiz zu tun? Im sensiblen Umfeld einer Gebirgsregion wirken sich lokale und regionale Phänomene besonders stark aus. Im Winter sorgt die Erwärmung dafür, dass der Schnee zu Wasser taut und nicht zu Gletschereis wird, die künstliche Beschneiung mit Schneekanonen verstärkt die Erosion, und die Pistenwalzen verdichten den Boden. Hochwasser und Waldbrände häufen sich, das Auftauen des Permafrostes destabilisiert die Berge und führt zu Felsstürzen. Im Sommer muss man den Kühen Wasser auf die Alpweiden fliegen. Da die Kühe nicht genug zu fressen haben, werden sie schon einen Monat früher wieder ins Tal getrieben. Dort werden sie zwar mit Heu gefüttert, aber eine Kuh, die guten AOP-zertifizierten Käse produzieren soll, kann man nicht mit x-beliebigem zugekauften Heu füttern! Also gibt es in der nächsten Saison weniger Käse. Spätestens das geht gar nicht, nicht nur in der Schweiz.

La Montagna ha la febre verkündet ein Schild, das ich im Tessin gesehen habe. Die Schweiz bemüht sich um fiebersenkende Maßnahmen. Mehrere Kantone haben inzwischen den Klimanotstand ausgerufen. Und auch der Bundesrat arbeitet auf das Ziel der CO_2-Neutralität hin. Als erstes Land in Europa erklärte die Schweiz 1986 den Katalysator bei Neuwagen für verbindlich, Deutschland erst 1989 (s. Grund 85). Eine Art CO_2-Steuer stellt seit 2008 die sogenannte Lenkungsabgabe dar, die der Staat zum Beispiel über die Krankenversicherung an die Bürger zurückführt.

Klimaschutz kostet Geld, schafft aber auch Arbeitsplätze. Ihn zu ignorieren kostet mehr Geld, Lebensqualität und nicht zuletzt Leben. Im World Nature Forum in Naters (VS) kann man auf einem großen Tableau durchspielen, was mit der Landschaft passiert, wenn bestimmte Wünsche an sie herangetragen werden, zum Beispiel im Sommer Skilaufen oder mit dem Auto reisen. Man kann sich denken, was dabei herauskommt. In seiner Evolutionsgeschichte hat sich der Mensch immer wieder erfolgreich Veränderungen angepasst, ohne sie selbst hervorrufen zu können. Nun kann er aktiv Einfluss nehmen und Veränderungen beeinflussen. Nicht nur in der Schweiz.

9. Grund

Weil die Schweiz jedem Beben standhält

Vor etwa 150 Millionen Jahren bedeckte der riesige Ozean Thetys das Gebiet der heutigen Alpen (und einiges mehr). Auf seinem Grund wurden vielfältige Sedimentgesteine abgelagert, die heute einen wesentlichen Teil der Alpen darstellen. Und die Fossiliensucher freuen. Vor rund 130 Millionen Jahren begann die Afrikanische Kontinentalplatte gegen die Eurasische zu drücken, und der Thetys-Ozean wurde dabei unter die Afrikanische Platte geschoben. Nun prallten die Kontinente direkt gegeneinander und schoben sich übereinander. Da Afrika und Eurasien weiterhin gegeneinandergepresst wurden, begann sich der »Deckel« aufzufalten – es entstanden die Alpen. Sie wachsen noch immer, in den Himmel allerdings nicht, das Gestein wird von Wind und Wetter wieder angegriffen und verwittert.

Aufgrund dieser Plattenbewegungen der Erdkruste, der sogenannten Subduktion, sind entsprechende Zonen durch Erdbeben und Vulkane gefährdet. Die Schweiz also ein Erdbebenland? Zuerst die gute Nachricht: In der Schweiz gibt es keine Vulkane mehr. Aber Erdbeben, die gibt es durchaus. Das wohl stärkste Beben ereignete sich 1356 in Basel. Die historischen Erwähnungen lassen zwar keine genaue Messung der Magnitude zu, man nimmt aber an, dass die Stärke ungefähr bei 6,6 gelegen hat und das Beben zwischen 1.000 und 3.000 Tote forderte. Bereits in römischer Zeit, um 250 n.Chr., muss es ein starkes Erdbeben im benachbarten Kaiseraugst (AG) gegeben haben.

Der am stärksten betroffene Kanton ist das Wallis. Irgendwie logisch, schließlich liegt der Kanton sozusagen am Strand der Afrikanischen und Eurasischen Platte. Inklusive Matterhorn. Überliefert sind starke Beben 1524 in Ardon, 1685 im Oberwallis und 1755 in Naters. Im Januar 1946 bebte im Raum um Sierre (VS) die Erde mit einer Stärke von 5,8 Außerdem gab es zahlreiche Nachbeben. Der Strom fiel aus, für Stunden herrschte das Chaos. Es gab vier Tote und 3.500 beschädigte Gebäude. 2016 ging es glimpflicher aus.

1946 benötigte man zwei Tage, um festzustellen, dass das Epizentrum im Wallis lag. Heute wäre diese Information in wenigen Minuten auf der Website des Erdbebendienstes ersichtlich. Was auch nötig ist. Schließlich haben Bodenverdichtung und Besiedlung seitdem stark zugenommen, was leider auch dazu führt, dass die möglichen Erschütterungswellen verstärkt werden. Seit Ende des 19. Jahrhunderts werden Erdbeben aufgezeichnet. Sie ermöglichen die Lokalisierung von Beben und die Bestimmung von deren Magnituden.

Aber was bedeuten diese Magnituden denn nun? Die Erdbebenstärke von Fukushima 2011 betrug 9,0, davor sind wir in Europa wohl gefeit. In Deutschland verläuft eine erdbebengefährdete Region an der Grenze zu den Niederlanden, zum Beispiel im sogenannten Schlangengraben. Da haben wir sie wieder, die Drachen (s. Grund 109). 1992 bebte im niederländischen Roermond die Erde mit einer Stärke von 5,9, im Jahre 2002 im deutschen Alsdorf mit 4,8.

Wenn auf Inselwelten oder Küstenstädten ein Tsunami der größte Schrecken ist, so können es in den Bergen Bergrutsche sein. Die können sogar, wie zum Beispiel 1855 in Visperterminen (VS) geschehen, Wasserläufe verändern. Allein in diesem Jahr hat der Schweizerische Erdbebendienst bisher 662 Beben registriert. Die Liste wird auf der

Website ständig aktualisiert. Alles in allem ein Grund, das eidgenössische Maßnahmenprogramm Erdbebenvorsorge zu betreiben, und ein Grund, dieses Programm in dieses Buch aufzunehmen. Auch wenn die meisten Beben so schwach sind, dass sie die Menschen kaum spüren.

Aber wie sagt schon Wilhelm Tell bei Schiller: »Wanken auch die Berge selbst? Es steht nichts fest auf Erden.«

10. Grund

Weil fast immer die Sonne scheint

Wie heißt es in Vico Torrianis Liebeserklärung an die Schweiz? *Im Sommer scheint d'Sonne, / im Winter da schneits, / in der Schweiz in der Schweiz in der Schweiz.* Ein eingängiger Vers, der gerne von Menschen verballhornt wurde, die anscheinend noch nie da waren: Im Sommer da regnets ... Oder haben die sich gerade geärgert, dass sie vom schönen Säntis (AI, AR, SG) aus, angeblich dem nassesten Ort der Schweiz, nur die Aussicht auf fünf von möglichen sechs Ländern genießen können? Die Aussicht auf die Schweiz reicht doch! Jedenfalls ist das kein Grund, gleich einen Mord zu begehen, wie 1922, als der Wetterwart auf dem Säntis ermordet wurde.

Schließlich scheint doch meistens die Sonne. Man muss ja nicht gleich ins andere Extrem fallen wie die Schweizer Sonnenstube Lugano (TI) mit rekordverdächtigen Hitzegraden. Die Palmen und die Kamelie bei Locarno (TI) fänden es wahrscheinlich im Brévine-Tal im Jura nicht so lustig. Dort werden regelmäßig die kältesten Temperaturen der Schweiz gemessen. Der Rekord liegt bei 41,8 Grad Celsius. Minus versteht sich. Das Wallis, das oft sogar sogenanntes besseres Wetter hat als das Tessin, ist extrem trocken: Die Orte Zermatt und Saas-Fee haben im Jahresdurchschnitt nur halb so viele Niederschläge wie das mediterrane Lugano (s. Grund 11).

Seit über 200 Jahren zeichnen die Chorherren auf dem Großen Sankt Bernhard nun schon das Wetter auf. Dafür wurden sie 2017 von der Weltorganisation für Meteorologie (WMO) mit einem Label ausgezeichnet. Weniger ausgezeichnet sind die Ergebnisse aus 200 Jahren Datensammlung: Danach nahm seit 1818 die durchschnittliche Jahrestemperatur um 1,6 Grad zu. Wohlgemerkt auf einem fast 2.500 Meter hohen Pass.

Der Wetterbericht im Schweizer Fernsehen heißt übrigens *Meteo* und ist für Nichtschweizer eine Herausforderung: Er ist auf Schweizerdeutsch. Aber was soll's, wenn hier doch immer die Sonne scheint. Abgesehen davon, dass schon mal der kalte Ostwind aufkommt, die Bise, oder Nebel übers Land zieht. Meistens aber nur im Norden, die alpinen Berge sind eine Wetterscheide.

Einerseits ist Schnee schön, andererseits kann er auch zu viel werden! So in den extrem schneereichen Wintern 2018 und 2019. Vor allem in einem Streifen vom Wallis über die Zentralschweiz bis nach Graubünden betrug die Schneehöhe zum Teil mehr als das Doppelte, mancherorts sogar das Dreifache der sonst um diese Jahreszeit üblichen Mengen. Und mit der Schneehöhe steigt auch die Angst vor Hochwasser im Frühling, wenn die ganze weiße Pracht wieder schmilzt. Die traditionellen Eiskeller im Tessin, die *giazzera* und die traditionellen Schneekeller bzw. -türme, die *nevere,* würde es freuen. Mit diesen vier bis sieben Meter tief gemauerten »Kühlschränken« mit einem Granitsteindeckel kühlte man früher im Sommer Butter, Käse und andere leicht verderbliche Waren. Wärmer als zehn Grad wurde es darin nicht.

Aber wenn sowieso immer die Sonne scheint, wofür braucht man dann die Wetterschmöcker? Die sechs Spezialisten aus dem Muotathal im Kanton Schwyz sehen lieber noch mal nach, wie das Wetter im nächsten halben Jahr werden wird. Und wie machen sie das? Wie bei so vielen Dingen hat da jeder seine eigenen Methoden: Blümchen beobachten, Häuschenschnecken, Mäuse, Ameisen. Oder man schnüffelt an seinen Socken oder isst Schnee. Auf jeden Fall setzen die sechs Herren auf traditionelle Beobachtung der Natur, wie sie es von früher her kennen, der jüngste Wetterschmöcker ist gerade einmal Mitte 40. Auf jeden Fall eine urchige Methode und auf jeden Fall lustiger, als auf eine Wetter-App zu gucken.

Und zweimal im Jahr wird der König gekürt: Der mit den besten Vorhersagen für das nächste halbe Jahr erhält den Wanderpokal des Meteorologischen Vereins Innerschwyz. Das macht den über 900 Zuschauern immer wieder Spaß, denn die Experten bringen ihre Prognosen gut und witzig rüber. Und wenn die Prognose dann auch noch stimmt …

Weil überall Blumen wachsen

Aber beginnen wir doch mit einem besonderen Baum: der Arve. Der Nadelbaum wächst sehr langsam, wird bis zu 1000 Jahre alt und riecht gut. Er wächst vor allem im Aletschwald (VS) oder in Tamangur (GR), dem höchstgelegenen Arvenwald Europas, wo die Arvenzapfen *Betschlas* heißen. Man täfelt mit dem Arvenholz die gute Stube, oder man isst die Zapfen. Früher sollen sie auch schon einmal in die berühmte Engadiner Nusstorte geraten sein, wenn keine Walnüsse da waren.

Auf dem Moränenweg am Aletschgletscher (VS) gibt es eine Informationstafel, bei der eindrücklich auf die Waldbrandgefahr hingewiesen wird. Ein unbedachter Tourist warf vor etlichen Jahren eine brennende Zigarette weg, und prompt fing eine Arve Feuer. Das Feuer konnte aber schnell gelöscht werden, und so steht neben dem Gerippe der abgebrannten Arve: »Glück gehabt, Aletschwald.«

Und dann wächst natürlich überall die »Königin der Alpen«, das Edelweiß, zumindest das wilde Alpen-Edelweiß. Es steht unter Naturschutz und darf nicht gepflückt werden. Da aber inzwischen die

Forschung herausgefunden hat, dass sich das wollige weiße Blümchen für mehr eignet als das hübsche Symbol der Schweiz, pardon, als eines der Symbole der Schweiz, wird es inzwischen gezüchtet und dann zu Schnaps und Sonnenschutzmitteln verarbeitet oder soll medizinischen Zwecken dienen.

Falls Sie sich jetzt fragen, ob Sie Ihr Edelweiß im Garten noch pflücken dürfen. Das ist gezüchtet und stammt wahrscheinlich sowieso aus dem Himalaya. Ob das als Sonnenschutzcreme auch funktioniert? So wie bei Piz Buin? Der Berg an der schweizerisch-österreichischen Grenze soll diese Erfindung ausgelöst haben. Denn als der Chemiestudent Franz Greiter 1938 den Piz besteigen wollte, zog er sich einen gehörigen Sonnenbrand zu und entwickelte eine Sonnenschutzcreme, für die der Berg als Namensgeber herhalten durfte.

Nach diesem wuchtigen Naturwunder kann ich auch eine andere wuchtige Blume nicht unerwähnt lassen: die Kamelie. Was den Japanern die Kirschblüte und den Mallorquinern die Mandelblüte, ist den Tessinern und allen anderen Schweizern die Kamelie. Ihre Pracht wird deshalb auch gefeiert, und das seit 22 Jahren. Begleitet von den *Concerti delle Camelie* können die Besucher Ende März im Kamelienpark in Locarno (TI) zwischen rund 1000 Kamelien lustwandeln und die Blütenpracht genießen. Im Jahr 2005 wurde der Park direkt am Lago Maggiore eröffnet, die Nähe zum See sorgt für die richtige Luftfeuchtigkeit, und große Bäume spenden Schatten. Denn die empfindliche Kamelie bekommt leicht Sonnenbrand.

Sollte man dieses Event verpassen, weil man noch auf Skiern durch die verschneite Schweiz unterwegs ist, kann man auch zu einer anderen Zeit hinfahren. Schließlich blüht im Kamelienpark während neun Monaten immer etwas. So wie im Englischen Garten bzw. dem Kamelienhaus im alten Bellerive-Park des Seidenbarons Martin Bodmer in Luzern. Und wie immer in der Schweiz: und noch an vielen anderen Orten. Aber man kann sich auch mit bescheideneren Blumen zufrieden geben, wobei ich jetzt alle Holländer um Vergebung bitte: Seit 1945 ist die Grengier Tulpe (VS) als eigene Art der Wildtulpe anerkannt, die Menschen nennen sie auch Römertulpe. Und natürlich gibt's einen »Tulpenring« (seit 2014). Oder die *Fête de la Tulipe* in Morges (VD) im Frühjahr im *Parc de l'Indépendance* am Ufer des Genfersees. Ganz unbescheiden kommt wie immer die Rose daher, zum Beispiel in der »Stadt der Rosen« am Zürichsee, Rapperswil (SG) oder auf dem Rosenfest Anfang Juli in Weggis (LU). Die Dame mit den meisten Rosensträußen wird Rosenkönigin, was sonst.

Und weil die Wiesen so beneidenswert bunt sind, erwäge ich den Kauf einer Tüte Alpenblumensamen. Auf der Packung steht, bei der Aussaat müssten zwei Wochen Frost herrschen. Da kneif ich lieber, aber die Verkäuferin rät mir, den Samen einfach in die Tiefkühlung zu packen. Leider klappt es trotzdem nicht, dass in meinem Garten jetzt Alpenblumen neben Oleander wachsen. Dass es keinen Behaarten Gletscherhahnenfuß geben würde, dem 40 Grad Temperaturschwankungen nichts anhaben können sollen, die könnte ich wohl nicht bieten und auch keinen Zweiblütrigen Steinbrech, der es bis auf 4.500 Meter Höhe aushält, aber nicht bei mir auf 100 Meter, macht mir jetzt auch nichts mehr aus. Ich lebe nun mal weder im Tessin noch angesichts des Matterhorns. Das ist eher ein Grund, mal wieder hinzufahren. Und das Schweizer Mannsschild zu kaufen.

12. Grund

Weil der Bannwald ein Schutzwald ist

Im Val Mesolcina, dem längsten der Bündner Südtäler (GR), vernichteten schwere Waldbrände 450 Hektar Wald, es folgten Unwetter und Erdrutsche. Das war 1997, die erfolgreiche Wiederaufforstung wird erst in gut 100 Jahren sichtbar sein, denn beim Wald arbeiten die vom Unglück Betroffenen für die Zukunft und die nachfolgenden Generationen. So eine Arve oder Föhre braucht ihre Zeit, bevor sie wieder den kostbaren Boden festhalten kann.

So zum Beispiel auch im Tal von St.Antönien (GR). Hier siedelten Walser im 13. Jahrhundert und rodeten den Wald für ihre Häuser und Viehweiden. Die so entstandenen Kahlflächen ließen daraufhin Lawinen ungehindert die Berghänge hinunterdonnern. Die inzwischen überall in den Alpen sichtbaren Lawinenverbauungen, wie der viel zu freundliche Ausdruck lautet, mussten deshalb schon damals in Form von Keilen gegen den Berg gebaut werden. Was nun den Wald betrifft: Im Fall von St. Antönien wurde er erst in den 1960er-Jahren wieder aufgeforstet. So bleiben gefahrenträchtige Wunden für lange Zeit an den Bergflanken sichtbar.

Allein im Kanton Graubünden gibt es jährlich bis zu 20 Waldbrände. Prävention ist also angesagt. Denn die Gefahr von Waldbränden steigt mit den zunehmend höheren Durchschnittstemperaturen. Gerade der extrem trockene Sommer 2018 zeigte, womit in Zukunft zu rechnen ist, wenn man sich nicht hinreichend um die Erhaltung des Schutzwaldes kümmert. Nicht nur Brände zerstören ihn, auch das trockene Klima bedroht die Bäume durch mögliche Erosion. Solche Unglücke gab es zwar schon immer, aber durch die immer dichter werdende Bebauung sowie die Nutzung und Verdichtung des Bodens nehmen sie auch immer größere und weiterreichende Ausmaße an.

Gewisse Widersprüche hat man nicht immer erkannt. Crans Montana (VS) zum Beispiel bewirbt sich um die Skiweltmeisterschaft 2025. Das kann der Ort auch deshalb, weil er bereits 1986 keine Probleme damit hatte, 50.000 Quadratmeter Bergwald für die Skiweltmeisterschaften 1987 zu roden, schon damals gegen massive Proteste. Die Aufgaben des Waldes werden immer größer und weitreichender. Von ihm wird immer mehr erwartet, und zur Erholung dienen soll er auch noch! Und er soll vor Lawinen, Steinschlag oder Hochwasser schützen und den Holzeinschlag sichern.

Im Mittelalter besaß der Landesherr Bannrechte auf die Nutzung des Waldes für den Holzeinschlag und die Jagd. Bereits 1397 befahl ein Bannbrief den Schutz des Waldes. Daran erinnern um den

20.Oktober die Woldmanndli in Andermatt, vermummte Gestalten, die lärmend durch den Ort ziehen. Im 19. Jahrhundert schlugen massive Abholzungen für den Häuserbau und die Gewinnung von Brennholz die Berge kahl. Überschwemmungen, Erdrutsche und Lawinen konnten ungehindert durch die Täler rauschen. 1876 verbot ein erstes Waldgesetz den Raubbau am Wald, der Wald konnte sich langsam erholen.

Reinhard Lässig, der Medienverantwortliche der Eidgenössischen Forschungsanstalt WSL (Wald, Schnee und Landschaft), hat dazu aktuelle Zahlen parat: »Gemäss dem Schweizerischen Landesforstinventar LFI, das von der Eidgenössischen Forschungsanstalt für Wald, Schnee und Landschaft WSL und dem Bundesamt für Umwelt BAFU durchgeführt wird, ist die Schweiz zu gut 32 Prozent bewaldet. Landesweit wächst mehr Holz nach als genutzt wird.«

Der Erhaltung des wertvollen Waldes trug auch die Schweizerische Waldgesetzgebung Rechnung, die seit 1991 nicht mehr den Begriff Bannwald verwendet, sondern den weiterreichenden Begriff Schutzwald. Dieser Begriff schließt mit ein, dass der Wald gepflegt und er selbst geschützt und erhalten wird und nicht nur den Menschen schützen soll. Es ist eine »natürliche Lebensgemeinschaft« zum beiderseitigen Schutz. Und das soll nachhaltig geschehen, auch im Kampf gegen eingeschleppte Schädlinge wie den Asiatischen Laubholzbockkäfer oder mögliche Auswirkungen des Klimawandels.

Der Wald soll besser vor Schädlingen geschützt und für Klimaveränderungen gewappnet werden. Das ist das Ziel des revidierten Waldgesetzes, das der Bundesrat 2017 in Kraft setzte. Seit 2017 gibt es das SwissForestLab, in dem sich die verschiedensten Schweizer Institutionen zur Erforschung und zum nachhaltigen Schutz der Wälder zusammengeschlossen haben.

Denn auch Wilhelm Tell, nicht nur bei Schiller, wusste: »Die Lawinen hätten längst den Flecken Altdorf unter ihrer Last verschüttet, wenn der Wald dort oben nicht als eine Landwehr sich dagegenstellte.«

Kapitel 3

Die Schweiz und ihre Tiere

13. Grund

Weil die Berner Bären echte Bären sind

Ein Ort, noch dazu Hauptstadt eines Landes, mit einem Bären im Wappen, hat Bären! Bereits 1441 soll es einen Bärengraben in Bern gegeben haben. Seit 1857 gibt es den (vierten) Bärengraben, eine kahle Betonwanne, aus der die verzweifelten Tierchen hilflos ihre Tatzen nach oben strecken. Wo sollen sie damit ansonsten auch hin? Ein Bär grummelt rum und ist schon munter, ein Kragenbär ist nicht darunter. Und Ostern werden die Jungtiere bewundert, was für ein schöner Ausflug!

Halt! Auch der Tierschutz hielt in der Schweiz Einzug, und die Tiere können seit 2009 im über 6000 Quadratmeter großen Bären-Park Bern an der Nydeggbrücke in einem großen Freigehege mit Schlafhöhlen und artgerechter Fütterung auf die Aare schauen. Nur wenn ihre jetzige Anlage gereinigt wird, müssen sie noch einmal zurück in den alten Bärengraben. Der tauchte übrigens 1969 kurz im James-Bond-Film *Im Geheimdienst Ihrer Majestät* auf. Fell drüber. Was die Bären nicht mehr können: Junge präsentieren. Sie sind sterilisiert. Finn, der arme Papabär, der im Jahr 2008 aus Finnland nach Bern kam, wurde im Tierpark Dählhölzli, zu dem das Bärengehege gehört, angeschossen. Das fand viel Mitgefühl bei den Schweizern, einige legten sogar am Bärenpark Honiggläser ab. 2012 wurde Finn schließlich sterilisiert. Das russische Präsidentenpaar Medwedew schenkte den Bernern die Jungbären Mischa und Mascha, heute leben im Park Finn, sein Bärenweibchen Björk und Ursina. Aber so wenig wie der Name Berlin auf einen Bären bzw. Albrecht den Bären zurückgeht, so wenig entstand der Name Berns aus einem Bären. Er dürfte älter sein, genauer gesagt bereits keltisch.

Auf der etwas nördlich von Bern liegenden Aareschleife, der sogenannten Engehalbinsel, lag *Brenodurum*, das auf einer auf Griechisch geschriebenen Weihetafel überliefert ist. Es bezeichnete ein sogenanntes *oppidum* mit der im Keltischen üblichen Endung *-durum* für Festung und wurde wohl von den Leuten der Siedlung *Brenodurum* der Gottheit Gabanos geweiht.

Die Siedlung auf der Engehalbinsel wurde in der zweiten Hälfte des 4. Jahrhunderts n.Chr. aufgegeben. Erst über 700 Jahre später entstand auf dem Gebiet der etwas weiter südlich gelegenen Aareschleife eine neue Siedlung: das heutige Bern. Das sprachliche Überleben des keltischen Namens *Brenodurum* könnte sich daraus ergeben haben, dass auf der Engehalbinsel die Wallfahrtskirche des Heiligen Aegidius steht, die auf den Fundamenten eines gallorömischen Tempels errichtet worden war.

Aber wer konnte schon noch Keltisch? Da lag es näher, den Namen mit einem Bären in Verbindung zu bringen. Normalerweise war die Sippe der Zähringer bei der Namensgebung für ihre Neugründungen eher fantasielos, sie nannten sie eher Freiburg oder Neuenburg. Da war eine erklärende Geschichte mit einem Bären doch viel schöner. Und so berichtet die Legende, dass ein Bär Berchtold von Zähringen zur Namensgebung für seine Stadtgründung bewog. 1191 musste ein großes Stück Wald abgeholzt werden. Der Herzog wollte ein letztes Mal in diesem Wald jagen und die neue Stadt nach dem ersten erlegten Tier benennen. Und dieses erste Tier war ein Bär. Also wurde der Ort »Berne« genannt, und der Bär als Wappentier der Siedlung war geboren.

Am 23. März 1798 holten sich die Franzosen die Berner Bären und transportierten sie nach Paris. Nur ein neugeborenes, aber totes Bärchen ließen sie zurück. Das wurde sorgfältig ausgestopft und steht heute im Bernischen Historischen Museum. Es erinnert an den Untergang des alten Bern, aber auch an die glorreichen Zeiten des mächtigen Stadtstaates. So geht die Mär, und so ein Bär ist ein stattliches Wappentier und symbolisiert Macht und Stärke. Und in der Plüschvariante hat es auch noch einen hohen Schmusefaktor. Freuen wir uns drüber.

Oder freuen uns auf einen Besuch im Teddybärenmuseum in Sempach (LU) und besuchen dessen über 2000 Bewohner, also halb so viele, wie der Ort Menschen hat. Wenn man jetzt noch die Bewohner der Schweizerischen Vogelwarte in Sempach mitzählen würde …

14. *Grund*

Weil der Bernhardiner ein Held ist

Die schönsten Mythen sind vielleicht die, die gar keine sind. Zumindest die hartnäckigsten. Auch wenn es sich wohl inzwischen herumgesprochen hat, dass der Bernhardinerhund gar kein Schnapsfass um den Hals trug.

Auch nicht der Superhund Barry. Der soll zwischen 1800 und 1812 40 Menschen gerettet haben. Der 41. kostete ihn das Leben. Das war ein napoleonischer Soldat, der vor dem zu Hilfe eilenden

Hund so erschrak, dass er ihn erdolchte. Das erzählt jedenfalls das ehrende Denkmal in Paris. Wahrscheinlich wäre das dem tapferen Hund nicht passiert, wenn er ein Schnapsfässchen um den Hals getragen hätte!

Der heilige Bernhard war ein Ritterssohn aus Burgund, der sich entschloss, vor nunmehr 1000 Jahren ein Hospiz auf dem Poeninus-Pass zu erbauen, der noch nicht wusste, dass er einmal Großer Sankt Bernhard heißen würde. Nachweislich gab es seit dem Ende des 17. Jahrhunderts Hüte- und Wachhunde, das waren zunächst die sogenannten Molosser und nicht Bernhardiner, schließlich war der Heilige kein Hund. Sie halfen aber auch den Mönchen bei der Rettung der Menschen in Bergnot und machten auch von der Größe her schon mächtig Eindruck. 1787 soll alleine ihr Anblick eine Räuberbande in die Flucht geschlagen haben. Das hat bei Barry I. leider nicht geklappt, wie oben berichtet, der französische Unglückswurm wollte sich nur gegen den angeblichen Wolf wehren. Ein nette Geschichte, die man an langen Winterabenden erfinden kann.

Heute heißen alle Bernhardiner einfach Barry und leben im Barryland. Sie überwintern unten im Tal in Martigny (VS), und zwar derzeit 27 Weibchen und acht Männchen, mit charakteristischem kurzen Schwanz und steiler Stirn. Hinzu kommen jährlich etwa 20 Jungtiere, die den Stammbaum »bereichern«, wie es auf der Internetseite der Fondation Barry heißt, die sich seit 2005 um die Tiere kümmert und sie züchtet. Im Jahr kommen 20 bis 30 Welpen zur Welt. Es gibt ihn noch, den Superhund. Barry lebt.

Auch wenn er niemanden mehr aus dem Schnee retten muss und schon mal gar nicht mit Fässchen! Das ist nicht mehr nötig, das Fässchen »hinterher« vielleicht schon. Denn der Pass ist im Winter gesperrt, es gibt Lawinensuchgeräte, die logischerweise auf »Barryvox« hören, und überhaupt passen kleinere und vor allem leichtere Hunde, zum Beispiel ein Labrador, besser in einen Rettungshubschrauber. Auch da wäre das Fässchen nur im Weg. Ebenso wie bei den Lawinensporthunden, die jährlich die Schweizer Meisterschaften austragen. Aber diese profanen Anmerkungen müssen uns nicht scheren vor lauter lebendigen großen und kleinen Barrys und großen und kleinen Plüschbarrys, mit und ohne Fässchen.

Und was machen wir, wenn nun doch der Schnee fällt und der Nebel steigt, sodass man keinen Hund vor die Tür jagen möchte? Dann gehen wir im Sommer auf der Passhöhe ins Museum: Und hinterher fotografieren wir die treuen echten Hündchen und kaufen uns ein lebensechtes Kuschelexemplar. Vorsichtshalber, schließlich sind wir auf einem hohen Pass, bezeugen wir auch dem Heiligen Bernhard unsere Referenz. Denn auch wenn er kein Bernhardiner Hund ist, so ist er doch der Schutzpatron der Alpenbewohner, der Bergsteiger und der Skifahrer.

Ein Lob auf den Allwetterhund.

15. Grund

Weil ein Sternbild ein Wappentier ist

Die Rede ist vom Alpensteinbock, *Capra ibex*. Er ist das Wappentier von Graubünden, dem flächenmäßig größten Schweizer Kanton. Auf Rätoromanisch heißt er *Macun*, nach der Seenplatte oberhalb von Lavin. Nicht, dass es das majestätische Tier nicht auch anderswo in der Schweiz gäbe, aber es ist halt in Graubünden ein besonders beliebtes Tier und taucht überall auf: auf dem Wappen, damit auch auf dem GR-Autokennzeichen, häufig als Brunnenfigur ebenso wie als Namensgeber für Hotels oder Apotheken, als Kitschfigur und als – Vegetarier bitte umblättern – Wurst (*Salsiz*). An Letzterem wird es dennoch nicht gelegen haben, dass es eine Zeit gab, in der der Steinbock beinahe ausgestorben war.

Der letzte Steinbock war bereits in der Mitte des 17. Jahrhunderts erlegt worden. Die übermäßige Bejagung war schuld. Da gilt es auch nicht als Entschuldigung, dass man Steinböcke nicht nur aß, sondern auch zu medizinischen Zwecken verarbeitete, und zwar mehr oder weniger alles, vom Blut über das Fell bis hin zu seinen Exkrementen. Vor allem dem imposanten Gehörn schrieb der Mensch magische Kräfte zu – was, wie in den meisten Fällen dieser Art – nicht gerade zur Erhaltung des Tierbestandes führte. Zu Zeiten von Wilhelm Tell fertigte man aus den Hörnern Armbrüste bzw. Hornschichtbögen.

Im Gegensatz zum Hirschgeweih, das jedes Jahr abgeworfen wird und neu wächst, trägt der Steinbock ein Gehörn. Das heißt, er schiebt seine Hörner um einige Zentimeter weiter. Das ergibt eine Art Jahresringe, an denen man sein Alter bestimmen kann. Beim Männchen werden die Hörner bis zu einem Meter lang, beim Weibchen, der Steingeiß, höchstens 35 Zentimeter. Außerdem macht ihr Ziegenbart nicht soviel her. Mit diesem Gehörn und bis zu 90 Kilo Gewicht klettern sie schwindelfrei in den Bergen herum, und das bis zu 24 Jahre lang. Und dank der harten Hornkappen an den Hufen kommen sie so schnell auch nicht ins Rutschen. Was für ein stattliches Naturwunder. Aber es dürfte für den Steinbock nur ein schwacher Trost sein, dass in seinem Sternzeichen *Capricorn* viele Mediziner geboren wurden. Zum Beispiel Albert Schweitzer, der bekanntlich trotz seines Namens kein Schweizer, sondern ein Elsässer aus Kaysersberg war. Aber in Salavaux (VD) wird an ihn erinnert.

Ein aus Italien eingewanderter Steinbock wurde 1809 geschossen. Damit hatte aber die Population kein Ende. Man wilderte Steinböcke ab 1911 wieder erfolgreich aus, zunächst im Kanton St. Gallen. 1914 klappte es dann auch wieder mit dem freien Leben im Kanton Graubünden. Dort hatte man den ersten Nationalpark Europas gegründet, um die wilden Täler um den Ofenpass (GR) zu schützen. Hier gediehen die Tiere prächtig und konnten in den 1920er-Jahren wieder ausgewildert werden. Heute leben hier Hunderte von Steinböcken. Wer mehr wissen will, geht zu den Capricorns im Naturpark Beverin.

Ein leichtes Leben hatte der Alpensteinbock, ein naher Verwandter der Ziege, nie. Mal wurde er von größeren Raubtieren gejagt, mal vom Menschen. Das übernehmen heute die Naturveränderungen, die die Nahrungsfindung erschweren. Trotzdem darf der Steinbock seit 1977 auch wieder in begrenztem Maße bejagt werden. Aber strenge Winter können auch für Gämsen und Steinböcke tödlich sein – so sank der bejagbare Bestand 2018 nach dem schneereichen Winter. Aber man will sie ja auch schützen!

16. Grund

Weil es auch dem Wolf hier gefällt

Was wiederum nicht jedem Zweibeiner gefällt und manchem Vierbeiner auch nicht. Der Calanda, ein 2.806 Meter hoher Berg über dem Rheintal bei Chur (GR), gab nicht nur der bekannten Bündner Biermarke seinen Namen, hier lebt auch seit 2011 ein wildes Wolfsrudel. Und ansonsten tauchen sie immer wieder auf, weil es ihnen in der Schweiz gefällt. Fast 400 Jahre lang war der Wolf verschwunden, nun kehrt er immer mehr zurück. Das führt bei den Menschen zu Streit, denn u.a. die wichtige Beweidung durch Nutztiere (s. Grund 17) macht mehr Aufwand erforderlich.

Aber wie kann man seine Nutztiere naturgerecht schützen? Das klappt zum Beispiel mit dem Herdenschutzhund. Davon gab es im letzten Jahr in der Schweiz 226 Exemplare. Seit 20 Jahren werden sie vor allem aus dem *Maremmano Abruzzese* und dem *Montagne des Pyrénées* auch in der Schweiz gezüchtet. Sie sind Bestandteil der Herde, die sie gegen jegliche Bedrohung verteidigen. Bären, Wölfe und Luchse überlegen es sich gut, ob es den Aufwand lohnt, trotz Herdenschutzhund über ein Herdenmitglied herzufallen. Dabei kommen sie eher zum Ergebnis, dass es sie wohl zu viel Energie kosten würde – und ziehen sich lieber zurück.

Aber was ist mit dem Zweibeiner, der seine Energie beim Wandern und beim Radfahren einsetzt und auf einmal einem Herdenschutzhund gegenübersteht? Was also tun angesichts eines bellenden Energiebündels? Inzwischen sind für solche Fälle grüne Hinweisschilder aufgestellt, wie man sich verhalten soll. Für Menschen, die Angst vor Hunden haben, ist es allerdings schon zuvor angesagt, einmal im Internet auf die Herdenschutzschweiz-Seite zu schauen. Auf ihr kann man sehen, wo mit den Hunden zu rechnen ist, und gegebenenfalls seine Wanderroute anders gestalten. Vor allem, wenn man die Absicht haben sollte, seinen eigenen Hund mitzunehmen! Das sollte man dann besser vermeiden.

Für alle anderen gilt: Der Hund schützt sich und seine Herde, und das tut er vorzugsweise durch Bellen: Man sollte sich ruhig verhalten, stillstehen, abwarten und natürlich vom Rad steigen. Wenn der Hund bemerkt, dass der Zweibeiner wohl keine Gefahr darstellt und sich entsprechend beruhigt, kann man versuchen, ruhig an ihm vorbeizugehen, auch durch die Herde hindurch, wenn nötig, besser ist es, sie zu umgehen. Dabei muss man gewahr sein, dass der Hund einem folgt. Sollte er aber mit dem Bellen nicht aufhören, ist die Wahl einer anderen Wanderroute oder das weiträumige Umgehen der Herde die beste Wahl.

Das sollte sich also der Wolf gesagt sein lassen: *Der schnöüsigu Geiss keert eis.* So heißt es jedenfalls im Walliser Dialekt, wenn man bedeuten will, dass unberechtigtes Zugreifen bestraft (pardon, gebüßt) wird. Also Zähne und Pfoten weg von der Geiß!

Er kann doch ganz friedlich seinen Freund besuchen, den Bären, wen sonst. Am Seewligrat im Kanton Uri wollen Touristinnen 2016 zwar einen Bären gesichtet haben, der Wolf könnte aber auch in den Tierpark Goldau (SZ) gehen. Auch wenn der dortige Braunbär ein syrischer ist. Sie werden sich schon etwas zu erzählen haben.

Weil es schwarz-weiße Tiere gibt

Da gibt es nicht nur die meistens im »Vorderteil« schwarzen Schwarzhalsziegen im Wallis, sondern auch die weiße Flecken auf der Stirn tragenden Strahlengeißen in Graubünden.Das ist doch ein strahlender Name für so ein genügsames Tier.

Es gibt vor allem das Schwarznasenschaf. Das gibt es im Oberwallis zwar schon sehr lange, aber nachweislich wurde es erst 1884 als solches erwähnt. Vorher hieß es einfach Vispertalerschaf. Nach dem Zweiten Weltkrieg wurde diese spezielle Rasse vom Maltafieber befallen, und viele Züchter stiegen auf das Weiße Alpenschaf um. Aber die Schwarznase war zäh und blieb erhalten. Denn sie ist genügsam, gut zu Fuß und stark! Und ihr feinfasriges Fleisch ist fettarm. Und sie grast dort, wo nur ihre Kollegin, die Schwarzhalsziege, noch hingeht: auf den Matten und Flächen im Hochgebirge, die nach wie vor zur Kulturlandschaft gehören und irgendwie bewirtschaftet werden müssen. Das ist wichtig, damit die Alpweiden nicht verbuschen.

Ab April wandern die Schafe und Ziegen immer höher hinauf auf die Weiden, bis sie ab Ende August von der Sommeralp wieder ins Tal zurückkommen. Während der Sömmerung auf der Hochalp werden sie von den Säckelmeistern und Sännern besucht, die sie mit Gläck versorgen, einem Gemisch aus Salz und Kraftfutter. Und so grasen die Tiere eifrig und verhindern, dass eine ideale Rutschfläche für den Schnee, also Lawinen, entsteht. Natürlich tragen auch sie durch Trittschäden zur Erosion bei – aber das ist kein Vergleich zu dem, was die Naturgewalten ungehindert abtragen würden, wenn man sie nicht hindern würde.

Nach dem Alpabtrieb werden die Schafe in die Färricha getrieben, steinummauerte Gehege, um dort am Schäfersonntag wieder ihren Besitzern zugeteilt zu werden. Den Winter und die Kälte überstehen sie dann im Stall, obwohl sie eher unter Hitze als unter Kälte leiden und gegen einen winterlichen Ausflug nichts einzuwenden hätten. Sie könnten sich auch mit Murmeltierfett einreiben lassen. Und sie erbringen schöne lange Wolle. Die stieß jahrelang nicht auf großes Interesse, das ändert sich aber zunehmend, und ihre Wolle kommt wieder zu Ehren. Außerdem, und so etwas ist heute wichtig, sieht das Schwarznasenschaf einfach zum Knuddeln aus. Und schöne Hörner haben sie auch, der Bock besonders schön gedrehte.

»Gestern sei Weltfrauentag gewesen, heute sei Vatertag, eröffnet Daniel Steiner, Präsident des Oberwalliser Schwarznasenschafzuchtverbands die Vorführung der Maximumwidder. Und doch wagten einige Frauen ihre Widder selber vorzuführen, was den Präsidenten wiederum zum Spruch veranlasste, er freue sich immer, wenn Frauen auf die Bühne kämen, wegen der Küsschen und so …«, heißt es auf der Internetseite des Verbandes zum Widdermarkt in Visp (VS) am 9.März 2019.

18. Grund

Weil es in der Schweiz Elefanten gibt

Einst schenkte der Kalif Harun al Raschid Kaiser Karl dem Großen im fernen Frankenreich einen Elefanten. Der reiste auf mühsamem Landweg von Bagdad bis nach Aachen. Die zeitgenössischen Quellen überliefern, dass er im Jahre 801 in Vercelli unweit des Lago Maggiore überwinterte und am 20. Juli 802 Aachen erreichte. Wo und wie er die Alpen überquerte, erzählen die Quellen nicht. Am wahrscheinlichsten nahm er wohl die Passüberquerung des Großen Sankt Bernhard auf sich. Vom Rhonetal könnte er dann den Weg über die alte römerzeitliche Hauptstadt Avenches (*Aventicum*) genommen haben.

Von dort nur einige Kilometer entfernt liegt der hübsche Ort Murten am Murtensee (FR). Dort ereignete sich über tausend Jahre später eine zugegeben traurige Geschichte, als man mit Kanonen auf Elefanten schoss.

1866 gastierte in Murten ein amerikanischer Zirkus und gab eine einmalige Vorstellung, bei der auch zwei indische Elefanten auftraten. Ein sensationelles Spektakel. Das am nächsten Tag zu einem grausamen Erwachen führte. Der Elefantenbulle hatte seinen Pfleger getötet und war nicht mehr unter Kontrolle zu bekommen. Die ratlosen Murtener wussten sich nicht anders zu helfen, als ihn mit einer 6-Pfünder-Artilleriekanone zu erschießen. Die etwas mehr als faustgroße Kugel durchschlug den Körper des Tieres und blieb in einem Heuwagen stecken. Heute ist sie im Museum Murten ausgestellt, und der untere Teil der Rathausgasse heißt seitdem Elefantengasse.

Eine traurige und einmalige Sensation. Was aber sollte man mit dem vielen Fleisch des Elefanten anstellen? Es wurde zerteilt und pfundweise an die Bevölkerung verteilt. Und so hatten die Murtener die traurige und einmalige Möglichkeit, sich in der Zubereitung von Elefantengulasch zu versuchen. Das Skelett des Tieres steht heute im Naturhistorischen Museum Bern. Heutzutage können solche Geschichten für alle Beteiligten besser ausgehen. Wie der sensationelle Bummel der asiatischen Elefantenkuh Sabu durch die berühmte Bahnhofstraße in Zürich zeigt.

Als der Schweizer Nationalzirkus Knie im Jahre 2010 in Zürich gastierte, nahm sie Reißaus, ging in eine Badi und nahm erst einmal ein ausgiebiges Bad im Zürichsee. Die 26-Jährige wusste eben, was sich gehört: erst säubern, dann shoppen. Aber statt sich eine Kette zu kaufen, ließ sie sich von ihren Pflegern folgsam wieder an die Kette legen und zurück zum Zirkus bringen. Auch ihr nächster Badeausflug kurz darauf in Wettingen (AG) war nur von kurzer Dauer.

Nun lebt sie in Knies Kinderzoo in Rapperswil (SG). Dort ist sie in guter Gesellschaft, und ein Badebecken hat sie auch. Die Menschenkinder freuts und ihre Tochter Kalaya, 2013 geboren, sicherlich auch.

Ohne dass ich jetzt darauf eingehen möchte, ob ich Elefantenhaltung in Zoos gut oder schlecht finde, haben die Elefanten in den

Schweizer Zoos an Platz gewonnen: so seit 2017 auf 5.300 Quadratmetern im Basler Zoo. Dort hat die Anlage den Namen *Tembea*, was auf Kisuaheli »In Bewegung« heißt. Bewegung haben auch seit 2014 die asiatischen Elefanten im Zürcher Zoo, auf immerhin 11.000 Quadratmetern. Der Name der Anlage *Kaeng Krachan* ist eine Reminiszenz an den größten thailändischen Nationalpark. Und baden gehen können sie auch.

Kapitel 4

Die Schweiz und ihre Berge

19. Grund

Weil es einen jungen Dinosaurier gibt

Der Jura ist ein Gebirge, das gerne übersehen wird. Vielleicht auch deshalb, weil man es gerne umfährt, denn es ist schroff, rau und oft unzugänglich. Seine Berge bestehen aus Ablagerungen der Jura- und Kreidezeit in den Meeren des Alpenvorlandes, sind also sehr alt.

Der Jura gab sogar einer ganzen Erdzeit seinen Namen: der Juraformation vor 205 bis 130 Millionen Jahren. Damals lebten noch Dinosaurier auf der Erde. Die wussten natürlich noch nicht, dass sie im Jura lebten, wahrscheinlich hätte es sie auch nicht interessiert.

Der Naturforscher Alexander von Humboldt (1765–1859) verwendete den vom keltischen Wort für Waldgebirge entlehnten Begriff Jura 1795 für die hellen Kalksteine in der Schweiz und in Süddeutschland. 1829 führte der französische Geologe Alexandre

Brongniart (1770–1847) das *Terrain Jurassique* als Bezeichnung für ein Erdzeitalter ein, dessen mittlere Phase 1838 der Schweizer Geologe und einer der Begründer der modernen Stratigrafie, Amanz Gressly (1814–1865), als Dogger, »brauner Jura«, definierte.

Aber schroff, rau und unzugänglich, das war der Jura zu »seiner« Zeit keineswegs. Vielmehr dürfen wir uns ein warmes und ausgeglichenes Klima vorstellen, die Meere drangen vor, Gingkobäume und Koniferen bildeten riesige Waldgebiete. Das freute den neun Tonnen schweren pflanzenfressenden Sauropoden *Cetiosauriscus Greppini*. Denn damals bevölkerten Dinosaurier die Landflächen des auseinanderbrechenden Urkontinents Pangäa, und die zu den Tintenfischen gehörenden Belemniten, die Donnerkeile, freuten sich über die vordringenden Meere. Auch kleine Insekten, zum Beispiel wurden sie in Schambelen (AG) gefunden, machten sich breit wie die Kohlschnaken, die noch heute abends so gerne ins Licht fliegen, aber immer noch nicht stechen.

So war das damals im Jura.

Springen wir ein bisschen vorwärts in der Zeit bis ins späte Holozän. Wir wollen davon absehen, dass die höchsten Erhebungen des Schweizer Jura im Kanton Waadt liegen (Mont Tendre 1.679 Meter hoch, La Dôle 1.677 Meter hoch), aber: »Was ist schon Größe«, würde der sechs Meter hohe Dino dazu sagen.

Der Jura war in den Zeiten des *Ancien Régime* Teil des Fürstbistums Basel und gehörte von 1792 bis 1815 zu Frankreich. Nach dem Sieg über Napoleon sprach 1815 der Wiener Kongress, ohne das Volk zu befragen natürlich, das jurassische Gebiet dem Kanton Bern zu im Ausgleich für die verloren gegangenen Kantone Waadt und Aargau. Das musste zwangsläufig zu blutigen Konflikten führen, denn die Berner waren Protestanten, die Bewohner des Nord-Jura hauptsächlich Katholiken. Die Idee, den großen Kanton Bern zu teilen, wie es 1833 für Basel in Basel-Stadt und Basel-Land geschah, wurde nicht verfolgt. Schließlich war Bern die Hauptstadt der Schweiz, da konnte man nicht dran herumamputieren.

Und vor allem sprachen die Berner Deutsch und regierten nun über eine mehrheitlich Französisch sprechende Bevölkerung. Bern ließ 1959 eine Volksabstimmung durchführen, die sich aber gegen eine Loslösung vom Kanton Bern aussprach. Eine erneute Abstimmung in der gesamten Schweiz 1974 ging schließlich anders aus: Am 23. Juni 1974 wurde für den 23. Kanton der Schweiz gestimmt. Seit 1978 wohnen daher die Jurassier der drei nördlichen Bezirke des bernischen Jura im jüngsten Kanton der Schweiz.

Und wenn sie viel Freude an ihrer langen Geschichte haben, gehen sie in den Préhisto-Parc Réclère im Ajoie (JU) oder suchen im Jurassica in Courtedoux (JU) nach echten Spuren des Jura-Dinos.

20. Grund

Weil man sich nicht hängen lassen muss

Endlich einmal eine sehr entspannende Mode, die trotzdem spannend ist! Vor gut zehn Jahren erfand die Schweiz die Hängebrücke neu. Seitdem gibt es Dutzende, und es werden immer mehr. Auf alle kann ich an dieser Stelle natürlich nicht eingehen, sonst würde mir schwindlig. Aber wie in vielen anderen Dingen auch, macht es keine Mühe, sich einen typisch Schweizer Superlativ herauszusuchen, sei es nun die älteste, höchste, längste, schwindelerregendste Hängebrücke oder die teuerste. Stopp, das gehört nicht hierher! Ob sie sich nun über schwindende Gletscher, strudelnde Wasser oder zwischen Gipfel hangeln: Für den berühmten Nervenkitzel können sie alle sorgen. Schwindelfrei zu sein kann auch nicht schaden, denn wie es so eine Hängebrücke an sich hat: Sie kann ganz schön schaukeln.

Die folgende Auflistung ist aber für den Leser völlig ungefährlich, schaukel- und schwindelfrei:

2008 wurde die Aletschji-Hängebrücke (VS) über die Gletscherzunge des Aletschgletschers gehängt. Sie ist 124 Meter lang und stellt die alte Verbindung zwischen der Belalp und der Riederalp wieder her. Es gibt ein etwa 100 Jahre altes Foto, das einen Herrn auf der Belalp zeigt, wie er in Caspar-David-Friedrich-Manier auf den Aletschgletscher blickt. Für denselben Blick muss man heute sehr gute Augen haben. Man könnte auch ins Museum Oskar Reinhart in Winterthur (ZH) gehen, dort hängt Friedrichs Bild *Kreidefelsen auf Rügen*. Denen es auch nicht mehr so gut geht.

Oder man bemüht sich hinunter in die Massaschlucht, wo man dann wenigstens die Hängebrücke benutzen kann. Hier gurgelt 80 Meter unter den Wanderern das Wasser des Aletschgletschers bzw. das, was von seinem Gletschertor noch übrig ist. Auch wenn man dafür etliche Hundert Meter hinunter- und auf der anderen Seite wieder hinaufklettern muss: Es ist beeindruckend und nicht nur der Kraxelei wegen atemberaubend. Und für alle, die sich dem aussetzen: Immer gut festhalten, sonst verwackeln die Fotos.

Über den Gletscher gleich nebenan, den Fiescher, führt über 160 Meter die Aspi-Titter-Hängebrücke (VS). Auf die Gefahr hin, mich zu wiederholen: Sie hängt 120 Meter über der Weißwasserschlucht und damit dem Fuße des Fieschergletschers – oder dem, was von ihm übrig ist. Sogar 140 Meter über dem Wasser, das in diesem Fall Salentse heißt, hängt die Passarelle à Farinet (VS). Für diesen Nervenkitzel ist man aber mit 97 Meter Länge gut bedient.

Nicht über einem Gletscher, sondern zwischen zwei Berggipfeln hängt der Peak Walk (VD). Er verbindet auf 100 Metern die beiden über 2.970 Meter hohen Gipfel des Scex Rouge miteinander und ist damit ein Unikum.

Auch wenn ich auf allen vieren darüberkriechen müsste, noch so viele andere wären der Erwähnung wert, etwa die höchstgelegene Hängebrücke Europas, der Titlis Cliff Walk (OW) auf 3.041 Meter Höhe, 500 Meter über dem Boden und 100 Meter lang, oder der Traversinersteg II über die Viamala-Schlucht (GR), durch die der junge Rhein strudelt. Oder gar seit 2017 die längste Fußgänger-Hängebrücke der Welt Charles Kuonen mit 494 Metern Länge bei Randa (VS).

Über die strudelnde Rhone, die hier noch der Rotten heißt, führt in 92 Meter Höhe die Goms Bridge (VS). Sie ist 280 Meter lang, da kann einem schon schummrig werden. Dank ihr kommen die Einwohner von Ernen und Mühlebach seit 2015 bequem über die sogenannte Lamma-Schlucht, um in Fürgangen den Bahnhof der Matterhorn-Gotthard-Bahn zu erreichen. Dafür brauchen sie ihr Auto nicht mehr anzuwerfen, denn nicht nur zu Fuß kann man sie überqueren, man darf auch mit dem Velo hinüber. Wenn man es schiebt.

Diese schnelle und noch dazu umweltfreundliche Verbindung zwischen den Talseiten war vielen Menschen eine finanzielle Unterstützung des Baus wert. Nun können sie über die Lärchenholzplanken laufen und an einer Stelle innehalten, weil sie wissen: Dieses Stück Brücke gehört mir!

Und dann natürlich die Hängebrücke Leiternheide im Simmental (BE). Sie führt 111 Meter über den Buuschebach und ist 111 Meter lang! Und damit ein Grund, sie auch in diesem Buch zu überqueren.

21. Grund

Weil man gut zu Fuß sein sollte

Es macht immer wieder Eindruck auf mich als bequemen Menschen, wenn mir auf meinem Halbtagesausflug in die Berge begeisterte Wanderer entgegenkommen, die erzählen, wo sie vor fünf Tagen aufgebrochen sind. Nun gibt es in der Schweiz fast überall Seilbahnen, die einem die Arbeit abnehmen (s. Grund 22). Oder natürlich das PostAuto (s. Grund 90). Umso bemerkenswerter, sich die Alpen selbst zu erarbeiten. *Chapeau*! Auch das ist ein Grund, die Schweiz zu lieben! Ich persönlich bleibe aber lieber beim Faulhorn bei Interlaken (BE). Wenn man nicht eine der zahlreichen Bergbahnen nehmen möchte, um »oben« eine Gratwanderung zu unternehmen, hat man viele andere Möglichkeiten. Denn die Schweiz ist fest eingebunden in die unzähligen europäischen Fernwanderrouten, die die Alpen erschließen. Da kann man schon mal auf dem Zahnfleisch gehen. Das ist natürlich nicht der Grund, warum in der französischen Schweiz so viele Berge *Dent* heißen.

Zunächst war es wohl eine nette Marketingidee, die meines Wissens nicht von den Schweizern stammt, spezielle Wanderwege kreuz und quer durch die Alpen einzurichten. Denn angeblich brauchen die Menschen Orientierung und können nicht einfach so beschließen, in der Natur herumzulaufen! Allein in der Schweiz soll es über 550 Fernwanderwege geben. Die geneigte Leserschaft mag es mir bitte nachsehen, dass ich das nicht weiter kommentieren möchte.

Nur erwähnen möchte ich die 2-Tage-Tour über die Hochebene der Greina und entlang des Walserwegs auf 300 Kilometer von San Bernardino bis nach Brand in Vorarlberg, zwischen Thusis und Disentis auf den Spuren der Walser. Und der Sardona-Welterbe-Weg hat gerade einmal 84 Kilometer! Oder die 65 Kilometer lange Via Spluga auf den Spuren der Überquerer des Splügenpasses seit der Römerzeit. Das ist doch nichts!

Und so nehmen die Wanderer auch in der Schweiz teil an der Via Alpina von Monaco nach Triest oder dem Weitwanderweg Grande Randonée 5, der in Frankreich als Grande Traversée des Alpes bekannt ist, eben die große Alpenüberquerung. Er führt vom Genfersee zum Mont-Blanc-Massiv, durch den Nationalpark Vanoise und das Mauriennetal in den nördlichen Alpen, und in den südlichen Alpen durch den Naturschutzpark von Queyras, das Ubaye-Massiv und den Nationalpark Mercantour schließlich bis Nizza ans Mittelmeer. Gut, Nizza gehört nicht zur Schweiz, ist aber trotzdem schön. Man könnte auch den Europaweg gehen und in seinem Teil zwischen Grächen und Zermatt die längste Hängebrücke der Welt überqueren (s. Grund 20).

Wer auf Strecke ausgelegt ist, kann zum Beispiel auch den Alpenpässeweg von Chur bis zum Genfersee auf imposanten 600 Kilometern wandern, also alles nur in der Schweiz! Auf einmal kommt mir das Land so groß vor, zumindest sehr weitläufig.

Vielleicht tut's auch der Alpinwanderweg am Aletschgletscher oder mein Favorit entlang der Südrampe im Wallis. Denn Letzterer führt, was auch für Eisenbahnfans interessant ist, parallel zur Bahnstrecke, die vom Berner Oberland am sonnigen Südhang des Rhonetales gemächlich nach Brig hinunterführt. Wie gesagt, entlang einer Bahnstrecke. Da kann man jederzeit am nächsten Bahnhof beschließen, dass es für heute genug ist. Mir kommt das sehr gelegen.

Wem das immer noch zu lang ist, dem empfehle ich den Weinwanderweg durch das Bündner Weinbaugebiet. Der kommt mit 40 Kilometer Länge aus. Noch beschaulicher geht es beim Murmeltierlehrpfad im Val Bergalga (GR) zu. Drei Kilometer sind für einen Morgenspaziergang stressgeplagter Städter gar nicht schlecht.

Alle anderen Erschaffer von Schweizer Wanderwegen bitte ich um Entschuldigung, wenn ich sie nicht erwähnt habe. Jetzt bin ich erschöpft und verschwinde über die nächste Hängebrücke. Oder nehme die nächste Seilbahn.

Weil man hoch hinaus kommt

Und wenn schon, dann richtig hoch hinaus, oder zumindest mit anderen Superlativen versehen. Seit über 100 Jahren befördert die Bahn die zahllosen Touristen aufs Jungfraujoch zum höchstgelegenen Bahnhof Europas auf 3.454 Meter Höhe.

Die Zahnradbahn auf den Pilatus bei Luzern soll mit 48 Prozent Steigung die steilste der Welt sein, und auf der anderen Seite des Vierwaldstättersees führt die erste Bergbahn Europas auf die Rigi. Sie war 1871 als Zahnradbahn konzipiert worden, Queen Victoria wurde noch drei Jahre zuvor mit einem Maultier hinaufgebracht.

Und schon hagelte es bei dieser Idee Proteste. Allerdings nicht von Umweltschützern, sondern von den Maultiertreibern und Sänftenträgern, die um ihr Auskommen bangten. Da war was dran. Seit 1893 führt eine Standseilbahn auf das Stanserhorn. So alt sind die neuen Gondeln nicht, sondern neu und einzigartig. Und sie gondeln nicht, sondern die Kabinen werden an zwei Seilen geführt, sodass sie immer waagrecht bleiben. Schön, aber das Besondere nennt der Name: CabriO. Sie ist nämlich zweistöckig und das »Obergeschoss« ist offen. Damit man doch noch ein bisschen ins Gondeln kommt, geht man oben ins Drehrestaurant Rondorama und genießt die Rundumsicht.

Oder man nimmt die Seilbahn TITLIS Rotair. Die weltweit erste Drehseilbahn führt von Engelberg auf den Titlis auf 3.020 Meter Höhe. Wieder gibt es eine Rundumsicht, noch dazu während der Fahrt, ohne sich den Hals verrenken zu müssen. Und schon wird der Vierwaldstättersee zum Blickfang in alle Himmelsrichtungen. Wenn man das Kandertal (BE) hinauffährt, sieht man rechter Hand die Niesenbahn, auch ganz schön steil. Man könnte den Berg auch per Treppe ersteigen, das wären dann fast 12.000 Stufen. Na, Lust?

Dann gibt es noch so schöne Bahnen wie die Gelmerbahn, ursprünglich eine Werkbahn, die in ihren offenen Kabinen eine 106-prozentige Steigung überwindet. Die älteste Standseilbahn gibt es am Brienzersee, die Giessbachbahn. Die älteste Dampfzahnradbahn ist die Brienz-Rothorn-Bahn. Die schnellste Pendelbahn ist die Urdenbahn.

Und für alle Unverfrorenen gibt es seit 2018 die Seilbahn aufs Kleine Matterhorn, mit der man zur höchsten Bergstation Europas auf 3.821 Meter Höhe kommt.

Ich glaube, es reicht jetzt!

Wenn man nicht ganz so hoch hinaus möchte, besucht man den Hausberg von Zürich, den Üetliberg. Er ist zwar nur 871 Meter hoch, gilt aber als gefährlich für ungeübte Wanderer. Selbst der Erschaffer des Liedes *Freut euch des Lebens*, der Zürcher Martin Usteri, soll sich bei der Besteigung wohl nicht so des Lebens gefreut haben.

Er hätte wohl besser den Aufzug genommen, zum Beispiel den 1908 bei Grindelwald eingeweihten Wetterhorn-Aufzug. Aber dessen Kabinen kann man nur noch im Verkehrshaus der Schweiz in Luzern bewundern. Und wo wir schon wieder in Luzern sind: Da kaufen wir uns doch ein Pilatusbrot mit Dinkel. Das sieht von der Seite so aus wie der Luzerner Hausberg und wird schräg aufgeschnitten, damit der Pilatus so richtig im Mund zergeht.

23. Grund

Weil die Viamala nicht mehr böse ist

Wenn man sieht, durch welche Schluchten sich die Schweizer im Laufe ihrer Geschichte schon erfolgreich durchgekämpft haben, ist die Hohle Gasse bei Küssnacht doch der reinste Spaziergang! Da folge ich lieber dem englischen Maler John Murray, der vor 200 Jahren die Viamala als »erhabensten und gewaltigsten Hohlweg der Schweiz« bezeichnet haben soll. Ihr widmete John Knittel 1934 sogar einen Roman, schaurig schön und des Öfteren verfilmt. Auf acht Kilometern hat sich in Graubünden der Hinterrhein eine Schlucht gegraben, durch die nur schlecht hindurchzukommen ist. Nicht, dass das jemals jemanden davon abgehalten hätte, sich seit über 3000 Jahren unter den Felswänden hindurchzuwinden.

1473 errichtete man die Brücke Punt da Tgiern und sanierte den alten römischen Weg. Dennoch war es kein Zuckerschlecken, und seit dem Mittelalter zog man dann doch lieber über den Septimerpass (GR). Nach der Hochwasserkatastrophe von 1834 wurde eine richtige Straße gebaut. Heute kann man über 300 Stufen hinabsteigen zu den tosenden Wassern des Rheins, der hier wenig Väterliches hat.

Eine Mini-Viamala ist die Roflaschlucht (GR), wo zwischen 1907 und 1914 der dortige Hotelbesitzer eine Galerie in den Fels schlug und sprengte, die jetzt hinter einem Wasserfall des Hinterrhein entlangführt. Nicht ganz so grandios wie das Original, aber eine grandiose Leistung.

Auch heute noch lässt sich nicht jede wilde Schlucht mit dem Auto durchqueren. So lässt sich etwa die Schlucht der Breggia bei Morbio Inferiore (TI) mit ihren in 100 Millionen Jahren freigespülten Gesteinsschichten nach wie vor nur zu Fuß bewältigen. Dass das auch so bleibt, dafür sorgt ein Geopark. Das geologische Profil zeigt auch: In der Schweiz hat es einmal Vulkane gegeben! Und der Park hat natürlich, wie es sich gehört, auch eine Teufelsschlucht, im Tessiner Dialekt *Buzun da Diavul*. 35 Meter hoch über diesen engsten Teil der Schlucht führte jedoch schon im 15. Jahrhundert eine Holzbrücke.

Ja, der Teufel hatte in der Schweiz alle Hände voll zu tun. Neben der Teufelsbrücke bei Erschmatt von 1565 (VS) und der Teufelsbrücke in Egg bei Einsiedeln (SZ), immerhin Bestandteil des Jakobsweges, biss er sich vor allem in der Schöllenenschlucht die Zähne aus.

Für seine Hilfe bei ihrer Überwindung hatte er sich als Lohn die erste Seele ausbedungen, die seine Brücke überqueren würde. Und die schlauen Urner schickten einen Ziegenbock hinüber. Das zeugt nicht von einer schludrig formulierten Vertragsklausel vonseiten des Teufels, sondern dem alten Wissen, dass auch nichtmenschliche Lebewesen eine Seele haben. *Quod erat demonstrandum.*

Auch die Römer kannten zwar den Weg über den *Mons Elvelinus*, sahen aber in ihrer pragmatischen Art nicht die Notwendigkeit, die wilde Schöllenenschlucht zu bezwingen. Das schafften die Urner im 13. Jahrhundert zunächst mit einer Hängebrücke. Schließlich wurde durch den Ausbau zur Poststraße (1817–1830) und den Bau der Gotthardbahn (1872–1882) der alte gefährliche Saumpfad über die kürzeste Nord-Süd-Verbindung über den Gotthardpass erleichtert.

Als der Abenteurer Goethe 1782/83 den Weg durch die Schöllenenschlucht beschrieb, war die Route schon nicht mehr ganz so abenteuerlich. Bereits 1708 war die Gefährlichkeit abgemildert worden, und zwar durch das sogenannte Urnerloch. Das war der erste Tunnel der Alpen. 1708 hatte der Tessiner Festungsbaumeister Pietro Morettini (1660–1737) ein 64 Meter langes Loch in den Berg gesprengt. Dass dafür ein Festungsbaumeister genau der Richtige war, durfte bzw. musste auch der russische General Suworow erfahren. 1799 hatte ihn der russische Zar Paul I. gegen den Vormarsch Napoleons in Oberitalien ausgesandt. Napoleon hatte sich die Schweiz gerade als »Helvetische Republik« einverleibt, die galt es nun zu befreien.

Den entsprechenden Vorstoß von Oberitalien aus führte der alte Generalissimus Alexander Suworow (1730–1800). Er überquerte mit rund 20.000 Soldaten den Gotthardpass, durchquerte die Schöllenenschlucht und zog nach Altdorf und schließlich nach Österreich ab, nachdem er in weniger als einem Monat sechs Pässe überquert hat. Das mag postume Bewunderung wert sein, und so wurde 1899 eine heroische Erinnerung in der Schlucht an der Teufelsbrücke in den Fels gehauen. Noch heute besuchen russische Touristen gerne das Denkmal, 2009 der damalige Präsident Dmitri Medwedew.

Und natürlich gibt's auch einen Wanderweg, die Via Suworow. So wie damals sein Rückzug durch die Schweiz sehr beschwerlich war, ist diese Route auf immerhin elf Tagesetappen angelegt und überquert wie Suworow die Pässe, etwa den Kinzigpass, den Pragelpass und den Panixerpass. Spätestens in Chur (GR) gibt es etwas zu essen.

Und dann gibt es noch die Rheinschlucht, gerne als Grand Canyon der Schweiz bezeichnet, aber was sollen immer diese Vergleiche? Natürlich ist sie unvergleichlich. Auch hier hatte einmal wieder ein Bergsturz etwas Gutes, wirklich? Vor über 10.000 Jahren musste sich der Vorderrhein seinen Weg durch diesen Flimser Bergsturz bahnen. Und das hieß, fast 15 Quadratkilometer Geröll zu überwinden.

24. Grund

Weil es einen Alpenpass ohne Alpen gibt

Zunächst geht es über die 1980 errichtete, noch immer imposante Ganterbrücke und dann durch schier endlos scheinende Galerien den Berg hinauf, bis man endlich die Passhöhe erreicht. Linker

Hand die wuchtige napoleonische Kaserne, rechter Hand taucht der steinerne Adler aus den Nebelschwaden auf. Ein rundes Restaurant, ein Hospiz, eine flache Hochebene, alte Straßenpflaster kreuzen den Weg. Ganz schön viel los auf einem Alpenpass ohne Alpen. Seit 1968 ist er sogar ganzjährig befahrbar.

Wovon rede ich überhaupt? Vom Simplonpass, italienisch *Sempione* (VS), über den der kürzeste Weg aus der Schweiz nach Oberitalien führt. Das machte ihn schon immer zum Objekt der Begierde für Händler, Schmuggler und Militär. Das hatte bereits Kaspar Jodok von Stockalper (1609–1691) aus Brig im Wallis erkannt und baute sein Handelsimperium im 17. Jahrhundert auf einer sicheren und schnellen Route aus. Das war noch immer ein Saumpfad, noch dazu ein sehr steiler. Von bequemem Reisen konnte noch keine Rede sein. Immerhin errichtete er auf der Strecke auch Hospize, die noch heute stehen, so knapp unterhalb der Passhöhe das Alte Spittel, wo die Säumer rasten konnten, oder den Stockalperturm in Gondo. Und er, also der Stockalper, richtete bereits eine Pferdepost ein.

Also war alles gut, hätte da nicht auf der Südseite des Passes die kaum bezähmbare Gondoschlucht im Weg gestanden. Sie konnte erst 1805 bezwungen werden, indem die Franzosen künstliche Galerien und Brücken anlegten, um Soldaten und Kanonen schneller nach Italien transportieren zu können. Dafür brauchte der Ingenieur Nicolas Céard fünf Jahre, an deren Ende er stolz nach Paris melden konnte, dass es nun keine Alpen mehr gäbe. Das militärische Ambiente hat an diesem strategisch wichtigen Pass Tradition. So diente noch im Zweiten Weltkrieg das Fort Gondo als Verteidigungsbasis gegen Angriffe der Achsenmächte. Die Schweizer Armee bleibt präsent, zumindest in den Herbstmonaten, wenn das Manöver in den Nebel taucht.

Céard hatte natürlich maßlos übertrieben, trotzdem: Dem Kaiser der Maßlosigkeit wird's gefallen haben. Andererseits auch wieder nicht so sehr, dass er sich bemüßigt gefühlt hätte, selber über den Simplonpass zu ziehen. Die Wirtin in Gabi (VS), die ihm angeblich für ein Fünffrankenstück ein Glas Milch angeboten hat, wird deshalb wohl auf der Milch sitzen geblieben sein. Damit konnte er seinen Durst nach Ruhm nicht stillen.

Wollen wir mal nicht so hart mit ihm ins Gericht ziehen. Immerhin ließ er Kasernen für die Soldaten und insgesamt elf Versorgungshäuser, die sogenannten Refuges, für die Reisenden errichten. Noch heute bieten einige von ihnen, zum Beispiel Rosswald oder Engiloch, Labsal für den Körper an, und für seelische Labsal sorgen noch immer die Augustiner-Chorherren auf der Passhöhe, wo bereits die Rompilger rasten konnten. Und alle, die es eilig haben, können mit dem Zug durch den 1906 erbauten Simplontunnel fahren, um auf schnellstem Wege nach Mailand zu kommen. Hinter dem Dorf Gondo, wo die Grenzstation zu Italien liegt, zischt er wieder aus der Dunkelheit ins südliche Licht, während die Lkw auf die Zollabfertigung warten.

Der Ort Gondo erlangte traurige Berühmtheit durch eine Bergrutsch-Katastrophe im Oktober 2000, die das halbe Dorf verschüttete. Dabei wurde auch die Hälfte des von Stockalper vor 350 Jahren errichteten Turmes zerstört. Der sechsstöckige Turm ist inzwischen wieder vollständig restauriert und beherbergt ein Museum und ein Hotel.

Heute ist der militärisch so wichtige Pass friedlich gesichert, nur die Natur spielt nicht immer friedlich mit. Vielleicht lässt sie sich besänftigen, wenn man ins Landschaftsmuseum in Simplon-Dorf geht, ins Eco-Museum. Oder der Großen Sumpfschrecke und dem Rundblättrigen Sonnentau ihre Ruhe lässt.

25. Grund

Weil die Berge da sind

Die Menschen im Mittelalter fürchteten und verehrten die Berge, sie sahen keinerlei Veranlassung, raufzukrabbeln, wenn es nicht unbedingt sein musste. So dumm waren noch nicht einmal die gern als solche verschrienen Geißhirten, die auf der Alp das Vieh hüteten.

Auch die politischen Flüchtlinge, die illegalen Einwanderer, die Wilderer und Schmuggler dürften sich ihre gefahrvollen Wege jahrhundertelang wohl kaum aus Liebe zu den Bergen ausgewählt haben. Man braucht sich nur vorzustellen, wie sie sich schwer bepackt durch unwegsames Gelände quälen mussten.

Am Anfang des 19. Jahrhunderts wurde es romantisch. Allein in den Berichten von Johann Wolfgang von Goethe lässt sich gut nachlesen, wie aus einer Ablehnung der schroffen, gefährlichen Bergwelt immer mehr eine romantische Verklärung der steinigen Berge wurde. Diese Verklärung erklomm schließlich ungeahnte Höhen durch die Alpinisten, die unbedingt auf jeden Berg klettern mussten. Vor allem die Engländer überboten sich in Erstbesteigungen. Aber auch schon das große Lästermaul Mark Twain (1835–1910) machte sich darüber lustig in seiner lesenswerten Satire über den Hype der Erstbesteigungen. Seine Alternative ist *Climbing the Riffelberg*. Darin berichtet er 1881 von einer gewagten Erstbesteigung des netten Berges mit 205 Teilnehmern, 17 Bergführern, 154 Regenschirmen und 22 Fässern Whiskey. Nicht zu vergessen die Pastetenbäcker. Geschafft!

Manchmal kann die Schweiz auch etwas anstrengend sein. Mit ihren Ansprüchen an Vielfalt. Nehmen wir den Eiger. Der besteht geologisch nur aus verfaltetem Hochgebirgskalk, die Jungfrau aber aus Gneis. Das ist dann der gendermäßig völlig korrekte Jungfrau-Keil, der auch in seinen Ausläufern noch den Durchtunnelern der NEAT-Trasse zu schaffen machte. Denn der Gneis ist viel härter als die Kalksteine, über die er sich geschoben hat.

Als wenn die markante Form des Matterhorns nicht schon berühmt genug wäre, weist es auch noch eine tragisch berühmte Erstbesteigung auf. Im 19. Jahrhundert hatten die Briten ihren sportlichen Ehrgeiz auf die Erstbesteigung hoher Berge ausgedehnt und 1857 den *Alpine Club* gegründet. 1865 versuchte der Engländer Edward Whymper (1840–1911) mit den Zermatter Bergführern Peter Taugwalder senior und junior, seine Triumphserie der Erstbesteigungen am Matterhorn, dem letzten bis dahin unbezwungenen

Viertausender der Alpen, zu krönen. Er hatte die Besteigung schon mehrmals erfolglos versucht, aber als die Italiener von der anderen Seite des Berges den Gipfel zu erobern drohten, versuchte er es 1865 erneut, und es gelang ihm, das Matterhorn zu »besiegen.«

Der Triumph war nur von kurzer Dauer. So leicht lässt sich der »König der Alpen« eben nicht besiegen. Auf dem Abstieg stürzten vier Mitglieder seiner sieben Mann starken Gruppe 1000 Meter in die Tiefe und in den Tod. Unter den Toten war auch der 18-jährige britische Adlige Lord Francis Douglas, was Queen Victoria sogar zum Anlass nehmen wollte, diesen Sport zu verbieten. Das passierte zwar nicht, trotzdem war es mit der Begeisterung erst einmal vorbei.

Das Seil, das gerissen war und dadurch die Männer in den Tod gerissen hatte, kam ins Zermatter Museum. In der Bahnhofstraße in Zermatt (VS) erinnert eine Tafel an die bei der Erstbesteigung des Matterhorns Verunglückten. Seitdem kämpfen sich ca. 1.300 Bergführer in der Schweiz ab, darunter sind inzwischen auch 38 Frauen. Sie waren noch bis in die 1980er-Jahre vom Bergführerverband und Alpenclub ausgeschlossen.

Allein aufs Matterhorn steigen viele ambitionierte Bergsteiger. Früher brauchte man rund zwei Tage dafür, heute sind es bei guten Bedingungen vier bis sechs Stunden hinauf und ca. drei hinunter. Hunderte von Bergsteigern verloren ihr Leben im Berg. Die schwierige Nordwand wurde erst 1931 erklommen. Von besiegt kann also keine Rede sein. Und auch das Matterhorn fängt an zu bröseln und wehrt sich mit Felssturz.

Luis Trenker verarbeitete das Erstbesteigerdrama 1938 im Film *Der Berg ruft*. Er drehte allerdings nicht am Berg selbst, sondern am Riffelhorn. Was angesichts Mark Twains Satire etwas zynisch anmutet.

Kapitel 5

Die Schweiz
und ihr Wasser

26. Grund

Weil die Schweiz die Gletscher
retten will

Wenn es da noch etwas zu retten gibt. Von den aktuell noch vorhandenen 1.463 Schweizer Gletschern auf einer Fläche von 944 Quadratkilometern!

»Mama, Mama, was ist ein Gletscher?« – »Vergiss es, Kind, Schnee von gestern«, könnte man im Sinne eines bekannten Scherzformates witzeln. Oder einfach sagen, dass es Klimaschwankungen schon immer gegeben habe, kein Grund zur Aufregung. Der erste Teil des Satzes stimmt, der zweite eher nicht. Gerade die Gletscher zeigen, in welch rasantem Tempo sich die Veränderungen heutzutage vollziehen, mit noch unabsehbaren Folgen für Umwelt und Menschen. Da ist ein Witz wohl nicht angebracht.

Aus einem Meter Neuschnee wird in rund zehn Jahren ein Zentimeter Gletschereis. Da kann der ein oder andere schneereiche Winter, wie zum Beispiel 2018, nicht viel ausrichten. Das ist jetzt etwas verkürzt. Immerhin dauert es zwei Jahre, bis eine Schneeflocke Firn wird, und dann noch einmal drei Jahre, bis sie sich zu kompaktem Gletschereis verdichtet hat. Sein Lieblingsbewohner, der Gletscherfloh, erträgt es. Er wird bis zu drei Jahre alt, bis zu 2,5 Millimeter groß und erträgt minus 20 Grad. Was er nicht erträgt, sind längerfristig über zehn Grad.

Die Eisflächen reflektieren das Sonnenlicht, ohne es in Wärme umzuwandeln. Werden die weißen Flächen kleiner, kann auch mehr Sonnenenergie als Wärme gespeichert werden. Auf diese Weise kann der Treibhauseffekt sich selbst verstärken. In Gebirgsregionen wird daher versucht, mit der Hilfe von weißen Planen die Reflexion des Sonnenlichtes zu verstärken und damit das Gletschereis zu schützen. Ob diese Maßnahmen Erfolg haben werden, lässt sich nicht voraussehen. Die Veränderungen von 157 Gletschern im Schweizer Alpenraum werden jährlich durch das Schweizerische Gletschermessnetz (GLAMOS) kontrolliert.

In der letzten Eiszeit vor 25.000 Jahren lag Interlaken (BE) unter einem Kilometer Eis, ebenso Luzern und der Ort Brig (VS) sogar unter zwei. Das kam so: Vor ca. 50 Millionen Jahren wurde es im Tertiär massiv kälter. Erst vor ca. 2,6 Millionen Jahren wurde es im Quartär etwas unruhiger und damit hin und wieder wärmer. Sogenannte Trogtäler kamen zum Vorschein, zum Beispiel das Lauterbrunnental (BE). Da kann man sich noch heute gut vorstellen, wie das Gletschereis alles ausgeschliffen hat. Als die Eismassen schließlich abtauten, hinterließen sie einiges an Schutt, zum Beispiel den Pierrabot bei Neuchâtel/Neuenburg (NE) mit mehr als 1.000 Kubikmetern.

Warme Bedingungen bestanden in der Römerzeit und im 10. Jahrhundert, als die Wikinger das grüne Grönland eroberten. Zwischen 1530 und 1564 mit dem »Jahrhundertsommer« 1540 schmolzen viele

Gletscher, da die Sommer lang und trocken waren. Danach folgten wieder Kältejahre, und vor allem im Zeitraum zwischen 1566 und 1576 nahmen Schneefälle zu, dann gab es kühle Sommer und kühle Temperaturen im Frühjahr. Um 1590 gab es einen Höchststand der Gletscher, der auch 1817 fast wieder erreicht wurde.

In den letzten Jahrhunderten waren Gletscherabbrüche nicht selten. Allein über den Ort Randa im Nikolaital, das nach Zermatt führt, brach 1720, 1737 und 1819 der Bisgletscher herein, 1918 mit einem so gewaltigen Luftdruck, dass über 100 Gebäude zerstört wurden. Der Eisabbruch des Giétrozgletschers staute die Drance de Bagnes zu einem See auf. Sein Durchbruch erzeugte eine Flut, die 140 Menschen tötete und über 500 Gebäude zerstörte.

Warum sollte man die Gletscher also retten wollen?

Zusammengehalten werden die Berge durch den Permafrost, das heißt in Gegenden, wo es ganzjährig unter null Grad Celsius bleibt. Aber das ändert sich, massiv sichtbar durch Geröllmassen oder Hochwasser, die zu Tal donnern. Der zurückgehende Permafrost hält die Berge immer weniger zusammen. Es gibt seit alters her viele Geschichten um gewaltige Seen, deren Massen überlaufen konnten und die Dörfer im Tal überschwemmten, zum Beispiel als sichtbares Zeichen noch heute das Heiters- oder Martinsloch am Eiger.

Der französische Schriftsteller Marcel Proust schrieb 1893, als er vom Sassal Masone (GR) im Engadin auf den Palügletscher blickte: »Uns zur Seite schimmerten Gletscher.« Tja, das ist eine Weile her, das würde heute schwierig. Allein der Morteratschgletscher bei Pontresina (GR) schmolz im 20. Jahrhundert um zwei Kilometer. Das Ausmaß, in dem sich das Gletschereis zurückzieht, wird dort durch Stelen sichtbar gemacht.

Oder nehmen wir den Rhonegletscher. Im Oberwallis gibt es unterhalb des Gletschers den Ort Gletsch. Dieser Ort lag, wie schon der Name sagt und alte Fotografien aus dem Ende des 19. Jahrhunderts zeigen, direkt an der Gletscherzunge des Rhonegletschers. Heute liegen noch riesige Gesteinsbrocken herum, aber wo ist das Eis?

Irgendwo da oben am Berg und nicht mehr zu sehen. Heute können wir es uns kaum vorstellen, dass dieses bisschen Gletscher vor 15.000 Jahren durchs ganze Rhonetal/Wallis, ja sogar bis nach Lyon reichte! Noch auf dem Gemälde von Johann Heinrich Wüest im Zürcher Kunsthaus, das um 1795 entstanden sein soll, sieht er sehr imposant aus. Als Queen Victoria im August 1868 im Glacier du Rhone in Gletsch logierte, reichte der Gletscher bis auf 100 Meter an das Hotel heran. Heute hat er sich auf über 2.270 Meter Höhe zurückgezogen, und man muss um einiges hinunterklettern, um ihn zu erreichen.

Eine Stele mitten im Geröll in Gletsch neben der Englischen Kapelle zeigt an, bis wohin die Gletscherzunge des Rhonegletschers im Jahr 1856 einst reichte. Damals hatten es die englischen Touristen nicht weit bis zum ewigen Eis.

Ich glaube, den Ausdruck »ewiges Eis« sollten wir einfrieren.

27. Grund

Weil der Aletsch der Größte ist

Oder heißt es das Größte? Kein Urlaub ohne wenigstens einen Blick auf den größten Gletscher der Alpen, den Aletschgletscher, geworfen zu haben und nachzusehen, ob er noch da ist. Uff, noch ist er da mit seinen fast 82 Quadratkilometern! Sei es im Sommer ohne Schnee mit seinen dunklen Mittelstreifen, sei es im Winter schneebedeckt.

Von der Riederalp (VS) fahre ich hinauf zur Moosfluh, dann kommt erst mal der Blausee. Seen wie dieser entstanden am Rande des Gletschers beim Abschmelzen des Eises und entstehen auch heute noch, wie zum Beispiel auf der gegenüberliegenden Seite des Gletschers erst vor einigen Jahrzehnten der Grünsee. Aber ich steige nicht aus der Bergbahn, denn auf einem Schild steht: *Wait for the Glacier*. So viel Zeit habe ich nicht, zu warten, bis er einmal, wenn überhaupt, noch vorbeikommt.

So wie die Straßen auf die Pariser Place de la Concorde zulaufen, vereinen sich am Konkordiaplatz die Geburtshelfer des Aletschgletschers, also die Firnmulden Grosser Aletschfirn, Jungfraufirn, Ewigschneefäld und Grüneggfirn. Oberhalb des Platzes liegt die gleichnamige Hütte, und wir könnten uns heute fragen, warum man sie denn so hoch über dem Gletscher errichtet hat. Ist doch unpraktisch mit den immer länger werdenden Metalltreppen. Hat man inzwischen 500 Stufen nötig?

Ja, früher war mehr Gletscher. Heute nennt man das Klimawandel. 27 Milliarden Tonnen Eis wollen erst einmal bezwungen sein. An warmen Tagen verliert der Aletschgletscher 80.000 Liter Wasser. In der Sekunde. Seit 1970 ist er um einen Kilometer Länge geschrumpft, allein in den Jahren 2016 und 2017 über 88 Meter. Aber noch ist er am Konkordiaplatz bis 900 Meter dick. Einst reichte er bis ins Rhonetal, das er zusammen mit dem Rhonegletscher und dem Fieschergletscher dort, wo heute der Ort Brig liegt, mit einer meterhohen Eisschicht bedeckte. Da verwundert es nicht, dass die Moräne, an der man heute entlangwandern kann, 11.000 Jahre alt ist. Und ganz unten sieht man dann noch etwas Gletschergrau.

In römischer Zeit bedeckte ein Wald das Gebiet, das der Aletschgletscher jetzt nach und nach freigibt. Denn vor rund 2000 Jahren war es in Europa wärmer als heute, die Gletscher also entsprechend kürzer. Allzu große Hoffnung sollten sich Historiker und Archäologen allerdings nicht machen, was da zum Vorschein kommen wird. Denn das Gletschereis bewegt sich zu Tal, am Konkordiaplatz fast 200 Meter im Jahr, an der Gletscherzunge noch 80 bis 90 Meter. Und daher zermalmt es einiges unter sich. Dass einmal ein Uberer-Pilum aus ihm herausragt, ist daher unwahrscheinlich. Am ehesten kommen fossile Holzreste heraus, die man dann mithilfe der Dendrochronologie, also dem Zählen der Jahresringe in den Baumstämmen, datieren kann.

Der Aletschgletscher ist durch seine Länge und Tiefe für die Untersuchung länger andauernder Temperaturschwankungen in früheren

Zeiten besonders geeignet. Wenn der Schneefall geringer wird und sich die Schneefallgrenze nach oben verschiebt, dauert es nämlich 70 bis 80 Jahre, bis sich das Zusammenspiel zwischen Wachsen und Abtragen des Gletschereises nachhaltig ändert und so feststellen lässt. Und dann ist er auch noch wetterfühlig! Im Sommer kann er bis zu 20 Zentimeter Höhe verlieren. Am Tag! Er ist heute zwar noch 22,6 Kilometer lang, aber der aufmerksame Beobachter kann zusehen, wie er wegschmilzt. Im World Nature Forum in Naters kann man sich in einen Salonwagen setzen und sich in einem Film die virtuelle Fahrt über den Aletschgletscher zum Jungfraujoch ansehen, wie sie ab 1907 geplant war. Mithilfe von Schlitten sollte es von Naters über den Gletscher hinauf gehen! Das Projekt war schon halbwegs genehmigt, als der Erste Weltkrieg ausbrach und zumindest der Aletschgletscher noch einmal davonkam.

Wenn ich zum Märjelensee an seinem Rand möchte, muss ich durch den finsteren, nassen und kalten Tällitunnel gehen. Als ich 1998 zum ersten Mal hindurchtapte, war er noch unbeleuchtet, und ich musste mir mit der Taschenlampe einen Weg zwischen den Pfützen suchen. Wer nimmt schon eine Taschenlampe mit, wenn er auf einen Gletscher möchte? Seit 1993 gibt es im Tunnel eine kleine beleuchtete Mariengrotte. Das konnte man der Mutter Gottes auch nicht antun, ewig im Dunkeln den Segen zu spenden. Eigentlich ist die Heilige Barbara die Schutzheilige der Bergleute und Tunnelbauer, aber beim größten Gletscher der Alpen brauchte es wohl eine höhere himmlische Fürsprache.

Wenn man schließlich das Tunnelende erreicht und ins grelle Licht hinaustritt, sieht man außer der Gletschastuba (die man natürlich erst besucht, wenn man dem Aletschgletscher seine Reverenz erwiesen hat!) vor allem einen netten kleinen Sumpf mit vielen kleinen weißen Blümchen. Das ist der Märjelensee bzw. das, was von ihm übrig ist. Denn bei diesem lauschigen Anblick kann man sich kaum vorstellen, was für Gefahren er einst barg und Unglück über die Menschen im Tal brachte (s. Grund 103).

Am Rand des Gletschers steht der Bergführer mit der Schulklasse, die mit mir in der Gondel hinauffuhr. Immerhin sind wir hier auf 2.300 Meter Höhe. Nach einer kurzen Einweisung schnappen die Karabinerhaken am Bauch ein, und alle sind im Geschirr aneinandergeseilt. Es geht auf den Gletscher, über schmutzig-eisigen Untergrund. Vorsicht vor Spalten, die sich im Herbst mehr als im Frühjahr auftun! Denn der Gletscher wandert zu Tal, aber so ungleichmäßig, dass tiefe Spalten im Eis aufbrechen. Oder es gluckert ein Schmelzsee. Na, das ist doch einmal ein »Außerschulischer Lernort«! Auch wenn die Kinder keine Gletscherflöhe sehen, ist das sicherlich ein naturgewaltiges Erlebnis. Und während die Truppe schon fast in der Mitte des Gletschers angekommen ist, steht eine kleine Gruppe Erwachsener noch unschlüssig am Rand.

Vielleicht sollten sie sich beeilen.

28. Grund

Weil hier Rhein, Rhone und Donau entspringen

Es gibt viele lange wichtige Flüsse im kleinen Europa, die die Regionen teilen und vor allem verbinden. Nun ist man oft der Meinung, dass an einer markanten Stelle irgendwo im Land, vorzugsweise im Wald (so ist das zumindest oft in Deutschland), Wasser aus einem Felssprung schießt, das im weiteren Verlauf dann als Quelle eines wichtigen Flusses gepriesen wird und es vielleicht auch noch zu einer prächtigen Einfassung mit Inschrift schafft.

Mit solchen Kleinigkeiten gibt sich die Schweiz nicht ab. Hier fungieren große Gletscher als Geburtshelfer der großen Flüsse, allen voran Rhein, Rhone und Donau. Mein Lieblingsfluss ist der Rhein, die wichtigste Schifffahrtsstraße Europas, alleine schon deswegen, weil er ein Vorne und Hinten hat. Welcher Fluss hat das schon, und von wo aus sieht man das? Vielleicht liegt es auch nur daran, dass ich im

Rheinland lebe. Im Rheinquellgebiet gibt es die besondere Situation, dass es viele Flüsse mit dem Namen *Rhein* gibt, in verschiedenen rätoromanischen Schreibvarianten wie *Rhein, Rein, Rain, Ragn, Ren, Reno* oder *Rin*. Am Tomasee (GR) zeigt eine Plakette an, dass es von dieser Rheinquelle bis zur Mündung noch 1.320 Kilometer sind. Er nimmt hier die Wasser des Aaregletschers auf. Bei Tschamut (GR) passiert man dann das erste Haus am Rhein, ein Gasthaus wie auch das letzte in Hoek van Holland. Für die Verbindung entlang des Flusses steht auf dem Oberalppass ein Leuchtturm, eine Nachbildung des Leuchtturms in Hoek van Holland. In Tschamut soll 1874 Conrad Ferdinand Meyer seinen Roman *Jürg Jenatsch* vollendet haben.

Was kommt nach dem Rhein? Die Rhone, sonnenklar. Französisch der Rhône, ein Fluss mit 812 Kilometer Länge, davon 267 Kilometern in der Schweiz Da ist er noch jung und heißt der Rotten. Er entspringt im Wallis dem Rhonegletscher. Auf den ersten 6,5 Kilometern verliert er 840 Höhenmeter, passiert den Ort Gletsch und erreicht dann den Talgrund bei Oberwald auf 1.368 Metern ü. M. Es geht erst mal bergab mit der Rhone. Von Visp (643 Meter ü. M.) bis Martigny (372,2 Meter ü. M.) fließt sie 72 Kilometer lang westwärts, um dann einen abrupten Knick gen Norden zu machen, um den Genfersee zu erreichen.

Und um die Wasserzentrale der Schweiz voll zu machen, kommen wir jetzt zur Donau. Im unteren Miozän, also vor circa 20 Millionen Jahren, wurde das Molassebecken nördlich der Alpen zum bisher letzten Mal eine durchgehende Ost-West-gerichtete Meeresstraße, das *Helvetmeer*. Die Afrikanische Platte schob sich immer mehr nach Norden und schuf die Alpen.

Unter diesem Druck mussten sich auch die Flüsse andere Wege suchen. Das Problem war, dass auch der Schwarzwald sich hob und eine Barriere bildete, der östliche Jura sowieso. Die Urdonau verlor vor drei bis vier Millionen Jahren einen ihrer Hauptquellflüsse, als sich die Aare einen neuen Weg durch die Senke zwischen Faltenjura und Südschwarzwald suchte.

Übrigens ist die Aare der längste Fluss der Schweiz. Jedenfalls ist sie ein rein Schweizer Fluss. Sie entspringt aus den Aargletschern in der Nähe des Grimselpasses und führt dem Rhein das meiste Wasser zu, ist also noch immer maßgeblich am europäischen Flusssystem beteiligt. Im Laufe ihrer geologischen Entwicklung war sie der Oberlauf der Donau, der Rhone und des Rheins.

Die Aare nutzten früher auch die Flößer, die ihr Holz aus dem Emmental bis zur Nordsee transportierten. Zur Erinnerung an diese Tradition besteht zwischen Stilli (AG) und Laufenburg (AG) der »Kulturhistorische Flösserweg«.

Daran, dass die Schweizer Flüsse maßgeblich das europäische Gewässersystem bestimmen, erinnert der Brunnen auf dem Bahnhofsplatz in Chur (GR): Hier sprudeln der Nordseebrunnen, der Mar-Naira-Brunnen und der Mare-Adriatico-Brunnen als Reminiszenz an die in Graubünden entspringenden Flüsse und die Meere, in die sie münden. Dabei orientieren sich die Größen der Wasserbecken an den Längen der jeweiligen Flüsse. Die Schweiz ist eben nicht nur das Land der Berge, sondern auch des Wassers.

Wie wusste schon Obelix: »Was. Wir sind immer noch im Wasser?«

29. Grund

Weil Wasser in der Schweiz heilig ist

Wasserleiten, Wasserfuhren, Suonen, Bisses, Kanäle: Die von Menschen mühsam angelegten Wasserführungen durchziehen die Schweiz auf einer Länge von gut 2000 Kilometern. Das 2015 erschienene Buch zu Walliser Suonen listet allein für diesen Kanton 410 im Mittelalter mühsam angelegte Kanäle auf.

Und weil sie seit mindestens – jedenfalls solange schon nachweisbar – gut 1000 Jahren so wichtig sind, heißen sie auch »Heilige

Wasser.« Gerade das extrem trockene Rhonetal (VS), das neben dem Engadin zu den niederschlagsärmsten Regionen der Schweiz gehört, ist darauf angewiesen. Und da Visp im Wallis der trockenste Ort der Schweiz ist, verwundert es nicht, dass in dieser Region auch die größten Suonen verliefen und verlaufen.

Als Gott das Wasser verteilte, lehnten die stolzen Walliser sein Angebot mit der Bemerkung ab, das könnten sie sicherlich besser und schon selber dafür sorgen. Denn es gab doch genug Wasser, das aus den Gletschern floss. Das haben sie jetzt davon.

Nach dieser schroffen Ablehnung göttlicher Hilfe mussten sich die Walliser also etwas einfallen lassen. Heute kann man an einigen der inzwischen sorgfältig restaurierten Wasserfuhren entlangwandern: Für uns heute ein gluckerndes wildromantisches Erlebnis, für die Menschen früherer Jahrhunderte bittere Notwendigkeit, um zu überleben. Da gehörte Nachhaltigkeit zum Alltag.

Und so haben sich viele Sagen erhalten, die davon berichten, dass die Menschen sich um das kostbare Nass stritten, bis hin zu Mord und Totschlag. Das nutzte allerdings gar nichts, denn die teuer umkämpften Wasserrechte waren genauestens geregelt: Wer durfte wann, wie oft und wie lange seinen eigenen Holzschieber aus der Halterung ziehen und das Wasser aus der Suone auf seine Wiesen leiten?

Bis es überhaupt zur Verteilung des Wassers kommen konnte, musste das Wasser erst einmal herangeleitet werden. Und so wurden Tunnel in die Berge geschlagen, Lärchenholzbalken in abenteuerlichen Konstruktionen um die Felsen herum gebaut, steinerne Rinnen dem Boden abgerungen und schwindelerregende Kanäle am Abgrund konstruiert. Meistens höhlte man für die Wasserführung Baumstämme aus, die sogenannten Chänil, die man dann in halsbrecherischen Konstruktionen an die Felswände »hängte«. In günstigeren Fällen konnte man einen steinernen Kanal bauen.

Die oft langen Wege des Gletscherwassers hatten zwar den Vorteil, dass das kalte Wasser sich abkühlte, bevor es die Wiesen erreichte, es verdunstete und versickerte auf diesem Wege aber auch, sodass oft nur noch ein Rinnsal die Wiesen erreichte. Trotzdem lohnte sich der ganze Aufwand, denn das Gletscherwasser war nicht einfach nur Wasser. Es enthielt auch reichlich Mineralien, Phosphor, Kalk und Salze und diente so als Naturdünger. Die natürlichen Zusatzstoffe trübten dabei zwar das Wasser, aber sie erhöhten auch seine Qualität.

Die einzelnen landwirtschaftlich genutzten Agrarflächen waren mit diesen Regelungen aber auch auf die Dauer nicht mehr abänderbar, das System erstarrte. Die ausgeklügelte Wasserversorgung wich im 20. Jahrhundert modernen Bewässerungsstollen, und viele Suonen wurden aufgegeben und »ergingen«, wie es im Dialekt heißt. Aber in Zeiten des Klimawandels haben sie heute eine neue Bedeutung gewonnen, die die teure und aufwendige Instandsetzung und Instandhaltung rechtfertigt, denn eine Tatsache hat sich nicht verändert: Das Rhonetal ist nach wie vor extrem trocken.

Entlang der Suonen entsteht eine feuchtigkeitsbewahrende natürliche Vegetation, die vor Erosion schützt, und wenn es denn einmal zu einem Waldbrand kommen sollte, steht Wasser zur Verfügung!

Die touristische Erschließung durch Wanderwege entlang der Wasserfuhren ist dann nur eine nette Zugabe. An ihnen entlangzugehen ist jedenfalls ein besonderes Natur- und Kulturerlebnis.

Nebenbei: Auch Quellen sind oft heilig und spenden heilendes Wasser. So erteilte Papst Leo X. schon 1519 die Absolution von allen Sünden nach dem Besuch der Quellen von St. Moritz (GR). Aber auch die Mineralquellen von Scuol (GR) helfen gegen etliche Leiden, wie es schon der berühmte Arzt Paracelsus (1493/94–1541) empfahl. Er wurde übrigens nahe der Teufelsbrücke in Egg (GR) geboren. Was zeigt: Wasser hilft sogar gegen den Teufel!

Weil Salz wichtig ist

Das Grundnahrungsmittel Salz kommt auch in der ansonsten roh-stoffarmen Schweiz in entsprechenden Quellen vor. Darüber hinaus wurde es eifrig durch die Schweiz über Europa verteilt: Südfranzösi-sches Meersalz kam über den Genfersee, österreichisches Salz über den Bodensee und venezianisches Salz über das Tessin. Auf alten Stichen sieht man, wie in Schaffhausen am Rheinfall (SH) die Salz-scheiben zum weiteren Transport auf dem Rhein auf Schiffe verladen wurden. Deshalb gibt es dort auch einen »Scheibenweg«.

Aber Salz wurde nicht nur verhandelt, sondern auch selbst ge-wonnen. Noch heute gibt es das Salzbergwerk und die Saline de Bex (VD) im unteren Rhonetal, wo man als Erstes in der Schweiz seit dem 16. Jahrhundert Salz gewann – und noch heute gewinnt. Den historischen Teil kann man besichtigen. »Das hier im Jahre 1877 entwickelte Siedesalzverfahren mittels Thermokompression spart 95 Prozent der ursprünglich aufgewendeten Energie und findet heute weltweit Anwendung«, heißt es. Das fördere Nachhaltigkeit.

Die erste Saline am Rhein entstand in Pratteln (BL) im Ort Schwei-zerhalle. Damit weist er schon im Namen auf das altgriechische Wort ἅλς für Salz hin, wie wir es auch von Hallstatt, Halle, Bad Reichenhall und vielen anderen Ortsnamen kennen, die auf Stätten hinweisen, an denen Salz gewonnen wird. In der Ausstellung in der Villa Glenck, 1860 als Wohnsitz für die Direktoren der Salinen errichtet, kann man sogar in ein freigelegtes Originalbohrloch hineinblicken.

Die Saline Riburg in Rheinfelden (AG) ist das dritte Werk der Schweizer Salinen, die mit insgesamt 400.000 bis 600.000 Tonnen pro Jahr für die Grundversorgung der Schweiz mit Salz sorgen. Und: »Der Saldome 2 ist dabei mit einem Fassungsvermögen von über 100.000 Tonnen Auftausalz der größte Holzkuppelbau in Europa.« Wer mehr über die Schweizer Salzproduktion und ihre Geschichte wissen möchte, kann sich an den Standorten kundiger Führung anvertrauen. Dieses ehemals sogenannte Weiße Gold benötigen viele. So die Industrie für die Entschwefelung von Eisen, Farbstoffe, Glas, Feuerlöschmittel, Lösungsmittel, PVC-Kunststoff, zur Herstellung von Watte und Papier, also Zellulose, bei der Herstellung von Medikamenten und zur Neutralisation von Säuren. Natürlich auch zur Desinfektion, zum Beispiel in Schwimmbädern (beim persönlichen Badesalz natürlich auch) oder Wasch- und Geschirrspülmaschinen.

Etwa die Hälfte der jährlichen Produktion wird für die Straßen benötigt, das heißt als Auftausalz. Der Bedarf ist je nach Wetter sehr unterschiedlich und kann in harten Wintern dazu führen, dass bis zur dreifachen Menge des üblichen benötigt wird. Man rechnet dabei mit zehn Gramm pro Quadratmeter Asphalt.

Auch Mensch und Tier verlangt es nach Salz. Alleine eine Kuh benötigt 60 bis 90 Gramm täglich, womit sie an der Spitze der Nutztiere liegt. Eine Legende aus dem 15. Jahrhundert erzählt, dass ein Ziegenhirt entdeckt hatte, dass seine Ziegen bevorzugt aus bestimmten Quellen tranken – wobei Ziegen noch am wenigsten Salz benötigen. Sei's drum. Salzlecksteine müssen sein. Und der Mensch? Früher benötigte er, heute auch noch, wie man an der Flut von Fertigprodukten sehen kann, Salz zur Konservierung seiner Lebensmittel. Traditionell braucht man es zur Haltbarmachung von Wurst, zum Beispiel der gepökelten Nationalwurst Cervelat, oder der Basler Variante der Wiener, der Zolli Würstli, allerdings mild gesalzen, die so heißen wie der Zoo. Sollte mir das jetzt zu denken geben? Nein, es ist eine schmackhafte Unterstützung des Zoos. Wie haben das denn die Murtener Hausfrauen mit ihrem Elefantengulasch gehalten? (s. Grund 18).

Haltbar machen, gerade am Rhein, kann man natürlich auch Fisch, zum Beispiel den Lachs, den man im Rhein wieder ansiedeln möchte. Im 19. Jahrhundert bekam das Basler Dienstpersonal jeden Tag Lachs zu essen, es gab ja genug. Nach ihrer Beschwerde wurde das auf höchstens zwei Mal die Woche begrenzt, aber der Lachs machte sich trotzdem davon.

Weil Wasser wichtig ist

Wenn man mit der Autoverladung gen Süden will, fährt man vom Thunersee lange durchs Kandertal hinauf (BE). Dabei passiert man auch den Blausee, ein beliebtes Ausflugsziel. Blauer Himmel, blaue Seen? Einst weinte sich hier ein junges Mädchen die Augen um ihren zu Tode gestürzten Liebsten aus, und da sie blaue Augen hatte, entstand aus ihren Tränen dieser kleine See mit klarem blauen Wasser. Das muss vor ca. 15.000 Jahren gewesen sein, als damals in der profanen Welt ein Felssturz diesen See erschuf. Also ganz anders als der Schwarzsee (FR) mit seinem trüben Wasser. Das soll daher kommen, dass einst der Riese Gargantua hier seine Füße wusch. Da lob ich mir doch den Sihlsee (SZ), der ist nicht nur klein und blau, sondern birgt wohl auch einen Schatz, so geht die Mär.

Wie schon des Öfteren erwähnt: Die Schweiz ist ein recht kleines Land, das aber gerade deswegen auch einen unschätzbaren Vorteil hat: Kaum biegt der Wanderer auf seinen verschlungenen Pfaden um die nächste Biegung, schon kann er etwas erleben. Zum Beispiel einen tosenden Wasserfall. Das kann ihm allein im Lauterbrunnental (BE) Dutzende Male passieren. Der Staubbachfall bei Lauterbrunnen gerät dabei 300 Meter tief, und das Wasser zerstäubt. Seit 2016 kann man auch hinter ihm entlanggehen. Das hätte Goethe sicherlich gefallen, den dieser Wasserfall zu seinem Gedicht *Gesang der Geister über den Wassern* inspirierte, das er 1779 an Frau von Stein schickte. Die fand übrigens diesen Vergleich der menschlichen Seele mit der Natur des Wassers recht unchristlich. Da stehen wir heute drüber – oder dahinter?

Direkt gegenüber sozusagen – man müsste nur über die Große Scheidegg – strömen die Wasser des Reichenballfalls. Da, wo Sherlock Holmes zu Tode kam. Beziehungsweise eben nicht (s. Grund 49).

Und dann natürlich nicht zu vergessen: der Rheinfall von Schaffhausen (BL), dessen Anblick (schon wieder!) Goethe geradezu verfallen war. Dabei macht er höhenmäßig nun nicht so viel her, also der Wasserfall. Gerade einmal 23 Meter brauchen die Rheinwasser für ihren Abstieg. Dennoch in imposanter Breite, und es ist einfach ein großartiger Strom, der sich hier hinüberstrudelt. Wenn man auf ihn hinunterblickt, verblasst die Filmszene des schönen Kalauerfilms *Drei Männer in einem Boot* von 1961. Dieses Tosen kann man nicht zweidimensional sehen, man muss es erlebt haben.

Aber, um mit Goethe zu sprechen, was ich mir natürlich nie anmaßen würde: Wasser bietet auch lauschige, verzauberte Stellen. So badet in der Grotte de Milandre von Boncourt (JU) die Fee Arie in einem See, und die Fee in der Feengrotte bei Martigny im Wallis gewährt einen Wunsch. Wo man doch schon wunschlos in der Schweiz ist!

Das Flüsschen Landwasser (GR) entwässerte früher ins Prättigau, doch durch einen Bergsturz wurde ihm vor 12.000 Jahren dieser Weg versperrt, seine Fließrichtung kehrte sich um, die Wasserscheide verschob sich von Glaris auf den Wolfgang. Vorne rauschen die Palmen und plätschern die Wasser des Lago Maggiore, aber hinter Locarno geht es wild zu. Da geht's in die Centovalli, ins Val Verzasca oder das Valle Maggia, alles Namen mit dem Klang nach Abenteuer (TI).

Das raue Valle Maggia wird nicht umsonst das »Tal der lebendigen Steine« genannt. Wenn es hier etwas im Überfluss gibt, dann sind das Steine. Und Wasser, in tiefen, engen Schluchten, zerfurcht von Strudellöchern und Gletschermühlen. In 33 Meter Höhe wird der Fluss von der alten Römerbrücke Ponte Brolla überspannt. Die Höhe braucht es auch, denn das Wasser nimmt auch schon einmal den direkten Weg über die Felswände, zum Beispiel der Soladino, der 100 Meter tief stürzt, der Foroglio sogar 108 Meter, also alles harmlose *Cascate*.

Wo wir hier schon einmal am Talschluss einer wilden Landschaft sind: Große Stauseen dienen zur Energiegewinnung für die Kraftwerke. Knappe Rohstoffe in der Schweiz führten schon früh zur Energienutzung dessen, was in der Schweiz (noch) nicht knapp ist: Wasser. Bergbäche wurden gefasst, Wasserleitungen angelegt (s. Grund 29), Stollen leiten das Wasser in die Stauseen, die von der Schneeschmelze und dem Regen gefüllt werden. Denn noch fließt viel Wasser aus den Gletschern.

Der Stausee Zervreilasee (GR) besitzt eine 504 Meter lange Staumauer und ist 151 Meter hoch, die Mauvois-in-Staumauer bei Verbier (VS) aus den 1950er-Jahren ist sogar 237 Meter hoch und zählt damit zu den höchsten der Welt. Da staut sich einiges.

Oder zieht sich das Wasser zurück? Der größte unterirdische See Europas heißt St. Léonard und liegt, wen wunderts, in der Schweiz, in diesem Fall im Kanton Wallis. Er wurde erst um 1945 entdeckt. »Dank« eines kurz darauf folgenden Erdbebens senkte sich die Wasseroberfläche und gab Touristenbötchen Raum.

32. Grund

Weil die Schweizer erfolgreiche Seefahrer sind

Und das seit Tausenden von Jahren! In Hauterive-Champréveyres (NE) wurde ein Einbaum aus Lindenholz aus der Zeit um 4000 v. Chr. gefunden. Im Laténium (NE) gibt's ihn zu sehen. Handel und Kommunikation: Für die Schweizer seit Jahrhunderten also ein Thema!

Seit etwa 5000 Jahren wird der Weidling verwendet, ein Flachboot, das im tiefen Wasser mit einem oder zwei Stehrudern und im flachen Uferbereich mit einem oder zwei sogenannten Stacheln flussaufwärts geschoben, also getreidelt, wurde. Dieses traditionelle Boot kommt noch immer auf Schweizer Seen und Flüssen vor, vor allem bei der Rudersportart Wasserfahren.

Natürlich wussten auch die alten Römer um die Notwendigkeit, ein gutes Schiffsverkehrsnetz zu unterhalten. Der gallorömische Kahn von Bevaix (NE) aus dem 2. Jahrhundert n.Chr. konnte bis zu

15 Tonnen laden. Die brauchte er auch, um Kalksteinblöcke aus dem Jura in die Hauptstadt Avenches zu schaffen.

Am Genfersee gründeten die Römer den Hafen *Lousonna*, das heutige Lausanne, schon damals ein wichtiger Umschlagplatz und der größte *vicus* (Ort ohne Stadtstatus) in der römischen Schweiz. Und da gibt's dann auch schon einmal eine dankende Inschrift an den Meeresgott Neptun. Man weiß ja nie!

Die Römer schipperten auch auf der Aare, deren damaligen Namen, nämlich *Arura*, wir aus zwei adjektivischen Formen erschließen können, von einer Inschrift aus *Aventicum*/Avenches und einer Inschrift auf einer Statuette aus Muri bei Bern. In Ersterer werden die Schiffer *nautae Aruranci Aramici* genannt, also die auf der Aare fahren, die Statuette Dea Naria stammt von der *reg(io) Arure(nsis)*, also der Region Aaretal.

Dutzende von Schiffswracks liegen noch im Zürichsee, viele davon im Gebiet zwischen Richterswil, Wädenswil und Stäfa. Das wird wegen seiner oft tückischen Winde auch »Bermuda-Dreieck« genannt. Ein Stück Schweizer Atlantik sozusagen.

Auch im Pazifik tauchen Schweizer auf bzw. unter: Der Tiefseeforscher Jacques Piccard (1922–2008) sank im Marianengraben mit einem selbst konstruierten U-Boot namens Trieste viereinhalb Stunden lang zum tiefsten Punkt der Erde, fast 11.000 Meter unter den Meeresspiegel. Er war sozusagen der Jules Verne der Schweiz. Aber real, wie die Schweiz so ist. Das ist auch noch 60 Jahre danach der Tiefsee-Rekord.

Auch auf dem Freigelände des Verkehrshauses der Schweiz in Luzern steht ein U-Boot. Vielleicht etwas, was man in der Schweiz nicht erwarten würde. Es ist das größte jemals gebaute nichtmilitärische Unterwasserfahrzeug, ebenfalls von Jacques Piccard, der es nach seinem Vater Auguste Piccard nannte. Dieses sogenannte Mésoscaphe beförderte im Jahr 1964 Tausende von Touristen auf den Grund des Genfersees und natürlich auch wieder hinauf, so schön der Genfersee auch ist (s. Grund 108).

Kommen wir zurück zu den Schweizern auf den Weltmeeren, zu denen sie bekanntlich keinen direkten Zugang haben. Deshalb fand im Jahr 2007 der renommierte »America Köpp« vor Valencia statt. Was sollte man auch anderes tun? Die Schweizer Jacht Alinghi der Geschwister Bertarelli aus Genf hatte 2003 den America's Cup gewonnen. Die Regatta war zwar 1851 auf der Isle of Wight erfunden worden, aber erst der Alinghi gelang es nach über 150 Jahren, die Regatta für ein europäisches Team zu gewinnen. Die Statuten dieser Segelregatta sehen vor, dass der Titelverteidiger das Segelgebiet bestimmt. So entschied man sich für Valencia, wo die Alinghi den Cup verteidigen konnte.

Und so bleiben die Schweizer auf Kurs, auch im eigenen Land, zum Beispiel dem Silsersee (GR), über den die höchstgelegene Kursschifffahrtslinie Europas verkehrt.

Kapitel 6

Die Schweiz und ihre Sprachen

33. Grund

Weil Sprache keine Grenzen kennt

Das Tal der (noch jungen) Rhone ist so beeindruckend, dass es dafür nur einen Namen geben kann: Das Tal. Das fanden wohl auch die Römer. Und so benannten sie das Rhonetal mit ihrem lateinischen Wort *Vallis*. Damit waren sie allerdings nicht die Ersten. Die eher als pragmatisch geltenden Römer griffen einfach auf das Wort zurück, das die einheimischen keltischen Stämme ihrem Tal gegeben hatten. Eben »Das Tal«. Oder in der keltischen Sprache: *Nantu*. Das hat sicherlich auch die keltischen »Talleute« gefreut, also den Stamm der *Nantuates*, die schon Julius Caesar in seinem Bericht über den Gallischen Krieg 56 v. Chr. erwähnt.

Und als im frühen Mittelalter die germanischen Alemannen ins Wallis einwanderten, übernahmen sie einfach diese Bezeichnung.

Auch ihnen schien sie passend, und sie verbanden sie mit ihrem eigenen Wort für Tal.

Es gibt sogar die Kombination aus keltischer, lateinischer und deutscher Sprachtradition für »Tal«, nämlich beim Nanztal im Wallis, westlich von Brig, einem linken Zufluss der Rhone. Es ist also das »Taltal im Tal«. Das Schöne für Sprachfexe am Nanztal ist außerdem: Nanz zeigt, dass es die zweite germanische Lautverschiebung mitgemacht hat, indem es das ursprüngliche *t* nach *z* verschob. In der noch heute eher in den romanischen Sprachen verwurzelten Westschweiz blieb es beim *t*: Dort gibt es den Ort Nant am Murtensee, der ebenfalls das keltische Tal-Wort im Namen fortsetzt. Was eigentlich kein Wunder ist, schließlich liegt er in der Nähe einer alten keltischen Festung, das, was die Lateiner *oppidum* nannten. Ein rechter Rhonezufluss bei Bex im Kanton Waadt fließt durch das Vallon du *Nant*, also schon wieder eine Doppelung bzw. ein Pleonasmus.

Dass die alten Römer sich nicht gerade als Sprachschöpfer betätigten, hatte mal wieder einen pragmatischen Grund: Warum sollte man die Einheimischen zwingen, ihre Bezeichnungen für ihre Umwelt zu ändern? Gerade die Bezeichnungen von Wasserläufen änderten sich bei den verschiedenen Anrainern immer wieder. Auch heute noch gibt es, wenn auch etwas großflächiger, verschiedene Bezeichnungen für verschiedene Abschnitte eines Flusses. Und trotzdem wissen alle, wer gemeint ist, schließlich lebt man an seinen Ufern.

Und so weisen auch der Inn, der sogar einer ganzen Landschaft den Namen gab, also dem Engadin, und die Aare in ihren Namen auf die frühen Bewohner der Schweiz hin.

Weil vier Sprachen auf einer Milchtüte stehen

Eine Autofahrerin hält an und fragt mich nach dem Weg. Das macht sie auf Italienisch, weil wir gerade im Tessin sind und ich anscheinend nicht auf den ersten Blick wie eine herumirrende Touristin aussehe. Kein Problem, ich habe auf ihrem Nummernschild ein GE gesehen, dann kommt sie also aus Genua. Ich klaube also mein Italienisch zusammen und weise ihr den Weg. Sie sagt artig *grazie* und fährt davon. Dadurch sehe ich noch das hintere Nummernschild ihres Wagens: Es ist ein Schweizer GE. Und das heißt: Sie kommt aus Genf, und mein Schulfranzösisch hätte es auch getan. So was kann in der Schweiz immer einmal passieren. Alles auf kleinem Raum und immer nahe in Europa.

Als ich das erste Mal in der Schweiz war, war ich begeistert davon, dass überall alles viersprachig draufstand: Sogar die Schweizer Kühe geben viersprachige Milch in den Tetrapak. Das ist aber leider doch alles nur Verpackung. Denn nicht alle Schweizer und Schweizerinnen sprechen vier Sprachen. Eigentlich müssten sie sogar fünf sprechen, denn ihr jeweiliger Dialekt, der im täglichen Leben dem Miteinander dient, hat oft wenig mit dem zu tun, was als Hoch- bzw. Standarddeutsch bezeichnet wird. Oft genug ist es mir auch in der Deutschschweiz begegnet, dass die Menschen meinten, ihre erste Fremdsprache sei Deutsch gewesen. Ein babylonisches Sprachengewirr also, und trotzdem verstehen sie sich! Meistens jedenfalls.

Das ganze Dilemma, wenn es denn eines ist, fängt schon damit an, dass man nicht weiß, wie man Schweizerdeutsch schreiben soll. Schwiizertüütsch, Schwyzerdütsch oder wie auch immer? Ich habe mich in diesem Band für »Schweizerdeutsch« entschieden, irgendeinen Namen muss es ja haben. Ganz schön harzig.

Bereits 1880 hatte sich Mark Twain über die fürchterliche deutsche Sprache mokiert, mit ihren undurchschaubaren Regeln zum grammatischen Geschlecht und den fürchterlich langen Wörtern. Dabei gab es damals das Gurtentrageobligatorium, also die Pflicht, sich im Auto anzuschnallen, noch gar nicht! Und das mit dem Geschlecht ist so sicher auch nicht. In der Schweiz findet »der Final« statt bzw. »der Entscheid«, und die Straßenbahn heißt »das Tram«, es sei denn, man ist in Zürich und nimmt »de Schlitte«.

So einfach ist es also mit Schweizerdeutsch für deutsch Sprechende jedweder Couleur doch nicht. Trotzdem interessant, und da soll Mister Twain nicht meckern. Die sprachlichen Fallstricke lauern schon im Alltag. Haben Sie sich schon einmal gefragt, warum bei der Tastatureinstellung an Ihrem Computer zwischen »Deutsch (Schweiz)« und »Deutsch« unterschieden wird? Wenn es doch dasselbe ist? Dann versuchen Sie mal, ein ß zu tippen. Das ist in der praktisch veranlagten Schweiz praktischerweise abgeschafft. Das lag wohl daran, dass es schon früh üblich wurde, ein ß in s-s zu trennen. Dafür benötigt man doch keinen weiteren Buchstaben!

Und so gibt es Masse und Masse und Busse und Busse. Der Unterschied bei Ersteren ist bestenfalls für ein Model relevant, der zweite sollte allerdings jedem Verkehrsteilnehmer geläufig sein: Busse ist natürlich der Plural des Linienbusses (der Reisebus ist ein Car) und das andere könnte passieren, wenn man in eine Straße (pardon, Strasse) nur für Anstösser hineinfährt. Dann sagt der Verkehrspolizist vielleicht: »Ich muss Sie büssen.« Her mit den Fränkli!

Auch so eine nette Angewohnheit, die Verniedlichung. Alles ist eben halb so wild. Und so lernt man so schöne Wörter wie Brünelli für ein kleines Waschbecken, Poschettli für ein Einstecktuch und Verhüterli, was ich jetzt sicherlich nicht erklären muss. Warum sie mitunter gerne auf überflüssige Artikel oder auf das »n« verzichten, habe ich nicht herausbekommen. Gott sei Dank war der Plakatspruch mit einem eingängigen Bild versehen: »Eis wie keis.« Gib mir füf!

Praktisch. Auch praktisch ist die Angewohnheit, das Wichtige an den Satzanfang zu stellen. Sie müssen also nicht bis zum Ende des Lindwurmsatzes warten, um zu erfahren, worum es eigentlich geht. Bis jemand den Satz gesagt hätte: »In diesem Jahr hat der frühe Wintereinbruch bereits zu Verkehrsbehinderungen durch massive Schneefälle und erhöhte Lawinengefahr geführt …«, wäre er längst unter selbiger begraben. Also heißt es: »Bereits liegt in den Bergen Schnee.«

Und dann gibt es so schöne Verben! Zum Beispiel »gersauern«, was bedeuten soll, sich aus einer angeblich verzwickten Lage umständlich zu befreien. Es soll vom Ort Gersau (SZ) am Vierwaldstättersee stammen, der einmal eine eigene freie Republik war, die einmal die kleinste der Welt gewesen sein soll, jedenfalls vom 15. Jahrhundert bis zu Napoleon, dessen Dickschädel bekanntlich ein besonders dicker war.

Bisher war es »normal«, dass ein Deutschschweizer als erste Fremdsprache Französisch lernte, die Schweizfranzosen, Tessiner und Rätoromanen als erste Fremdsprache Deutsch. So bleibt alles in der Schweizer Familie. Vor 2014 war es Pflicht, dass die erste Fremdsprache eine Landessprache sein musste. Seitdem wird aber überlegt, ob die erste Fremdsprache Englisch sein sollte. Na, das hätte Mark Twain gefallen. Die Entscheidung, ob Englisch oder eine zweite Landessprache unterrichtet wird, ist Sache der Kantone. Sie sollten sich aber innerhalb der Landesteile auf jeweils ein Modell einigen. 2017 schaffte der Kanton Thurgau das »Frühfranzösisch« ab.

Die Befürworter argumentieren, dass Englisch es ermöglichen würde, über alle Sprachgrenzen der Schweiz hinweg zu kommunizieren, also auch und im Besonderen zwischen der Deutschschweiz und der Romandie. Und für den ökonomischen Erfolg sei sie heute unverzichtbar. Da stellt sich die Frage: *Does the Kantönligeist jump over the Röstigraben?*

Solange das nicht entschieden ist, und das kann in einer Demokratie lange dauern, gehe ich erst einmal etwas essen. »Den Salat bitte ohne Randen«, sage ich zu der freundlichen Bedienung, und sie sieht mich fragend an. Welche Sprache brauche ich jetzt?, überlege ich leicht panisch, weil ich keine Rote Bete mag und nicht weiß, wie sie auf Französisch heißt.«»Ohne Rote Bete«, verkünde ich versuchshalber. Klappt, denn die Kellnerin kommt aus den Niederlanden und kennt ihre *rode biet*. Das hätte zwar jetzt auch auf Englisch funktioniert, trotzdem: Sprachenvielfalt in der Schweiz bzw. Europa ist doch köstlich (bis auf Rote Bete)!

Übrigens: *Gersau bleibt Gersau, ein freies Volk, ein freies Land*, steht in Stein gemeißelt auf dem Brunnen. Das ist ja wohl nicht kompliziert!

35. Grund

Weil der Beat in der Schweiz so beliebt ist

Es gibt so schöne Vornamen in der Schweiz, auch wenn ich mich frage, ob heutzutage noch jemand Tuotilo heißt. Dabei gilt er als erster Schweizer Künstler. In seinem Kloster St.Gallen (SG), wo er Ende des 9. Jahrhunderts Mönch war, ist er deshalb auch mit Palette und Pinsel abgebildet. Auf einen sportlichen Jungen weist sicherlich Placidus hin. Dieser Heilige war Ende des 18. Jahrhunderts Pater im Benediktinerkloster Disentis (GR) und außerdem ein interessierter Naturforscher. Ihm zu Ehren kann man heute die besonnte Placidus-a-Spescha-Piste hinunterfahren.

Ebenfalls als Naturforscher tritt Plinio in Erscheinung, dessen Name sich doch sicherlich an den Forscher Gaius Plinius aus dem 1. Jahrhundert anlehnt. Der hatte eine noch heute sehr aufschlussreiche *Naturalis Historia* geschrieben. Er kam zwar nicht aus der Schweiz, aber aus der Nähe, aus Como. Sein Interesse für Natur und Umwelt ging bekanntlich so weit, dass er den Vesuvausbruch 79 n.Chr. aus der Nähe beobachten wollte. Was er nicht überlebte. Als Vorname Plinio aber lebt er weiter, vor allem im Tessin.

Ein genießender Künstler ist sicherlich Theodul, schließlich verweist er auf den Weinheiligen (s. Grund 62).

Dass im Bärenland Schweiz gerne der Vorname Urs gewählt wird, ist fast logisch. Sogar dem Kanton Uri soll der Bär (lateinisch *ursus*) seinen Namen gegeben haben. Aber es gibt noch so viele andere schöne Vornamen wie Pompeius, Kilian, Gion, Ueli, Ruedi, Gusti, Heiri, Remo oder den vor allem in Graubünden beliebten Namen Reto. Reto wie etwa Reto Delnon, der nicht nur Kommunist, sondern 1961 kurzzeitig Trainer der Schweizer Eishockeynationalmannschaft war. Und wenn wir schon bei Sportlern sind, da denke ich doch gleich an die erfolgreichen Skifahrer Pirmin Zurbriggen oder Loic Meurd.

Natürlich haben auch die Frauen schöne Vornamen, etwa Vreni, Herkula, Leza oder Zita … Ja, die Frauen. Damit sind wir bei einem, inzwischen historischen, Phänomen der Schweiz: den Doppelnamen.

Nomen est omen, heißt es. Der Name ist ein individuelles Zeichen und schafft Identität. Für namenbewusste Frauen war es bisher eher ein schlechtes Omen bzw. ein Zeichen mangelnder Gleichberechtigung, dass sie ihren Familiennamen bei der Heirat entweder ablegen, ihn anhängen oder ihn als Doppelnamen führen mussten. Wenn Herr Bär Frau Schweizer heiratete, wurde sie nach dem Gang auf das Standesamt eine Frau Bär, Frau Schweizer Bär oder Frau Bär-Schweizer.

Von amtlicher Relevanz waren dabei Frau Bär und Frau Schweizer Bär. Die Sache mit dem Bindestrich hatte keine amtliche Bedeutung. Sie galt als sogenannter Allianzname, eben die Allianz zwischen zwei Partnern. Das ist alles passé. Seit 2013 kann jeder bzw. jede auch nach der Eheschließung seinen bzw. ihren Namen behalten. Die Frauen, die bereits einen Doppelnamen trugen, konnten diesen rückgängig machen oder behalten. Die meisten Frauen behielten ihn, aus Bequemlichkeit oder aus Überzeugung.

Immer noch besser, als zu sagen:

»Ich möchte deinen Namen tragen«, haucht sie.

»Gut, ich werde Beat zu dir sagen« verspricht er.

Alles passé. Seit 2013 bleibt einfach Herr Bär Herr Bär, und Frau Schweizer bleibt Frau Schweizer. Damit folgen sie bester Schweizer Tradition. Denn in vielen Gegenden der Schweiz war es bis ins 19.

Jahrhundert völlig selbstverständlich, dass Frauen nach der Eheschließung ihren Familiennamen beibehielten. Das vereinfacht die Bürokratie und vereinfacht die Anrede, wenn man nicht sowieso schon per Du ist.

Die Glücklichen.

Perquei che romontsch tuna aschi bien

Das bedeutet »Weil Rätoromanisch so schön klingt«, jedenfalls auf Sursilvan, es gäbe noch etliche andere Möglichkeiten. Der einzige offiziell dreisprachige Kanton der Schweiz ist Graubünden. Die Hauptsprache des Kantons ist Deutsch, für einige Bündner ist die Muttersprache Italienisch. Etwa ein Prozent der gesamten Schweizer Bevölkerung soll Rätoromanisch sprechen.

Was aber ist eigentlich Rätoromanisch? Rekapitulieren wir kurz das Geschehen. Als die Römer das spätere Graubünden eroberten, wohnten hier die Räter. Man sprach im Osten Rätisch und im Westen Keltisch. Nun übernahmen die Einwohner das Lateinische, die Romanisierung führte zur Ausbildung einer römisch-romanischen Sprache. Als seit dem 5. und 6. Jahrhundert die Alemannen nach Süden vordrangen, fanden germanische Sprachelemente, vor allem im Rheintal, Eingang in die Sprache der Einheimischen.

Weitere deutsche Sprachelemente brachten die wallisischen Zuwanderer ab dem 13. Jahrhundert, also die Walser. Aus alledem entstanden verschiedene Dialekte, aber kein Rätoromanisch. Am Vorderrhein sprach man Sursilvan, den meistgesprochenen Dialekt, in Teilen des Domleschgs und des Schams Sutsilvan, im Surses und Albulatal Surmiran, im Oberengadin Puter, im Unterengadin Vallader, im Val Müstair Jauer, und im Bergell spricht man eine Mischung aus Rätoromanisch und Lombardisch, das Bargaiot.

Oder anders ausgedrückt Deutsch-Alemannisch, Französisch-Frankoprovenzalisch, Italienisch und Alpinlombardisch. Belassen wir es dabei.

Schön und gut in trauter Taleinsamkeit. Aber wie überall stellen auch in Graubünden Verkehrsströme und Touristenströme im 19. Jahrhundert eine neue Melange her. Oder soll man besser sagen eine neue Verwirrung? Jedenfalls war es schlimmer als bei den Indianern, befand James Fenimore Cooper 1828. Die Sprachverwirrung wurde erst etwas entworren, als man eine gemeinsame Schriftsprache erfand. Das Rumantsch Grischun 1982, das nur einen winzigen Nachteil hatte: Kein Mensch sprach es. Denn man sprach weiterhin seinen angestammten Dialekt. Bereits 1919 hatte sich als Dachverband aller romanischsprachigen Bündner die *Lia Rumantscha* gegründet, 1938 wurde Rätoromanisch durch Volksentscheid Schweizer Landessprache. Und so gab es eine eigene Schriftsprache.

Und man gewöhnte sich halbwegs an sie. Alle anderen Schweizer sprechen auch ihre eigene Variante Schweizerdeutsch und schreiben Hochdeutsch. 1996 wurde Rätoromanisch zur vierten Amtssprache und steht seitdem auf allen Dokumenten. Und studieren kann man es auch, an der Universität Freiburg. Und wem das immer noch zu viele Möglichkeiten sind, der kann sich auf den Konjunktiv zurückziehen. Den darf man nämlich gerne in der indirekten Rede verwenden. Alles ist möglich!

Leider verstehe ich davon nichts …. Dabei gibt es doch die Möglichkeit, diese schön klingende Sprache auszuprobieren, gar zu lernen. Etwa auf dem Portal für Rumantsch Grischun des Vereins Raetia.

Und dann heißt es: *Cordial Beinvegni*, Herzlich willkommen.

Weil man strahlen kann

Ein Blick auf die Landkarte offenbart: Die Schweiz strahlt! Da gibt es nicht nur das über 4000 Meter hohe Strahlhorn, sondern auch Strahlknubel, Strahligen (Straligen) Stöckli, Strahlgand und so weiter! Und was strahlt da so?

»In der Schweiz bezeichnet man die Tätigkeit des Kristallsuchens als »Strahlen« oder »Strahlnen.« Als »Strahler« bezeichnet man eine Person, die Kristalle sucht. Der Begriff hat seinen Ursprung wohl darin, dass man einen Bergkristall aufgrund seiner Form und seiner Strahlkraft lokal auch als »Strahla« bezeichnet. Andere Bezeichnungen sind »Zapfen«, »Zinken (Zingge)« oder als Gruppe »Stufe«, erklärt Thomas Bolli, Redakteur der Zeitschrift *Schweizer Strahler*. Sogar ganze Gegenden, in denen es viele Kristalle gibt, können als »strahlig« bezeichnet werden. Schon wieder solche Vielfalt!

Und die besonders schönen Fundstücke kann man dann zum Beispiel im Binntal (VS), im Museum La Truaisch in Sedrun (GR) oder im Cristallina in Disentis (GR) bewundern und sich von dort ins Val Cristallina aufmachen. Aber bitte unter fachkundiger Führung, denn: Da wird nicht wild mit dem Geologenhammer drauflosgehämmert, um Beute zu machen, sondern es wird verantwortungsvoll gegenüber der »Natur und den Mitmenschen« gesammelt, wie es im Ehrenkodex des Schweizerischen Vereins der Strahler, Mineralien- und Fossiliensammler heißt.

Denn Verantwortung übernehmen im Miteinander ist wichtig. Verantwortung für das wertvolle Vieh und die Umwelt trug der Grathirt im Wallis. »Im Jahre 1933 hat der damalige Schweizerische Bund für Naturschutz – heute Pro Natura – den Aletschwald von der Burgergemeinde Ried-Mörel und der Alpgenossenschaft Riederalp gepachtet und in der Folge unter absoluten Schutz gestellt. Im Pachtvertrag wurde damals vereinbart, dass Pro Natura selber verantwortlich ist, dass das Vieh nicht ins Schutzgebiet eindringen kann. Dazu ließ Pro Natura auf der einen Seite eine Grenzmauer errichten; ... Andererseits hatte einer der von Pro Natura angestellten Aufsichtspersonen (wir sprechen heute von Rangern) die Aufgabe, das Vieh auf dem Grat zu beaufsichtigen. Diese Funktion wurde damals als »Grathirt« bezeichnet«, erklärt Laudo Albrecht, der Zentrumsleiter des Pro Natura Zentrums Aletsch.

Noch heute lässt sich die »Alte Mauer« bewundern, wenn man am Aletschgletscher entlangwandert, eine Trockenmauer in »echter Handwerkskunst«, wie das Informationsschild zu Recht erklärt, wenn ich da an meine Vorgartenmauer denke!

Gesellschaftliche Verantwortung trägt der Weibel. Er ist nicht nur für zeremonielle Aufgaben, sondern auch für Bekanntmachungen und Verwaltungsaufgaben zuständig, je nachdem, wo er beschäftigt ist. Also auf Bundesebene gibt es den Bundesratsweibel, den Parlamentsweibel und den Bundesgerichtsweibel. Letzterer erinnert ein bisschen an die Liktoren im alten Rom mit ihren Liktorenbündeln als Hoheitszeichen. Natürlich hat auch jeder Kanton einen Gerichtsweibel, darüber hinaus auch einen Standesweibel oder einen Ratsweibel. Auch einzelne Gemeinden leisten sich einen eindrucksvollen (Gemeinde)weibel. Und natürlich hat die Schweizergarde einen Feldweibel.

Das alles sind sehr verantwortungsvolle Posten, auf denen die Weibel seit Jahrhunderten für Ordnung sorgen! Und gendergerecht sind sie auch und haben nichts mit einer Verballhornung des Weibes zu tun, sondern mit dem werbenden Knüpfen von Kontakten. Bei öffentlichen Auftritten ist der Weibel in einen Talar gekleidet in den Farben der Körperschaft, die er vertritt.

Und strahlt Würde aus.

Der Große Aletschgletscher ist
der längste Gletscher der Alpen
(Grund 27).

Oben: Unterwegs in den Appenzeller Alpen. Unten: Ursprünglich für die englischen Gäste des Hotels reserviert, heute die katholische Kapelle auf der Belalp (Grund 48).

Der Holzpfosten markiert die Stelle bei Gletsch, bis zu der vor fast 170 Jahren der Rhonegletscher reichte (Grund 26).

Der Steinbock, der Bär, das Murmeltier und das Edelweiß:

Beliebte Fotomotive in den Schweizer Alpen.

Oben: Die Schweizer Fahne flattert über dem Genfersee.
Unten: Entspannen am Zürichsee.

Oben: Traditioneller Umzug beim Zürcher Sechseläuten (Grund 106).
Unten: Das Château Chillon thront über dem Genfersee (Grund 74).

Oben: Was die Schweiz unvergleichlich macht: Matterhorn, glückliche Kühe und die Schweizer Fahne.
Unten: Wandern auf dem Männlichen bei Grindelwald.

Lavertezzo, Tessin
Von djama

Oben: Die Wallfahrtskirche Madonna del Sasso im Tessin.
Unten: Lavertezzo im wildromantischen Verzascatal.

Oben: Die Kramgasse in Bern führt zum Zytgloggeturm (Grund 88).
Unten und rechts: Abendstimmung am Vierwaldstättersee, die auch die Tiere in Ruhe genießen.

Die Uhr am Stadttor von Murten hat nur einen Zeiger mit Schwurhand (Grund 88).

Oben: Fresko mit dem berühmten Apfelschuss am Tellenhaus in Ernen.
Unten: Blick über die Altstadt von Bern.

Oben: Bergpanorama bei Isenfluh-Sulwald. Unten: Der älteste Raddampfer der Schweiz fährt seit 1901 über den Vierwaldstättersee.

Typisches Luzerner Bauernhaus (Grund 77).

Oben: Einkehr angesichts atemberaubender Bergkulisse.
Unten: Atemberaubender Blick auf Interlaken.

Kapitel 7

Die Schweiz und ihre Schweizer

38. Grund

Weil die Schweizer Bücher lieben und schreiben

»Da haben wir es wieder, die Schriftsteller werden in der Schweiz auf's traurigste unterschätzt« stöhnt ein solcher in Dürrenmatts *Der Richter und sein Henker*. Wie kommt Friedrich Dürrenmatt denn zu dieser Einschätzung? Den Eindruck kann ich wirklich nicht bestätigen. Im Gegenteil. Oder sollte sich das geändert haben? Und nicht genug damit, dass die Schweizer und Schweizerinnen schreiben können, viele deutsche Schriftsteller machen es ihnen nach – und das am liebsten in der Schweiz.

Die schön illustrierte *Manessische Liederhandschrift* aus der Zeit um 1300 liegt zwar heute in Heidelberg, aber die aus Zürich stammende Manesse-Familie hat sie initiiert. Und bereits 1780 gründete der Dichter und Verleger Salomon Gessner die *Zürcher Zeitung*, seit 1821 *Neue Zürcher Zeitung* (NZZ).

Zürich ist wahrlich einer der Hotspots der Literaturszene. Von »Zugereisten« wie Elias Canetti, James Joyce oder Thomas Mann nicht zu reden, muss eine literarisch befruchtende Luft über den Zürichsee wehen. Gottfried Keller (1819–1890), Conrad Fernand Meyer (1825–1898), Max Frisch, Adolf Muschg: Alle waren Züricher. Die *Züricher Novellen, Romeo und Julia auf dem Dorfe, Die Füße im Feuer, Homo Faber* – alles sind Werke, die auch zum deutschen Schulkanon gehören. Und Adolf Muschg schrieb 1998 *O mein Heimatland!*, das eine etwas andere Geschichte der Schweiz seit der Staatsgründung 1848 erzählt.

Georg Büchner (1813–1837) wurde zwar nahe Darmstadt geboren. Aber als man ihn im Großherzogtum Hessen wegen Hochverrats anklagte, floh er nach Zürich, wo er an der Universität arbeitete, aber bereits 1837 starb. In ehrender Erinnerung verleiht die Deutsche Akademie für Sprache und Dichtung in Darmstadt den renommierten Georg-Büchner-Preis, den Max Frisch 1958 erhielt, Friedrich Dürrenmatt 1968, Adolf Muschg 1994 und 2019 der in Zürich lebende Schriftsteller Lukas Bärfuss.

Ein Schweizer Literaturpreis ist der Gottfried-Keller-Preis, der 1921 anlässlich Gottfried Kellers 102. Geburtstag von der Martin-Bodmer-Stiftung gestiftet wurde. Preisträger waren u.a. 1936 Hermann Hesse, 2019 Adolf Muschg und Thomas Hürlimann und 2013 die Autorengruppe Bern ist überall.

Bern ist natürlich auch ein Stichwort. Nicht nur Beat Sterchi spricht sich für das Berndeutsch aus, auch Bern hatte einen besonders prominenten Schriftsteller: Friedrich Dürrenmatt (1921–1990). Auch wenn der sich schließlich, obwohl nicht gerade frankophil, bei Neuenburg (NE) niederließ.

In Neuchâtel/Neuenburg bezog er 1952 das Haus, das er bis zu seinem Tod bewohnte, und gestaltete dort selber zum Beispiel die Toilette, die er »meine Sixtinische Kapelle« nannte. Als er schließlich durch sein Theaterstück *Der Besuch der alten Dame* zu Geld gekommen war, vergrößerte er seinen Besitz, weil er verhindern wollte, dass ihm auf den landwirtschaftlich genutzten Flächen Neubauten vor die Nase gesetzt würden, und er baute einen Swimmingpool, ein zweites Haus und ein kleines separates Atelier.

Sein Wohnhaus wurde von Mario Botta zum Museum umgebaut und heißt seit dem Jahr 2000 Centre Dürrenmatt Neuchâtel. Damit integriert der Name wieder einmal die einzelnen Regionen der Schweiz. So ist es halt, wenn ein italienischsprachiger Schweizer ein Museum baut für einen deutschsprachigen Schweizer, der in der Romandie lebte und arbeitete: Das französische Centre steht einem Namen mit deutschem Umlaut voran. Man hätte es ja auch Dürrenmatt-Zentrum nennen können, was etwas langweilig geklungen hätte.

Da passt es doch gut, dass Neuchâtel, oder sagen wir dann hier doch lieber Neuenburg, bis 1848 zu Preußen gehörte. Hier war schon Friedrich II. Fürst gewesen. Also eine Mischung aus Deutschschweiz, Preußen und Frankreich. Der preußische König war nach dem Siebenjährigen Krieg etwas knapp bei Kasse und hatte 1767 versucht, neue Steuermaßnahmen einzuführen. Das nahm ihm die Bevölkerung übel und prozessierte in der sogenannten Gaudot-Affäre in Bern so erfolgreich, dass der König seine Pläne zurücknahm und sein Fürstentum lieber aus der Distanz betrachtete. Das gefiel Dürrenmatt. Hat ja auch etwas von grotesker Komödie. Die nur für den Anwalt Claude Gaudot schlecht ausging: Die Neuenburger erschlugen ihn.

Wen ich jetzt beinahe unterschlagen hätte, ist Robert Walser (1878–1956), dessen Lieblingsstück von Schiller übrigens nicht *Wilhelm Tell*, sondern *Die Räuber* gewesen sein soll.

Und nicht zu vergessen einer der wichtigsten französisch schreibenden Schriftsteller, der sich in seinen Werken seiner Heimat, in diesem Fall dem Wallis, widmet: Charles Ferdinand Ramuz (1878–1947). Wenn ich einen 200-Franken-Schein mein Eigen nennen könnte, hätte ich sein Bildnis vor Augen. 1926 erschien Ramuz' Werk *Die große Angst in den Bergen*, in dem Sennen auf einer Alp ums Überleben kämpfen. In seinen Büchern gibt er immer wieder detaillierte Einblicke in das Verhältnis zwischen Natur und Mensch und dessen Ausgeliefertsein an die Umwelt.

Da lob ich mir doch die Seelenapotheke. So wird die Klosterbibliothek des Stiftes St. Gallen genannt, die 170.000 Bücher und 2000 Originalhandschriften hütet. Ausleihen kann ich die natürlich nicht, wenn ich gerne zu meiner Bettruhe ein literarisches Bettmümpfeli hätte. Aber die Schweizer haben genug andere Texte zu bieten, die ich jetzt nicht mehr erwähnen kann, weil sonst der Text zu lang würde ...

Die Entdeckungen überlasse ich dem geneigten Leser. Er und sie werden schnell auf Schweizer Schriftsteller stoßen, die es sich zu lesen lohnt. Mindestens 111.

39. Grund

Weil Jean Tinguely mechanische Mirakel schuf

»Wo geht's hier bitte zum Tinguely-Brunnen?«, wende ich mich in Basel an einen Herrn, der den Eindruck macht, ein Einheimischer zu sein. Er weist mir auch freundlich den Weg, nicht ohne nachdrücklich die korrekte Aussprache des Künstlernamens zu betonen: Tinguely. Schließlich sind wir hier in der Deutschschweiz. Ich hätte vielleicht besser nach dem Fasnachtsbrunnen gefragt. Da wären wir uns wohl mit der Betonung auf der ersten Silbe einig gewesen (s. Grund 34).

Denn so heißt das Brunnenbecken auch, das man wegen seiner Größe eigentlich nicht verfehlen kann. Es liegt direkt vor dem heutigen Stadttheater an der Stelle, wo die Bühne des alten Theaterbaus stand. So, wie an dieser Stelle früher Schauspieler und Tänzer agierten, sprudeln, scheppern, wackeln und drehen sich in Tinguelys Brunnen nun zehn metallene Figuren. Ich bin nicht die Einzige, die stundenlang zusehen könnte, der Platz ist ein beliebter Treffpunkt.

Den Neubau konnte Tinguely nicht leiden, er wollte lieber Erinnerungen an den alten Bau lebendig erhalten. Deshalb verwendete er alte Bühnenausstattungselemente in seinem Brunnen. Zur Eröffnung leistete sich der große Meister der beweglichen Kunst einige Scherze. Eine Skulptur spritzte die Ehrengäste nass. Und der Theaterkopf steht so, dass er das Theater »anseicht«, wie es Tinguely anordnete. Und er kam auf einem Kamel zur Eröffnung. Auf einem lebendigen aus dem Basler Zolli, aber ein mechanisches wäre ihm auch zuzutrauen gewesen. Ob er dabei den Spruch *A camel is a horse, designed by a committee* im Sinn hatte?

An zahlreichen Plätzen stehen nun seine lebendig wirkenden klappernden und spritzenden Skulpturen, auch vor und in dem vom Architekten Mario Botta erbauten Tinguely-Museum in Basel. Klein sind die meisten Werke nicht gerade. Ihre Größe ist das eine Merkmal. Das andere ist ihre Beweglichkeit. Räder greifen ineinander, Kurbeln kurbeln Instrumente an, quietschen und rattern. Schrott, der bebt, lebt und dröhnt. Und noch immer wird die bewegte Kunst, wie vorgesehen, in Bewegung gesetzt. Dabei ließ sich Tinguely auch gerne von den Rennwagen seines Freundes Renault inspirieren.

Auch hier könnte ich stundenlang zusehen. Und auch hier bin ich nicht die Einzige: Der Liebling des Publikums soll die Méta-Harmonie II von 1979 sein. In nur fünf Wochen entstanden hier 41 agile Stationen einer über drei Meter hohen Ton-Mischmaschine. Geboren wurde Jeannot Tinguely 1925 in Freiburg (FR), das ebenfalls seinen großen Sohn ehrt. So hat das Tourismusbüro von Freiburg die Nummer 1: natürlich am Place Tinguely.

In Freiburg wird er aber nicht so sehr mit wackelnden Werken geehrt, sondern vor allem sehr bunt. Denn das Espace Jean Tinguely im ehemaligen Tramdepot widmet sich ebenso seiner Lebensgefährtin Niki de Saint Phalle, deren farbenfrohe Nanas sicherlich jede/jeder kennt. Ihr in Nana-Manier geschaffener Schutzengel schwebt seit 1997 über den Köpfen der Reisenden im Zürcher Hauptbahnhof (ZH).

Tinguely starb 1991, begraben liegt er in Neyraz (FR). Und da wir hier damit wieder in der französisch sprechenden Schweiz sind, dürfen wir auch Tinguely sagen. Eben typisch für diesen unruhigen Künstler: In seinem Namen darf sich alles bewegen, sogar der Akzent.

Weil Paul Klee Geheimnisse konstruierte

Der 1879 geborene Künstler Paul Klee hatte vor allem in seinen jungen Jahren eine enge Beziehung zu seiner Heimatstadt Bern und den dort lebenden Schul- und Künstlerfreunden. Die Familie, der Musiklehrer Hans Wilhelm Klee, der im selben Jahr verstarb wie sein Sohn (1940), die Mutter, die als Sängerin und Pianistin tätig war, und die drei Jahre ältere Schwester Mathilde, lebten seit 1880 in Bern, 1897 bezogen sie dort (im Obstbergweg 6) ein neu erbautes Reihenhäuschen. Bereits seit seiner Schulzeit hatte Klee eifrig die Schweizer Landschaft in seinen Skizzenbüchern festgehalten, ihre Berge, aber auch ihre Pflanzen und Tiere. Da traf es sich gut, dass Verwandte von ihm im nahen Beatenberg (BE) ein Hotel besaßen.

Nach dem Studium und der Heirat mit der Pianistin Lily Stumpf 1906 in München wurde er 1921 Dozent am Bauhaus in Weimar und Dessau. Seine Lehrtätigkeit an der Kunstakademie in Düsseldorf musste er 1933 aufgeben, nachdem die Nationalsozialisten an die Macht gekommen waren. Er kehrte in die Schweiz zurück und zog mit Frau und Sohn natürlich in sein geliebtes Bern. Dort hatte er sein Atelier 1934 bis 1940 im Kistlerweg 6, wo man seine Arbeitssituation in der Dreizimmerwohnung noch immer sehen kann. Es war jedenfalls kein Vergleich zu dem schönen verglasten Atelier in seinem Meisterhaus in Dessau, das die Klees seit 1926 zusammen mit den Kandinskys bewohnt hatten. Aber wenigstens Schweiz.

Drei Elemente, die einfacher nicht klingen könnten, ziehen sich durch sein künstlerisches Werk: der freie Strich, der Strich auf der Fläche und die Farbe als Medium an sich. Und Klee zeigt uns, welchen Kosmos man mit diesen Formalien konstruieren kann.

Er starb zwar 1940 in Locarno-Muralto, seine letzte Ruhestätte fand er aber auf dem Berner Schosshaldenfriedhof. Auf der schlichten Bronzeplatte wird ein Ausspruch von Paul Klee aus dem Jahre 1920 zitiert: *Diesseitig bin ich gar nicht fassbar. Denn ich wohne grad so gut bei den Toten, wie bei den Ungeborenen. Etwas näher dem Herzen der Schöpfung als üblich. Und noch lange nicht nahe genug.*

Direkt daneben erhebt sich das Zentrum Paul Klee mit seinen markanten Bögen. Auch die Architektur war neben der Natur für Paul Klee stets ein wichtiges Thema. Der Architekt Renzo Piano griff mit seinem Museumsbau Klees Interessen an natürlichen Linien auf, und passte ihn in die hügelige Landschaft zu deren Füßen an. Und gab den Blick auf die Berge frei, wie sie Klee immer wieder malte, zum Beispiel 1917 auf dem berühmten Bild *Mit dem Ei*. Das aus Bergen besteht – und einem Ei, zentral und gleichzeitig marginal.

Drei Hügel aus Stahl und Glas, unter denen die Autobahn rauscht. Und jedes Mal, wenn ich da vorbeifahre, nehme ich mir vor: Da müsste ich auch mal wieder hingehen.

Allein schon die wechselnden Ausstellungen. Eines meiner Lieblingssujets des abwechslungsreichen Künstlers sind seine Katzen. Dazu gab es eine entsprechende Ausstellung Anfang 2019. Seit 2005 bewahrt das Museum Tausende Zeugnisse seiner »konstruierten Geheimnisse«, wie Klee sie nannte, und stellt sie immer wieder neu zu Kabinettausstellungen zusammen. Da werden sicherlich auch immer Katzen präsent sein, denn wie sagte er: »Kunst gibt nicht das Sichtbare wieder, sondern macht sichtbar.« Und was passt besser zusammen als Klee und Katzen und ihre (gemeinsamen) Geheimnisse.

Übrigens: Wenn heutzutage ein Künstler schon einmal sein Werk schreddern mag, so griff schon Paul Klee gerne zur Schere, um seine eigenen Werke zu zerschneiden und zu tragikomischen Neuschöpfungen zu kombinieren. Und da er zeit seines Lebens sehr produktiv war, nahm er sich über 100 seiner Werke vor und komponierte aus ihnen 300 neue. Denn auf immer neue Anfänge kommt es an.

41. Grund

Weil ein Demokrat das königlichste Hotel erfand

Kommt man im oberen Rhonetal in das noch immer verträumte Niederwald (VS), kommt wohl kaum jemand auf die Idee, dieses heimelige Ensemble von dunklen Holzhäusern mit Glitzer, Glamour, Grandhotel in Verbindung zu bringen. Dennoch gibt es eine Verbindung, und die heißt Cäsar Ritz.

Geboren 1850 als 13. und jüngstes Kind einer Bauernfamilie, wuchs er in einer Umgebung auf, in der Geld keine Rolle spielte. Man brauchte keins, man hatte keins. Und kleine Jungen hüteten Ziegen, bis klar war, was einmal aus ihnen werden sollte. Das war bei Cäsar nicht so einfach zu entscheiden. Erste Versuche in der Hotellerie scheiterten, und es kam kein Geld herein. Also trat Cäsar die Flucht nach vorne an und zog 1867 nach Paris. Dort wurde gerade alles für die Weltausstellung organisiert, und helfende Hände in der Hotellerie und den Restaurants wurden händeringend gesucht. Und so arbeitete sich Cäsar nach oben, nicht ohne einiges an Geschirr zu zerschlagen und öfter den Arbeitgeber zu wechseln. Als er es schließlich bis ins renommierte Voisin geschafft hatte, hatte er es auch persönlich fast geschafft. Denn er verfügte über eine Tugend, die heutzutage wieder sehr gefragt ist: Er war aufmerksam oder achtsam, wie es heute heißt. Eben, weil er durch seine Herkunft wusste, dass nicht alles selbstverständlich ist. Und so beobachtete er die illustren Gäste genau und merkte sich ihre Vorlieben. Die freudige Überraschung bei den hohen Gästen, beim nächsten Besuch schon alles so vorzufinden, wie sie es am liebsten hatten, ließen diese gerne wiederkommen und den, heute würde man sagen, Service, entsprechend honorieren. Und da Cäsar gekrönte und ungekrönte Häupter bedienen durfte, bekamen die Reichen und Schönen, was sie sich wünschten: Edward, der Prince of Wales, etwa liebte sein Steak durchgebraten, und er liebte Zigeunermusik. Und so bekam er sein Steak und seine Musik und war's zufrieden.

Die eigene Krönung erfuhr Cäsar Ritz in Luzern im Rigi Kulm, wo sich sein Organisationstalent endgültig Bahn brach. 1874 rettete er das Hotel vor einer Blamage. Eine Reisegesellschaft aus den USA sollte im Hotel absteigen. Damals war die Klimaanlage zwar noch nicht erfunden, es gab aber bereits Zentralheizung. Ausgerechnet die fiel aus, bei minus 8 Grad. Cäsar wusste Rat und ließ Backsteine in den großen Kupferkesseln erhitzen, die eigentlich für die Blumendekoration gedacht waren. Und alle waren zufrieden und kamen wieder in die urchige Schweiz.

Besonders zufrieden war Oberst Pfyffer (1834–1890), der am Vierwaldstätter See in Luzern (LU) das Hotel National hatte erbauen lassen und nun den findigen Oberkellner abwarb und ihn zum Hoteldirektor machte. Denn der Oberst hatte zwar dem König von Neapel gute Dienste geleistet, vom Dienstleistungsunternehmen Hotel aber hatte er keine Ahnung. Cäsar Ritz machte mit dem damals so beliebten Pomp aus dem »National« ein pompöses Luxushotel. Aber das war nur der Anfang. Schließlich führte er über 14 Hotels in ganz Europa. Der Junge aus dem Bauerndorf hatte den richtigen Riecher gehabt. Um die Jahrhundertwende wuchs die Reiselust der Reichen und Neureichen und damit das Bedürfnis nach einer angemessenen Unterkunft. So wurde sein Name ein kurzes knackiges Synonym für Grandhotel: Das Ritz.

Als 1902 nach dem Ableben von Queen Victoria der ihm so wohlbekannte Edward (1841–1910) als der Siebte seines Namens den Thron besteigen sollte, sollte das natürlich gebührend gefeiert werden. Aber Edward musste operiert werden, und der kränkelnde Cäsar brach bei der Organisation des Festes zusammen.

Für 16 Jahre versank er in Melancholie und verstarb 1918 in einer Klinik in Küssnacht. Seine Frau Marie-Louise zog sich in ihr eher bescheidenes Feriendomizil nach Niederwald zurück, den Heimatort von Cäsar Ritz, wo die Familie auch begraben liegt. Ende 2019 wird im alten Bahnhof von Niederwald ein Besucherzentrum eröffnet, das sich den berühmten Söhnen des Ortes widmet, neben Cäsar Ritz auch den Malern Lorenz und Raphael Ritz. Und natürlich gibt es auch einen Themenpfad: zwischen Niederwald und Blitzingen.

42. Grund

Weil jede Familie ein Enfant terrible hat

Wenn man im Kanton Wallis etwa die Hälfte des Rhonetals durchmessen hat, fallen einem die beiden markanten Hügel bei Sitten bzw. Sion sofort ins Auge: Auf dem höheren der Berge liegt die Burg Valeria, auf dem niedrigeren die Festungsruine Tourbillon. Und dazwischen ein kleines Talstück. Dem wäre es beinahe schlecht ergangen, und es wäre ein Olympiastadion geworden. So war es jedenfalls die Idee des Architekten Bernard Attinger 1994, als das Wallis sich für die Olympischen Winterspiele 2002 bewerben wollte. Die Idee, »… die historisch einmalige Burglandschaft … ins Spektakel einzubeziehen, fand beim Kandidaturkomitee enthusiastische Aufnahme.« Statt Domherrenwein Tribünen und Festspielplatz?

Nein, der Enthusiasmus wurde nicht von allen geteilt, ebenso wenig wie bei den folgenden Kandidaturen. Zuletzt stimmten die Walliser im Jahre 2018 mit fast 54 Prozent gegen eine Bewerbung für die Olympischen Spiele 2026. Anscheinend sahen viele Wähler es genauso wie die großen Plakate mit dem Spruch: »Kurzes Fest. Langer Kater.« Um jetzt nicht einseitig zu werden: Auch die Bündner hatten gegen eine Bewerbung um die Olympischen Winterspiele 2022 gestimmt.

Aber nicht nur im Sport ist der Kanton Wallis, der drittgrößte Kanton nach Graubünden und Bern, etwas Besonderes. Sondern vor allem, wenn es um den Zwiespalt geht. Die Stadt Biel/Bienne (BE) ist stolz darauf, die größte wirklich zweisprachige Stadt der Schweiz zu sein, was man schon an jedem Straßenschild bemerken kann. Der Kanton Wallis ist der einzige Kanton der Schweiz, der wirklich zweisprachig ist. Ob die Walliser darauf stolz sind, ist allerdings eine zweite Sache. Es gibt das französischsprachige Unterwallis und das deutschsprachige Oberwallis. Wobei sich »oben« und »unten« nur geografisch definieren, nämlich am Lauf der Rhone, die durch das ganze Tal fließt und deshalb nicht trennt, sondern verbindet (s. Grund 33).

Ansonsten werden die beiden sprachlich unterschiedenen Teile des Kantons durch den Pfynwald getrennt, dessen Namen manche vom Lateinischen *finis* ableiten. Also Grenze bzw. »bis an« den Wald. Mir gefällt der Bezug zum lateinischen *pinus*, französisch *finge*, besser. Denn nach der letzten Eiszeit verwandelte die Föhre das Gebiet in einen Wald, weswegen der Pfynwald im Französischen *bois de finges* heißt. Also was soll das ganze Gerede um eine Grenze? Der hiesige Naturpark heißt Pfyn-Finges. Na bitte, geht doch.

Dann vergessen wir ganz schnell das Pfyndenkmal von 1899. Der Obelisk erinnert an die Niederlage der Oberwalliser gegen die westschweizerischen (und französischen) Truppen 1799.

Und was hat das mit dem *enfant terrible* zu tun? Eigentlich nichts, schließlich heißt es im Deutschen und Französischen gleich! Da können doch alle Walliser stolz drauf sein. Außerdem sorgen sie mit ihrer Wasserkraft dafür, dass ein Großteil der Schweiz unter Strom steht!

Das mit dem Unter-Strom-Stehen irritiert allerdings den einen oder anderen Deutschschweizer, der zum Urlaub lieber ins Tessin fährt als in diesen seltsamen Kanton, dessen Bewohner einen ausgeprägten Eigensinn aufweisen. Aber, um es einmal so zu sagen: Was ist dagegen einzuwenden, nicht stromlinienförmig zu sein, es sei denn, es handelt sich um die Rhone. Oder, wie Luzius Theler einmal pointiert schrieb: »Unser Kanton will seine Seele bewahren und sich nicht über den helvetischen Kamm scheren lassen.« Man kann aber auch mit der jungen Walliser Kulturvermittlerin 2019 sagen: »Zweisprachigkeit ist für uns und unsere Kinder also etwas völlig Normales, ist Alltag und erst noch eine Bereicherung.«

Vielsprachige Schweiz eben. Und wer sich nicht darauf einlassen möchte: *punggasera*, selber schuld. Im deutschsprachigen Teil des Rhonetals heißen die Bewohner übrigens Walliser, ihre historischen Kollegen Walser und die Bewohner des oberen Wallis, des Goms, Gommer. Nicht Gommerli. Es sei denn, sie sind arme Würstchen. Aber das sind die stolzen Walliser auf keinen Fall. Und sie sind international wie eh und je, wenn man der Etymologie glaubt, dass das Wort *Goms* auf das keltische *kumbas* zurückgeht. Das bedeutet Talmulde und findet sich im französischen *conches* wieder. Na also, geht doch.

Dafür sollte man sie *munzinu*, küssen.

43. Grund

Weil Frauen ihre Koffer packen

Seit 1980 hockt Helvetia lässig und in Bronze auf der historisch wichtigen Mittleren Brücke über den Rhein in Basel, geschaffen von der Künstlerin Bettina Eichin. Helvetia ist auf der Durchreise, deshalb stellt sie ihren Koffer, Schild und Speer ab, setzt sich auf den Steinpfeiler und schaut sinnend rheinabwärts. Vielleicht denkt sie: Soll ich wirklich der Schweiz den Rücken kehren? Wohl nicht! Wo es hier so schön ist und es noch so viel zu entdecken gibt.

Vielleicht sinnt sie auch über Maria Bernoulli nach (1868–1963), die hier in Basel um 1900 mit ihrer jüngeren Schwester Mathilde ein Fotoatelier eröffnete und damit zur ersten Berufsfotografin der Schweiz wurde. Die beiden Frauen porträtierten ihre Kunden in deren natürlichem Umfeld, nicht in starren Posen und schufen damit nicht nur ihrer eigenen Meinung nach Kunstwerke. In ihrem Atelier lernte Maria oder Mia, wie sie genannt wurde, den jungen Hermann Hesse kennen und heiratete ihn 1904.

Die Bernoullis waren eine hoch angesehene Familie, die im 17. Jahrhundert nach Basel eingewandert und berühmt für ihre naturwissenschaftlichen Forschungen war. Wie bei Königen üblich, wurden sie sogar durchnummeriert. Mit dem jungen Mann Hermann Hesse aus Calw konnten sie jedenfalls nichts anfangen. Und er nicht viel mit Mathematik. Den Bernoulli-Effekt wird er trotzdem gekannt haben. Bereits nach fünf Jahren zerbrach die Ehe mit dem aufstrebenden Schriftsteller. Auf der Abreise vom Bodensee zurück nach Basel warf sie die eigenen Koffer und andere herumstehende Koffer aus dem Zugfenster. Das war für sie ein Akt der Befreiung, für die anderen ein Zeichen, dass sie geistig krank war. Und so sperrte man sie erst mal in die Psychiatrie.

Nicht so schlimm erging es der Malerin Angelika Kaufmann (1741–1807) aus Chur (GR). Sie saß in erster Ehe zwar einem Heiratsschwindler auf, avancierte aber aufgrund ihrer künstlerisch hervorragenden Porträts zu einer sehr erfolgreichen Malerin, die zunächst ein Atelier in London unterhielt und dann einen sehr beliebten Salon in Rom führte.

Ebenfalls einen Salon führte die Bernerin Julie Bondelli (1732–1778). Wie in ihrer Zeit üblich, konnte sie als Frau keine eigenen Schriften veröffentlichen. Aber sie konnte ihren intellektuellen Austausch auf Augenhöhe mit Philosophen und Wissenschaftlern wie zum Beispiel Jean-Jacques Rousseau oder Johann Caspar Lavater in ihrem Salon pflegen oder indem sie Briefe schrieb. Ihr widmete die Schriftstellerin Eveline Hasler im Jahre 2004 den Roman *Tells Tochter*.

Im Rahmen des gesellschaftlich genormten Frauenbildes wollte sich Marie Dentière (1495–1561) nicht bewegen, als sie ihrem ersten Mann zu seiner Pfarrstelle in Bex (VS) und dann Aigle (VD) folgte. Sie wollte der Reformation in der Schweiz zum Sieg verhelfen, aber auch dem Recht der Frauen, Schriften zu veröffentlichen und öffentlich zu predigen. Für solche revolutionären Veränderungen war die Zeit in Genf jedoch noch nicht reif. Als späte Anerkennung ihrer Verdienste prangt ihr Name, immerhin als einziger der einer Frau, seit 2002 auf dem Genfer Reformationsdenkmal.

Politisch wirken hingegen konnten Hildegard und Berta, die Urenkelinnen von Kaiser Karl dem Großen. Ihr Vater, Ludwig der Deutsche, überschrieb ihnen im Jahre 853 ein kleines Kloster bei Zürich, das vornehmen Damen vorbehalten war. Deren adlige Herkunft prädestinierte die Äbtissinnen des Klosters Fraumünster (ZH) bis ins späte Mittelalter defacto auch zu Stadtregentinnen. Kaiser Heinrich III. verlieh ihnen das Zoll-, Markt- und Münzrecht. Zwar verloren sie 1336 das Recht, den Schultheiß zu ernennen und die niedere Gerichtsbarkeit auszuüben, sie durften aber weiterhin durch Begnadigungen Gerichtsurteile aufheben. Im Jahr 1400 gingen alle politischen Rechte an die Stadt Zürich über.

Zwar nicht zu eigenen kaiserlichen Würden, aber zur Amme eines künftigen Kaisers brachte es Pompeia Gemella. Sie wird auf einer Inschrift als Amme von Titus erwähnt, dem Sohn des römischen Kaisers Vespasian (9–79 n.Chr.). Sie wissen schon, das war der, der seinem Sohn die Münzen, die er durch die Besteuerung von Urin eingenommen hatte, mit den Worten unter die Nase gehalten hatte: *Non olet* (es riecht nicht). Weswegen öffentliche Toiletten noch immer *Vespasienne* genannt werden.

Vespasians Vater Flavius Sabinus war Steuerpächter, nicht im finanzschweren Zürich, was damals *Turicum* hieß, sondern in der Provinzhauptstadt *Aventicum*. Dort erzog er den zukünftigen Kaiser Titus. Auch die Römer glaubten zwar nicht daran, dass der Storch die Kinder brächte. Aber ein heute noch in Resten erhaltenes römisches Heiligtum in Avenches (VD) nennt sich *Sanctuaire du Cicognier*, weil es eine Säule besitzt, die schon einmal einem Storchennest diente.

Knochen von 67 Arten von Vögeln, Säugetieren und Nagetieren fand man in der Höhle von Rochefort-Cotencher (NE). Vor allem aber fand man den Oberkieferknochen einer etwa 40-jährigen Frau aus der Zeit des sogenannten Mousterién, also zwischen 50.000 und 40.000 Jahren v. Chr. Damit ist diese »Dame von Cotencher« die älteste Frau der Schweiz, die zeigt: Schweizer Frauen zeigen Zähne.

44. Grund

Weil Frauen keinen Grund brauchen ...

... um ihren Intellekt zu schärfen. Sondern ihre Koffer packen und in die Schweiz fahren, um dort zu studieren. Denn dort wurden Frauen früher als in anderen europäischen Ländern an den Universitäten zugelassen. Bereits im Jahr 1840 durften sie als Gasthörerinnen an der Universität Zürich teilnehmen, ab 1867 auch gleichberechtigt mit ihren männlichen Kommilitonen studieren. Das nutzten vor allem Frauen aus Russland. 1870 studierte die Nichte der Frau des Dichters Alexander Puschkin an der Universität Bern.

In Bern schloss 1877 Anna Galvis-Hotz, deren Mutter Schweizerin war, ihr medizinisches Studium ab. Die ersten gebürtigen Schweizerinnen, die in Bern den Doktortitel erwarben, waren 1889 Hedwig Widmer-Zimmerli aus Zofingen (AG) und 1894 Clémence Broye aus Estavayer-le-Lac (FR).

Als erste rein Schweizer Studentin gilt die Gynäkologin Marie Heim-Vögtlin (1845–1916), die 1874 an der medizinischen Fakultät der Universität Zürich promovierte. Ihr zu Ehren vergibt der Schweizerische Nationalfonds alljährlich den Marie Heim-Vögtlin-Preis.

Auch die deutsche Dichterin Ricarda Huch (1864–1947) durfte sich in Zürich einschreiben, weil ihr in Deutschland ein Studium noch verwehrt war. Sie promovierte in Zürich 1892.

In Basel leisteten die Universitätsangehörigen noch länger Widerstand gegen Frauenpower, schließlich war in ihren Augen so ein Studium nichts für zarte Frauenseelen. Zwar hätte der Historiker Jacob

Burckhardt nichts dagegen gehabt, Meta von Salis (1855–1929) als Gasthörerin in seinen Vorlesungen zu sehen, aber sogar der von ihr 1885 gestellte Antrag, wenigstens zuhören zu dürfen, war von der Universität abgelehnt worden.

Als erste reguläre Schweizer Studentin in Basel gilt Emilie Frey (1869–1937). Unterstützt durch ihren Vater, konnte sie im Jahr 1890 ihr Medizinstudium in Basel aufnehmen, nicht ohne weiterhin von Professoren und Kommilitonen angefeindet und bekämpft zu werden. Noch 1891 wies der amtierende Rektor in einem Vortrag darauf hin, dass die Universität dem »schöpferischen Geist« des Mannes vorbehalten bleiben sollte. Aber allen Widrigkeiten zum Trotz promovierte sie und praktizierte für 40 Jahre in Basel erfolgreich als Frauenärztin.

Die erste Juristin der Schweiz war Emilie Kempin-Spyri, die Nichte der Schriftstellerin Johanna Spyri. Sie studierte von 1883 bis 1887 an der Juristischen Fakultät der Universität Zürich, durfte aber nicht als Anwältin arbeiten. Zwar wurde 1898 im Kanton Zürich dieser Beruf auch für Frauen geöffnet, davon konnte Emilie Kempin-Spyri aber nicht mehr profitieren. Im Jahr 1923 wurde die Ausübung des Anwaltsberufes schließlich in der ganzen Schweiz für Frauen zugelassen. Dieser Vorreiterin weiblicher akademischer Gleichberechtigung widmete die Schriftstellerin Eveline Hasler 1991 ihren Roman *Die Wachsflügelfrau*.

45. Grund

Weil die Schweizer Schnee können

Mit meinen Eltern bin ich immer in die Skiferien gefahren und stehe seit dem dritten Lebensjahr mehr oder weniger wacklig auf den Brettern. Immerhin noch nicht so lange, wie es in der Schweiz schon Wintersport gibt: St. Moritz (GR) nimmt für sich in Anspruch, 1864 den Skisport erfunden zu haben. Und richtete 1928 und 1948 die Olympischen Winterspiele aus.

Das Bobfahren soll am God da Ruinatsch zwischen Celerina und St. Moritz (TI) erfunden worden sein, jedenfalls gibt es dort seit 1903 eine Bobbahn, die sogar noch aus Natureis besteht. Seit 1970 werden die 19 Kurven jedes Jahr in der letzten Novemberwoche neu gebaut. Natürlich gibt's auch ein Museum, das einfach Bobmuseum heißt, aber nicht nur einfach Fotos von Damen in fliegenden Röcken zeigt. Und da es die älteste Bobbahn der Welt sein soll, widmet sich ihr der *OlympiaBobRun* im Verkehrshaus der Schweiz in Luzern.

Als Kind werde ich wohl auch die Hymne der Ski fahrenden Schweiz mitgeträllert haben. Kein Wunder, dass damals so wenig los war auf den Pisten bei meinem Gesang! Damals 1963, als Vico Torriani *Alles fährt Ski* sang. *Alles fahrt Schi, alles fahrt Schi. / Schi fahrt die ganzi Nation. Alles fahrt Schi, alles fahrt Schi, d'Mamme, dr Bappe, dr Sohn. / Es git halt nüt Schöner's, juhe, juhe, als Sunneschy, Bärge und Schnee.* Seitdem hat sich im Abfahrtslauf viel verändert, sowohl, was die Qualität angeht, als auch und vor allem die Quantität der Möglichkeiten, auf zwei oder nur einem Brett den Berg hinunterzurutschen.

Als ich mir vor etlichen Jahren das erste Mal Carver umschnallen musste, weil es nichts anderes mehr gab, musste ich auch die schönen Buckelpisten drangeben. Wenn man Ski hat, die (fast) von alleine laufen, muss man eben nicht mehr »arbeiten«. »Haben Sie keine normalen Ski?«, war meine verzweifelte Frage. »Ach, Sie meinen die Pomm Frites?« kam die Antwort, und ich erntete einige herablassende Blicke. Ich bin eben nur ein Freizeitskifahrer und darf mich inzwischen von Snowboardern und allen möglichen anderen Skikünstlern überholen lassen. Aber auch die wirklichen Skiwettbewerbe sind inzwischen viel mehr aufgefächert, da gibt es nicht mehr nur den Abfahrtslauf oder den Slalom, sondern Super-G, Parallelslalom, Skicross, Freestyler und jede Menge Möglichkeiten für junge Dynamiker und Dynamikerinnen.

Die längste Strecke im alpinen Skirennsport mit 4.480 Metern ist die Lauberhornabfahrt in Wengen (BL), mit dem sogenannten Russisprung, den der Skirennfahrer Bernhard Russi 1988 kreierte. Beat Feuz, der Abfahrtsweltmeister 2017 aus dem Emmental, gewann die Abfahrt 2012 und 2018, 2019 reichte es für den zweiten Platz.

Die wohl weltweit höchste Abfahrt von einem Gletscher startet in Saas-Fee (VS): Das Allalin Rennen. Es geht auf neun Kilometern abwärts über 1.800 Höhenmeter, mit Spitzengeschwindigkeiten von bis zu 140 Stundenkilometern.

Für die Freizeitfahrer wird es eng auf den Pisten. Deshalb schickte die Suva vor einigen Jahren an sogenannten Tempo-Tagen als Radarkasten verkleidete Skifahrer auf die Pisten, die vor den Gefahren der Selbstüberschätzung warnen sollten. Das sah lustig aus, obwohl es einen ernsten Hintergrund hat, denn »Ertönt vom Hang ein lauter Schrei, sind des Rasers Knochen Brei. Fahren Sie vorsichtig«, lautete die Antiraser-Bauernregel. Dann doch lieber Schlitteln. Früher Kindergaudi oder zum Abschluss eines feuchtfröhlichen Tages, ist es heute eine ernst zu nehmende Alternative zum Skifahren. Man könnte natürlich auch zum Curling gehen. Immerhin wurden die Schweizer Curlerinnen 2019 Weltmeisterinnen.

46. Grund

Weil man sich nicht prügeln soll

Gut, es gibt Menschen, die machen sich nichts aus Wintersport und haben deshalb das letzte Kapitel überblättert. Ich wollte mich auch zurückhalten, aber trotzdem muss es sein: Schließlich ist die Schweiz eine der erfolgreichsten Eishockeynationen in Europa.

Hier ist der Sport so beliebt wie Fußball. Zuletzt besiegten die Schweizer bei der Weltmeisterschaft 2018 die Favoriten Kanada und Finnland und wurden Vizeweltmeister. Da mussten die Bärte, die

die Spieler traditionell bis zum Endspiel wachsen lassen, ganz schön lang werden! 2019 hat es dann doch nicht geklappt, und sie wurden vier Sekunden vor Schluss »rausgekegelt«. Nach den Turnieren 1990 und 2009 in der Schweiz ist es auch 2020 wieder so weit, dass die Weltmeisterschaft in der Schweiz stattfindet, und zwar in Zürich und Lausanne. 1990 war ich in Bern dabei, und es herrschte eine prima Stimmung, von wegen lahm und langsam! Solche Vorurteile fegt der Puck einfach weg.

Angefangen mit der Eishockey-Begeisterung hat es in der Schweiz mit dem sogenannten Pondhockey oder Chneble, das noch heute gespielt wird und sich grundlegend von dem unterscheidet, was wir heute unter Eishockey verstehen. Aber die Tradition wird gepflegt. Zunächst einmal findet das Ganze auf einem zugefrorenen See statt, zum Beispiel in Silvaplana (GR) Ende Januar, wo die Swiss Pondhockey Championship gespielt wird. So galt es bis 2013. 2014 und 2015 war die Eisdecke nicht dick genug. 2016 musste als Nachwirkung eines Pistenmaschinen-Unglücks auf das Spielen auf dem See ganz verzichtet werden. Seit 2017 findet das Turnier wieder wie gewohnt statt.

Es nehmen zahlreiche ehemalige Eishockey-Profis teil. Mit Handschuhen, Stock und Schlittschuhen wird Pondhockey ohne weitere Ausrüstung auf kleinen Feldern vier gegen vier gespielt. Das Tor in originaler Breite, aber nur 20 Zentimeter hoch, wird vom letzten Feldspieler verteidigt. Helm und Hockeyhandschuhe werden empfohlen, scheinen aber nach dem Regelwerk nicht bindend zu sein. Das Spiel ist einfach, und regelkonform macht es Spaß, es sei denn, es gibt eine Ahndung, pardon, Busse wegen »übertriebenen Fluchens«. Wie weit das Übertreiben geht, erschließt sich aus den Regeln nicht im Einzelnen. Aber man will sich ja nicht prügeln. Das würde zu viel Kraft kosten, schließlich ist nach dem Spiel gemeinsames Schneeschaufeln angesagt, um das Spielfeld von Schnee und Eissplittern frei zu machen.

So einen Spaß wollte sich auch Anfang des 20. Jahrhunderts der Davoser Arzt Dr. Carl Spengler gönnen (GR). Als begeisterter Anhänger des 1921 gegründeten HC Davos beschloss er, seinen Klub zu unterstützen, gleichzeitig aber auch sportliche Kontakte zwischen den im Ersten Weltkrieg verfeindeten Nationen herzustellen. Und so stiftete er 1923 einen Wanderpokal, den Spengler Cup für einen friedlichen Wettstreit auf dem Eis. Eine gute Idee, damals wie heute, aber die Zuschauer verhielten sich nicht immer gesittet. 1935 kam es sogar wegen fragwürdigem Schiedsrichterentscheid zu »Boxeinlagen auf den Zuschauerrängen«. Auch 1938 artete das Zuschauerinteresse in eine Schlägerei aus. Das tat und tut dem Spengler Cup aber keinen Abbruch. Das Einladungsturnier ist noch immer einer der renommiertesten Wettkämpfe im Eishockey, und die Mannschaften sind stolz darauf, teilnehmen zu dürfen. Neben dem Gastgeber, dem HC Davos, und den Kanadiern nehmen vier weitere Teams an diesem exklusiven Event Ende Dezember teil.

Erst in dieser Saison wurde im Schweizer Eishockey die Regel eingeführt, dass es in den Playoff-Spielen kein Penaltyschießen mehr gibt, sondern dass so lange weitergespielt wird, bis ein Tor fällt. Der reinste Eishockey-Marathon, der den Spielern auf die Knochen und den Zuschauern auf die Nerven gehen kann. Diese Regelung führte am 21. März 2019 zum bisher längsten Spiel in der Schweizer Eishockeygeschichte. Erst in der 118. Spielminute gegenüber regulärer Spielzeit von 60 Minuten erzielte Arcobello das Siegertor für den EHC Bern gegen den HC Genf-Servette.

Aber wer will sich denn nach Mitternacht noch prügeln?

Weil die Schweizer reiten können

Schon Julius Caesar berichtete im 1. Jahrhundert v. Chr. in seinem *Gallischen Krieg*, dass die Helvetier gute Reiter seien. Und die Römer nutzten bekanntlich gerne vor allem die militärischen Kompetenzen der von ihnen vereinnahmten Völker. Reiter konnten sie immer gebrauchen, Pflege und Zucht der Pferde inklusive. Im Laténium bei Neuchâtel/Neuenburg kann man sogar einen römischen Hufhobel betrachten. Und in Pratteln-Kästeli (BL) wurde 2016 kostbares Pferdegeschirr geborgen, wie es die Offiziere der römischen Kavallerie nutzten. Vielleicht weist der dort entdeckte Langbau sogar darauf hin, dass hier im 3. Jahrhundert n.Chr. ein Gestüt lag, also zu einer Zeit, als es mit dem Römischen Reich zu Ende ging und der Rhein für Jahrhunderte eine Grenze werden sollte?

Pferdezucht hat in der Schweiz Tradition. Zu einer der ältesten und beliebtesten Pferderassen Europas zählte der Einsiedler, das *Cavallo della Madonna*. Bereits im 10. Jahrhundert züchteten ihn die Mönche des Klosters Einsiedeln (SZ). Aber dann kam mal wieder Napoleon und brachte alle Traditionen durcheinander. Seine Offiziere schenkten sich gegenseitig die schönsten Tiere, »bis der letzte Fohlenschwanz« aus den Ställen verschwunden war, wie Pater Isidor Moser damals entsetzt feststellte. Aber vor der Erfindung des Traktors war man auf zugkräftige Pferdestärken angewiesen, und so kreuzte man etliche andere bewährte europäische Rassen ein. Der (moderne) Einsiedler entstand bzw. das Schweizer Warmblut, das seit 1960 auf dem 1901 gegründeten Staatsgestüt in Avenches gezüchtet wird und das als Brandzeichen natürlich das Schweizer Kreuz trägt.

Heutzutage findet jährlich das nationale Turnier *Equus Helveticus* auf dem Gelände des Schweizerischen Nationalgestüts statt. Vor allem aber entstand nach dem napoleonischen Desaster im Jura die heute sehr beliebte Rasse des Freibergers. Er ist nicht nur ein leichtes Zugpferd und zieht die historische Postkutsche über den Gotthardpass, sondern er ist vor allem ein hervorragendes Reitpferd (s. Grund 89). Das fanden im 20. Jahrhundert auch die Offiziere der Schweizer Armee. Seitdem nahm das zunehmende Freizeitinteresse am Reiten den Freiberger in den Blick und machte aus einem landwirtschaftlichen und militärischen Nutztier einen Freizeit- und Sportpartner. Bis 1972, als die Schweizer Kavallerie aufgelöst wurde, ritten die Reiter bei offiziellen Turnieren meistens noch in Uniform, heute vor allem zum Erfolg. Zum Beispiel Steve Guerdat, einer der erfolgreichsten Schweizer Springreiter und Olympiasieger von London 2012, der im Jahr 2019 die Weltrangliste anführt. Der Ölmilliardär Alexander Onischenko hatte ihn für seine Mannschaft gewinnen wollen unter der Voraussetzung, dass er ukrainischer Staatsbürger würde. Aber Guerdat lehnte ab: »Ich bin Schweizer. Punkt.«

Und im Winter müssen die Tiere natürlich auch bewegt werden, etwa bei den St. Moritz White Turf und St. Moritz Snow Polo Veranstaltungen über den St. Moritzersee (GR). Dafür muss das Eis mindestens 40 Zentimeter dick sein, wahrscheinlich, um die Fische nicht zu stören. Etwas Besonderes ist auch das Skikjöring, bei dem die Pferde ihre Jockeys, die auf Skiern stehen, hinter sich herziehen.

Was man in einer alten Demokratie nicht unbedingt erwarten würde: In der Hauptstadt Bern stößt man auf ein Reiterdenkmal. Allerdings, wie könnte es anders sein, flankiert von vier Bären: Hier reitet Rudolf von Erlach (1299–1360), der legendäre Sieger in der Schlacht von Laupen 1339 über Freiburg.

Was den einen das Einhorn, ist den anderen das Zawudschawu (FR). Was sich komplizierter anhört, als es ist. Das weiße Pferd hat schon so manchen ermüdeten Wanderer nach Hause getragen, jedenfalls als die Saane noch ein Moor war.

In der Schweiz gibt es also nicht nur glückliche Kühe, sondern auch glückliche Pferde. Denn eigentlich ist er (es handelt sich um einen Hengst) ein sympathisches Tier, er lässt sich nur nicht gerne zähmen. Schweizer Energie!

Auch wenn Steve Guerdat den »Großen Preis von Aachen« im Rahmen des CHIO, einem der weltweit wichtigsten Springreitturniere, auch 2019 nicht gewinnen konnte, meinte er: »Wir schauen nach vorne und werden weiter kämpfen.«

Schweizer Energie!

Kapitel 8

Die Schweiz
und ihre Liebhaber

48. Grund

Weil man in der Schweiz schon immer Englisch spricht

»Tausende von Engländern rennen durch die Schweiz, aber weder einem der abgejagten Lords noch einer der steifbeinichten Ladies ist je ein solches Frühstück geworden«, behauptete der Schweizer Schriftsteller Jeremias Gotthelf 1842 in seiner Novelle *Die schwarze Spinne*. Lese ich da eine frühe Kritik am *Overtourism*, Herr Pfarrer? Die ganze Geschichte wendet sich etwas gegen »das Fremde«, was immer das sein mag. Aber die Schweiz ist so schön, da lassen sich die Fremden von solchen Bemerkungen nicht vergraulen.

Denn man weiß sich zu helfen. Als James Fenimore Cooper (1789–1851), der Schöpfer des *Lederstrumpf*, 1832 im Grand Maison in Martigny (VS) weilte, wusste er sich auch zu helfen, obwohl er kein Französisch sprach: Es heißt, er hätte einfach ein *Kikeriki* ausgestoßen, wenn er ein Omelett haben wollte. Keine Ahnung, wer im Wilden Westen die Eier legt.

Bekanntlich herrscht auf den Britischen Inseln nicht das Wetter, wie es jede/jeder von der Schweiz erwarten kann: Sonne und Schnee. Das fiel auch schon dem Hotelier Johannes Badrutt in St. Moritz (GR) auf, der daraus ein erfolgreiches Geschäftsmodell entwickelte und so nebenbei den Wintertourismus erfand: Er lockte die Engländer in sein Kulm Hotel mit dem Versprechen, sie kostenlos logieren zu lassen, wenn es ihnen nicht gefiele. Natürlich gefiel es ihnen, und so waren alle glücklich. Und sind es bis heute (s. Grund 45).

Der Engländer Thomas Cook, Erfinder der Pauschalreise, organisierte 1863 die erste Reise in die Schweiz an den Vierwaldstättersee mit einem Halt in Luzern. Wenn er geahnt hätte, dass im Jahr 2019 Tausende von Chinesen an einem einzigen Tag ins schöne Luzern kommen. Da war es wohl vorbei mit der Beschaulichkeit.

Auf die auch nicht alle Wert legen. James Joyce (1882–1941) zum Beispiel. Er soll das Gebrüll der Löwen geliebt haben, was ihm über den Tod hinaus gegönnt ist. Denn er liegt auf dem Zürcher Friedhof Fluntern ganz in der Nähe des Zoos. Aber er war ja auch Ire.

Auch dem russischen Schriftsteller Lew Nikolajewitsch Tolstoi (1828–1910) gefiel es in der Schweiz. Er verfasste 1857 sogar eine Lobeshymne auf *Luzern*. Weniger lobenswert fand er seine englischen Mittouristen, die damals natürlich noch nicht so hießen. Sein Protagonist Nechljudow ließ jedenfalls kein gutes Haar an deren mangelndem Verständnis für die Landschaft und die Mitmenschen: »Das ist die Promenade; hier ergehen sich die Engländerinnen mit schweizerischen Strohhüten und die Engländer in ihren praktischen und bequemen Anzügen, und sie freuen sich alle ihrer Schöpfung. Es ist ja möglich, dass diese Kais und Häuser, Linden und Engländer sich irgendwo anders ganz hübsch machen würden; jedenfalls aber nicht hier, inmitten dieser seltsam majestätischen und zugleich unbeschreiblich harmonischen und weichen Landschaft.«

Ja, die Ruhesuchenden haben es schwer. Einer der ruhigsten Plätze am Vierwaldstättersee mag noch Weggis (LU) sein, das Mark Twain (1835–1910) 1897 als das schönste Fleckchen der Erde empfand. Wir sehen es ihm nach, dass er auf seiner *Grand Tour* durch Europa fast 20 Jahre zuvor noch den typischen amerikanischen Touristen jener Zeit gespielt hatte, der sofort alles versteht, ohne so recht zu wissen, worum es geht.

Ruhe und gute Luft fand und findet man auch im Wallis. Das findet auch die Krimiautorin Donna Leon, das fand schließlich nach einigem Unbehagen auch Sir Ernest Cassel (1852–1921), Bankier und Finanzberater des englischen Königs Edward VII. Er ließ sich auf der Riederfurka (VS) 1902 eine Sommerresidenz mit 25 Zimmern errichten, um gute Schweizer Luft zu schnuppern (s. Grund 98).

Im ruhigen Tegna in den Centovalli (TI) lebte bis zu ihrem Tode 1995 die Krimiautorin Patricia Highsmith (1921–1995) in einem von ihr geplanten Haus mit ihren Katzen.

Als im 19. Jahrhundert englische Alpinisten die Schweiz stürmten, wurden auch englische Kirchen errichtet, zum Beispiel in Meiringen (BE), 1903 besucht von Queen Mary und jetzt das Sherlock Holmes Museum, in Gletsch unterhalb des Rhonegletschers (VS), in Davos (GR) und natürlich in Zermatt (VS). Dort wurde die Errichtung der geplanten Kirche noch befördert durch den tragischen Absturz von Lord Douglas bei der Erstbesteigung des Matterhorns (s. Grund 25). Eingeweiht wurde die Kirche 1870, 1925 finanzierte der *Alpine Club* die Erneuerung des Daches in Erinnerung an seine vor 60 Jahren in Zermatt verstorbenen Mitglieder. Im Inneren erinnern zahlreiche Gedenktafeln an Bergsteiger. Unter dem Hochaltar sind die Gebeine von Reverend Charles Hudson beigesetzt, der bei der Erstbesteigung des Matterhorns abstürzte.

R.I.P.

Weil Sherlock Holmes weiter Pfeife rauchen darf

Facts and Fiction. Als Professor James Moriarty auf seinen Lieblingsgegner Sherlock Holmes traf, gab es für ihn kein Halten mehr: Schließlich fiel er ins Bodenlose, und die Welt war wieder in Ordnung. Sherlock Holmes überlebte und lebt noch immer. Jedenfalls in Meiringen (BE). Hin und wieder kommt es vor, dass ein Held seinen literarischen Schöpfer im Bekanntheitsgrad überholt. Das gilt auch für James Bond und Frankenstein. Obwohl Letzterer nicht wirklich ein Held war (s. Grund 50 und 108). Und James Bond?

Aber der Reihe nach: In diesem Abenteuer begegnen wir zum ersten und letzten Mal Sherlock Holmes größtem Widersacher, Professor James Moriarty. Holmes hatte schon mehrere Male seine Wege gekreuzt und dabei immer die Durchführung seiner finsteren Pläne vereiteln können. Dr. Watson hatte in *Das letzte Problem* von dieser Reise in die Schweiz berichtet, als das Unheil seinen Lauf nimmt: »Eine bezaubernde Woche lang wanderten wir das Rhone-Tal hinauf, dann, bei Leuk abzweigend, über den noch tief verschneiten Gemmi-Pass und gelangten so über Interlaken nach Meiringen, (…), wo wir im ›Englischen Hof‹ abstiegen.« (BE). Dort wird der Arzt Dr. Watson zu einer angeblich auf den Tod darniederliegenden englischen Dame gerufen, und nun steht Holmes allein in der Gletscherschlucht Rosenlaui. Als Watson feststellen muss, dass es die kranke Engländerin gar nicht gibt, wittert er sofort Unheil und läuft zurück zu den Reichenballfällen. Aber er findet nur noch die Spuren des letzten Kampfes von Holmes und Professor Moriarty.

Für seine Ermordung durch seinen Autor fand Holmes eine subtile Revanche: Er hat zwei Museen, und vor dem in Meiringen kann er als Plastik von John Doubleday in Ruhe seine Pfeife rauchen. Der Künstler Doubleday (geb. 1947) schuf übrigens auch die Statue von Charlie Chaplin in Vevey.

Das Museum wurde am 4. Mai 1991 zum 100. Todestag von Sherlock Holmes (?) im Beisein von Jean Conan Doyle, Tochter des Autors, in der Englischen Kirche von Meiringen eröffnet. Und so hat Sherlock Holmes in Meiringen ein Museum und eins in London, logischerweise in der Baker Street, ganz allein diesem Helden gewidmet. Gibt's auch ein Museum, das sich ausschließlich Doyle widmet? Ich habe keines gefunden.

Nun wohnen hier Sir Arthur Conan Doyle, Sherlock Holmes und die viktorianische Epoche. Einzigartig ist das original (sic!) Wohnzimmer von Sherlock Holmes und Dr. Watson in der Baker Street 221B, London, wie es in den Geschichten beschrieben wurde. *Less facts, more fiction.* Aber wen interessiert das? 1893 war Conan Doyle sein Detektiv gehörig auf die Nerven gegangen. Dieser Sherlock, insistierend und rechthaberisch wie immer, hielt ihn von anderen Themen ab, so konnte es nicht weitergehen. Doyle begleitete seine an Tuberkulose erkrankte Frau in die Schweiz, und hier beschloss er, dass er sich dieses nervigen Kerls endlich entledigen wollte! Und so geschah es, zumindest erst einmal auf dem Papier. Die zuvor begeisterten Leser und Fans von Sherlock Holmes waren entsetzt und trauerten öffentlich.

Und nun? Doyle wurde 1901 von einem Freund auf eine Legende aufmerksam gemacht, nach der eine Familie im Dartmoor von einem geheimnisvollen Geisterhund verfolgt wurde. Doyle war fasziniert von dem Stoff und machte einen Roman daraus: den *Hund von Baskerville.* Dummerweise zwangen der Erfolg dieses Buches und das Versprechen seines Verlegers auf weiteren reichlichen Geldregen Doyle dazu, den ungeliebten Sherlock Holmes wiederauferstehen zu lassen.

Wie er es geschafft hatte, Moriarty zu entkommen, erzählte Holmes dann in der Geschichte *Das leere Haus.* Denn, was Wunder, niemand hatte geahnt, dass er Baritsu beherrschte und damit statt seiner Moriarty in den Abgrund stürzen konnte. *Baritsu,* ein Druckfehler in der Erstausgabe, hieß eigentlich Bartitsu und war eine um

1900 in London sehr beliebte Kampfsportart, die Elemente von Boxen, französischem Boxen, Ringen und Jiu Jitsu vereinte. Nach diesem Kampf einschließlich des Einsatzes des Spazierstocks, der beim Bartitsu unbedingt erforderlich ist, war es für Holmes natürlich ein Leichtes, wieder aus der Schlucht zu klettern.

Less fiction, more facts: Verschiedene Gedenktafeln weisen auf den spektakulären Kampf zwischen Sherlock Holmes und Professor Moriarty in Meiringen und an den Reichenbachfällen hin. Die erste Gedenktafel wurde im November 1952 von den Old Soldiers of Baker Street, einer Vereinigung von Offizieren der US-amerikanischen Besatzungszone in Heidelberg, in Meiringen angebracht. Das Hotel Rössli wurde als »Englischer Hof« identifiziert. Die heute dort angebrachte Tafel ist wahrscheinlich eine spätere Reproduktion.

Wie gesagt: *Facts and fiction*. Aber wen interessiert das schon.

50. Grund

Weil auch ein britischer Agent die Schweiz liebt

Was haben die Karibik und die Schweiz gemeinsam? Viel. Und warum? Weil's schön ist. Über wunderschöne Drehorte verfügen alle beide allemal. Da kann auch 007 James Bond mitreden, der Agent mit der Lizenz zum Töten. Das tut er Gott sei Dank in der Schweiz selten, da brettert er lieber mit seinem Aston Martin durch die Schweizer Landschaft, lässt sich gewohnt machohaft von jungen Damen anhimmeln (wobei sich auch die Alpenkulisse anhimmeln ließe) oder liefert sich rasante Verfolgungsrennen auf Skiern durch verschneite Wälder. Wem das noch nicht genug Nervenkitzel ist, der sieht ihm dabei zu, wie er sich von einer Staumauer stürzt. Fehlt nur noch eine Strandszene. Schließlich gibt es Palmen im Tessin.

In der Anfangssequenz von *Golden Eye* aus dem Jahr 1995 springt Pierce Brosnan alias James Bond an einem Bungeeseil vom Verzasca-

Staudamm im schweizerischen Tessin. Der Damm, der in dieser Szene die fiktive Chemiewaffenfabrik Archangelsk doubelt, staut den Lago di Vogorno und befindet sich nur zehn Kilometer von Locarno entfernt. Den Bungeesprung kann dort jeder nacherleben und sich 220 Meter in die Tiefe stürzen. Muss für mich jetzt nicht sein.

Auch die rasante Fluchtszene im Film wurde in der Schweiz gedreht: in Grindelwald. Grindelwald ist als Drehort überhaupt sehr beliebt, schon damals, 1969, als James Bond und seine Tracy sich beim Eislauf treffen. Geradezu zeitlos. Übrigens ganz viel später und ganz anders taucht Grindelwald auch in der Star Wars Episode *III – Die Rache der Sith* auf, als Prinzessin Leia dem Senator Bail Organa anvertraut wird. Die Szenerie des Planeten Alderaan wurde nahe Grindelwald in der Schweiz gedreht. Geradezu zeitlos in Richtung Zukunft.

Zurück zu James Bond. Filmszenen, die ihn in die Schweiz führen, führen ihn damit auch zurück in die Welt seines »Vaters«, Ian Fleming. Denn der hatte sich zu Beginn seiner Diplomatenlaufbahn, die damals noch nicht den gewünschten Lauf hatte, 1929 nach Genf begeben, um seine für die Karriere förderlichen Französischkenntnisse aufzubessern. Der 22-Jährige gab ansonsten vor allem den Playboy. Sein ihm vorauseilender schlechter Ruf (oder sein Französisch?) beeindruckten jedenfalls die 19 Jahre alte Monique Panchaud de Bottens aus einer finanziell gut gestellten Familie aus Vich (VD), und beinahe wären die beiden auch in der Wirklichkeit ein Paar geworden. Fleming beeindruckten auf jeden Fall die skiläuferischen Qualitäten der jungen Schweizerin. Flemings Mutter schaffte es aber, die beiden auseinanderzubringen, der Sohn spielte murrend mit und machte anderweitig Karriere.

Doch Monique war nicht vergessen. In seinen Bond-Romanen verewigte Fleming ihre resolute Art in Monique Delacroix, der Mutter seines Helden James Bond. Die reale Monique soll es mit Fassung getragen haben. Und so haben die Schweizer Auftritte von James Bond auch immer etwas von Heimkehr.

Bereits in *Goldfinger* (1964) sieht man kurz das Hotel Belvedere am Rhonegletscher, als Sean Connery daran vorbeifährt. 1977 gab's für Roger Moore in *Der Spion, der mich liebte* in St. Moritz einen Fallschirm-Stunt. Und natürlich und vor allem spielt die Schweiz 1969 fast eine Hauptrolle in *Im Geheimdienst Ihrer Majestät* mit den rasantesten Ski- und Bobabfahrten. So residiert der Bösewicht Blofeld (gespielt von Telly Savalas, aber ohne Lolly) auf dem Piz Gloria, der in der wahren Welt Schilthorn heißt. George Lazenby war James Bond bzw. Sir Hillary, also so, wie der Erstbesteiger des Mount Everest hieß. Mit Pfeife, so wie Sherlock Holmes, steigt er in Lauterbrunnen aus der Berner Oberland-Bahn.

Damals hatte es noch viel Schnee, fröhliche Skifahrer, deren Skier von fingerbreiten bunten Gummibändern zusammengehalten wurden, Tobler-O-Rum-Werbung am Bahnhof und atemberaubende Bergbahnen. »Dass ihr Engländer auch immer so in unseren Sport vernarrt seid«, heißt es dann im Film. Darf man deshalb darüber hinwegsehen, dass auch schon mal Lawinen ausgelöst wurden? Lassen wir das lieber unkommentiert. Drei Wochen wurde im Bernina-Massiv gedreht, für die Abfahrtsszenen mit den Stunts war der Österreicher Willy Bogner zuständig. Er selber raste rückwärts den Berg hinunter und filmte dabei die Verfolgungsjagden. Einer der Verfolger war der sehr erfolgreiche Schweizer Skirennfahrer Bernhard Russi.

Andere Seilbahnen in den Schweizer Alpen mögen beim Abfahren klingeln oder tuten. In den Kabinen der Schilthornbahn erklingt das *James Bond Theme,* und auf dem Schilthorn können Besucher in der interaktiven Erlebnisausstellung *Bond World 007* oder auf dem *007 Walk of Fame* seinen Spuren folgen. Den von den Bergbahnbetreibern eigentlich nicht geplanten Helikopterlandeplatz ließen die Bond-Produzenten bauen. Er dient heute als Aussichtsplattform.

Meine Lieblingssequenz – getreu dem Thema dieses Buches – ist natürlich, als James Bond 1969 mit Diana Rigg, pardon Tracy, in der Scheune ins Heu fällt und sie seufzen: »Wir bleiben einfach hier.« Recht so. Die Scheune stand bei Winteregg (BE) nahe Mürren, wo es

in der nachfolgenden Szene in der Bobbahn dann nicht mehr ganz
so beschaulich zuging.

Fehlen jetzt noch eine Strandszene und Palmen. Also Palmen
gibt's natürlich im Tessin und Strand auch, zum Beispiel am Bie-
lersee (BE). Eine Wiese namens Strandboden lädt dort zum Baden
und Chillen ein, oder gar in Luzern der in den 1970er-Jahren aus
dem Aushub eines Tunnelbaus aufgeschüttete Strand der Ufschötti
mitten im Vierwaldstättersee und damit gleich mit historisierendem
Flair versehen. Das wäre sicherlich etwas für Ian Fleming und seine
Monique gewesen.

Oder vielleicht wären sie in einen Was-auch-immer-Express ge-
stiegen, denn Zugfahren in der Schweiz ist etwas so Romantisches.
Das nahm auch die 2017 gedrehte Version von *Mord im Orient-Ex-
press* auf. Weniger romantisch vielleicht, aber umso mehr Bergpanorama (s. Grund 83).

(s. Grund 83)

51. Grund

Weil auch Japaner die スイッツランド *lieben*

Seit 150 Jahren unterhalten die Schweiz und Japan freundschaftliche
Beziehungen. Um das ferne Japan den Schweizerinnen und Schweizern – und die Schweiz den Japanerinnen und Japanern – näher zu
bringen, wurde 1955 die »Schweizerisch-Japanische Gesellschaft«
gegründet. Die Zielsetzung wird in den Statuten wie folgt beschrieben: »Einblick in das kulturelle, geistige, soziale und wirtschaftliche
Leben Japans, vermittelt Kontakte, fördert das gegenseitige japa-
nisch-schweizerische Verständnis.«

Durch die rasanten globalen Entwicklungen der letzten 30 Jahre
in Wirtschaft, Tourismus und Politik ist die Welt zusammengerückt,
also auch Japan und die Schweiz. Und schon kann man auf einen
langen Erfahrungsaustausch zurückgreifen.

Der Einsatz der Gesellschaft für das gegenseitige Verständnis verdient einen Orden. Der Tenno Akihito ehrte deshalb den Präsidenten der Schweizerisch-Japanischen Gesellschaft, Herbert Haag, mit dem *Order of the Rising Sun, Gold Rays with Neck Ribbon*. 2017 übernahm der japanische Botschafter in Bern die Ordensverleihungszeremonie. »Die Japanische Botschaft in der Schweiz möchte ihren Dank für die zahlreichen Bemühungen zur Vertiefung der japanisch-schweizerischen Beziehungen und der stetigen Kooperation von Herrn Haag aussprechen und gratuliert von ganzem Herzen zur Ordensverleihung«, hieß es.

Die Behauptung, dass bei Japanern das Matterhorn der bekannteste Berg nach dem Fuji-San sei, ist zwar statistisch nicht erhärtet. Aber es vermittelt etwas von Heimat: Beide Gipfel haben ihren Kopf gern in den Wolken. Es könnte was dran sein! Jedenfalls findet man Japaner überall dort, wo die Schweiz so richtig Schweiz ist: in Interlaken, Luzern und Zermatt, auf dem Weg zum Jungfraujoch und dem Matterhorn und am Genfersee im Château Chillon. Hauptsache Natur, Berge und das Panorama an und für sich. Ein bisschen Sport darf auch sein, muss aber nicht. Sie könnten auch in die schweizerisch-japanische Zeitschrift *Grüezi* gucken oder ins Zentrum Paul Klee in Bern gehen. Eines von Paul Klees ostasiatisch inspirierten Werken ist sicherlich ausgestellt.

Zum Nachtessen gibt es dann ein gutes Fondue oder Trockenfleisch, das für europäische Verhältnisse, wie alles Fleisch in der Schweiz, sehr teuer erscheint. Nicht für Japaner, die zum Beispiel ihr berühmtes Hida-Rind (*gyu*) lieben und dafür einiges zu zahlen bereit sind. Wie es in ihrer Kultur üblich ist, wird zu Ehren des Tieres jede noch so kleine Menge zelebriert. Dafür braucht es kein 300-Gramm Steak, sondern glückliche Kühe. So wie es auch nur ein paar hauchdünne Scheiben Trockenfleisch braucht, um glücklich zu sein (s. Grund 59).

Identität und Harmonie schmecken halt. Das zeigt auch das japanische Schriftzeichen (*Kanji*) auf der Startseite der Schweizerisch-

Japanischen Gesellschaft: »In beiden Ländern, sowohl im bevölkerungsreichen, grossen Japan als auch in der kleinen Schweiz gehören – mangels Rohstoffen – Arbeit, Erfindungsgabe und Tüchtigkeit zum Erfolgsrezept.«

Und so reisen die Japaner zwar in die ferne Schweiz, finden aber Ähnlichkeiten zu ihrer Heimat: Hier wie dort können sie ihre Sehnsucht nach Natur stillen, sehen, wie Urkräfte die Natur gestaltet haben und wie man seit Generationen darauf reagiert oder wie nahe sich subtropische und eisige Natur sind. So lebt der Mensch zwischen Tradition und Moderne.

Ein kleines Problem gibt es, aber nicht wirklich. Die Schweizer Einheimischen essen Fondue am liebsten in den kalten Monaten. Die Japaner bereisen die Schweiz am liebsten in den Sommermonaten. Also essen sie auch in Japan gerne Käse-Fondue, wenn auch mitunter mit für Europäer seltsam anmutenden Zutaten. Vor allem aber würde mich interessieren, wie man mit Stäbchen, also *hashi*, Käsefondue isst. Ob das klappt?

52. *Grund*

Weil Albert Einstein hier *relativ glücklich war*

»Sei ein gutes faules Tier, streck alle viere weit von dir. Komm nach Caputh, pfeif auf die Welt und auf Papa, wenn dirs gefällt«, soll Albert Einstein 1931 zu seinem Sohn gesagt haben, als er ihn in sein neues Sommerhaus in Caputh an der Havel westlich von Berlin einlud.

Zu einem begnadet formulierenden Dichter ist er wohl nicht geworden, und außerdem gab es eine Episode in seinem Leben, in der er nach eigenem Bekunden so richtig glücklich war: Das war seine Zeit in Bern. Hier arbeitete er von 1902 bis 1909 beim Eidgenössischen Patentamt, zunächst als »Technischer Experte 3. Klasse«, dann als »Experte 2. Klasse«.

Das scheint ihn nicht so ganz ausgelastet zu haben. Ganz abgesehen davon, dass er in dieser Zeit seine Kommilitonin Mileva Marić heiratete (1903) und eine Tochter (Lieserl 1902) und ein Sohn (Hans Albert 1904) geboren wurden, schloss er auch gleich seine Doktorarbeit an (1905) und habilitierte sich (1908) an der Berner Universität. Nicht schlecht für einen angeblich schlechten Schüler, was? Leider mussten sich alle Schüler und Schülerinnen, die sich darauf bezogen, dass Einstein mit schlechten Noten von der Schule ging und trotzdem etwas halbwegs Gescheites aus ihm geworden ist, eines Besseren (oder sollte man im Individualfall Schlechteren?) belehren lassen. Er schloss sein Abitur in Aarau (AG) ab, und in der Schweiz zählen sie die Noten eben anders: Eine Sechs ist nicht schlecht, sondern sehr gut!

Doch wie kam es überhaupt dazu, dass ein junger Jude aus Ulm in Bern landete? Als Alberts Eltern 1894 wegen wirtschaftlicher Probleme nach Italien auswanderten, blieb der 15-Jährige in München zurück, wo er eigentlich sein Abitur hätte machen sollen. Aber die herrschende antisemitische Stimmung vertrieb ihn und ließ ihn zunächst seinen Eltern folgen und dann 1895/96 in der Kantonsschule Aarau sein Abitur nachholen. Das brauchte er, um Physiklehrer zu werden. Das entsprechende Studium begann er an der Eidgenössischen Polytechnischen Hochschule in Zürich mit mäßigem Erfolg, da er sich von seinen Professoren nichts sagen lassen wollte. Aber sein Diplom im Frühjahr 1900 war gut, von 6 möglichen Punkten erreichte er 4,91.

Danach musste irgendwie Geld verdient werden, das gelang ihm zunächst an der Eidgenössischen Sternwarte in Zürich und dann am Technikum in Winterthur bzw. dem Knabenpensionat in Schaffhausen als Hilfslehrer. Aber, wie der Aphorismen-Schaffer Einstein sagte: »Der Unterschied zwischen Dummheit und Genie ist, dass Genie seine Grenzen hat.«

Deshalb den Kopf nicht hängen lassen: In seiner ersten Vorlesung saßen gerade einmal drei Zuhörer, da hat wahrscheinlich er den Kopf hängen lassen. Da war es doch besser, sich mit Lichtquanten, Atomen und Relativitätstheorie zu befassen. Vor allem das Jahr 1905 in Bern gilt als sein *annus mirabilis*. Bern ist deshalb auch recht stolz auf Einstein und zollt ihm mit dem Einstein-Pfad Tribut. 88 Stationen geben Einblick in Einsteins sieben glückliche Jahre in Bern, seine sieben Wohnungen, in die er in diesen sieben Jahren umzog, und seine ersten Untersuchungen zu den Gravitätsgesetzen. Und alles neben seiner Tätigkeit als »ehrwürdiger eidgenössischer Tintenscheisser« am Patentamt.

Aber, wie heißt es immer so schön: »Hinter jedem erfolgreichen Mann steht eine starke Frau.« Die aber wohl nicht im siebten Himmel war. Das wollen wir auch und gerade in Einsteins Fall nicht übersehen! In der Kramgasse 49 in der Berner Altstadt entstand zum Beispiel seine bahnbrechende Abhandlung über die Lichtquanten. Alles nicht zu denken ohne seine Frau Mileva, die selbst eine begabte Physikerin war, was ihr genialer Ehemann gerne unterschlug. Sie arbeitete an seinen Forschungen maßgeblich mit. Mileva wurde 1919 von Einstein geschieden, er erhielt für die besagte Lichtquantenarbeit 1921 den Nobelpreis. Ohne Mileva und ihre Mitarbeit überhaupt zu erwähnen.

Sie starb, vergessen von der Welt, als gebrochene Frau 1948 in Zürich, der Stadt, in der ihr Exmann 1909 eine Professur angetreten und zu seinen persönlichen Höhenflügen angesetzt hatte.

So viel zum Genius.

53. Grund

Weil Buddha aus dem Tessin stammt

Die Überschrift bezieht sich natürlich auf den Literaturnobelpreisträger Hermann Hesse und sein Buch *Siddhartha*, das er in Montagnola (TI) schrieb. Abgesehen davon, dass Hermann Hesse als

Schwarzwälder Jung aus Calw erst spät in seinem Leben Schweizer wurde, gehört auch er zum Schweizer Epizentrum der Literaten.

In seinem Nest in Montagnola (TI) schrieb er fleißig, malte fleißig bis hin zum *Tessiner Bilderbuch* 1922, ging fleißig ins Grotto und amüsierte sich fleißig. Abgesehen von seinen Party-Eskapaden in Zürich zeigt sich gerade bei ihm, warum dieses Buch 111 Gründe aufführt, die Schweiz zu lieben. Hermann Hesse kann einige Zutaten liefern, nicht nur Nacktkörperkultur und die Freiheit, angesichts überwältigender Umgebung seine eigenen Gedanken zu minimalisieren.

Schon früh schwärmte Hesse vom Tessin. Während er in Bern über kalte Füße klagte, war es im südlichsten Schweizer Kanton warm. Dort strickte ihm notfalls seine Freundin Emmy Ball-Hennings dicke Socken, während er ihr aus seinen Texten vorlas. Hesse lebte zunächst ab 1919 in Montagnola in der »Casa Camuzzi«, ab 1931 im eigenen Haus, der »Casa Rossa«. Hier bereitete ihm seine dritte Frau Ninon das Heim, das er sich gewünscht hatte: in Holzschuhen, den *Zoccoli*, herumzockeln und in Ruhe arbeiten, malen und ins Grotto zockeln. Immer wieder tauchen die von ihm besuchten Orte in seinen Werken auf. So, wenn zum Beispiel in *Klingsors letzter Sommer* der Ort Carona zu Kareno wird.

Nackt zu wandern und vegetarisch zu leben, das kam Anfang des 20. Jahrhunderts auf und wurde von vielen Kreativen begeistert aufgegriffen. Auch Hermann Hesse in jungen schwungvoll dynamischen Jahren, wie immer bemüht, sich von allen Zwängen frei zu machen und heute etwas naiv wirkender Naturschwärmerei hinzugeben, probierte 1907 das asketische Leben aus. Seine Erlebnisse schilderte er in *In den Felsen*. Aber lange hielt er es nicht aus bei den »Vegetariern, Vegetarianern, Vegetabilisten, Rohkostlern, Frugivoren und Gemischtkostlern«, wie er sie 1910 eher verächtlich in *Doktor Knölges Ende* 1910 nannte.

Wie jeder Mensch auf der Suche nach sich selbst, der diese Suche beharrlich verfolgt, scheiterte auch Hermann Hesse auf vielfachen

Wegen. Hypochonder konnte er schon seit Kindesbeinen, Vegetarier war doch nichts für ihn, er war menschenscheu und hilfsbereit, zerrissen zwischen Widerborstigkeit und Geborgenheit.

Umso schöner, dass die Sonne des Erfolges dann doch im sonnigen Tessin schien. Die ewige Wanderung auf dem Weg zu sich selbst hat er 1922 im *Siddhartha* prägnant und einprägsam beschrieben. Wie schön, wenn sie sich mit einer Wanderung zu einem Grotto verbinden lässt! »Wie selig duftet doch Vergänglichkeit«, feierte Hesse diese Stimmung 1929. Und wenn es doch zu viel oder der Tessiner Sommer zu heiß wurde, zogen er und Ninon nach Sils Maria im Engadin (GR). Dort konnte man sich zum Beispiel mit den Manns treffen, und die Luft war noch besser!

Doch irgendwann wirft auch die schönste Idylle Schatten. So klagte Hesse schon 1920 über die zunehmende Menge an Touristen und die zunehmende Zersiedelung der Landschaft. Er wollte einfach nicht von Neugierigen belästigt werden. So wie es heute meistens aussieht, hätte es ihm wohl nicht gefallen, und mit dem 1970 eingeführten Opel Ascona wäre er auch nicht durch seinen Lieblingskanton kutschiert. »Ascona regt die meisten nicht zum Schaffen an, sondern zum Nichtstun«, meinte er. Mit dieser Erkenntnis steht er in der Schweiz bekanntlich nicht alleine da.

Seine elf Jahre jüngere Frau Ninon übernahm zwar die Rolle der umsichtigen, umsorgenden Ehefrau, kujonierte aber zum Ausgleich frustriert und wohl recht schroff die Dienerschaft. Die Betten einmal in der Woche neu zu beziehen war noch das geringste Problem. Ihre eigenen Forschungsbemühungen richtete sie passenderweise auf Hera, die nicht grundlos eifersüchtige Gattin des griechischen Obergottes Zeus, die immer grollend und schmollend auf dem Olymp saß. Kein Wunder, dass sie (also Ninon, bei Hera weiß man es nicht so recht) gegen das aktive Wahlrecht von Frauen war.

In den 1950er Jahren, Hesse war nun in den Siebzigern und seit 1946 Literaturnobelpreisträger, wurde ihm das offene Haus in Montagnola, das er seit Jahrzehnten geführt hatte, zu viel. Hinzu kamen

Wellen von Touristen und ganzen Schulklassen, die den berühmten Schriftsteller sehen wollten. Seine Frau Ninon musste ihn zunehmend abschirmen, und sein langjähriger Freund Gunter Böhmer malte ein Schild für das Gartentor: *Bitte keine Besuche.* Das kam zwar nicht bei allen gut an, half aber, dass er in relativer Ruhe gelassen wurde. Dies galt natürlich nicht für seinen Nobelpreiskollegen Thomas Mann, der 1952 aus den USA zurückgekommen war und sich am Zürichsee niedergelassen hatte.

Ein Leben in Licht, Luft und der Umgebung am Luganer See: Deshalb also kommt Buddha aus dem Tessin.

54. Grund

Weil Rilke hier seine Rose fand

Muzot als Schloss, als *Château* zu bezeichnen, ist vielleicht ein etwas übertriebener Ausdruck, aber das wollen wir bei einem großen Dichter einmal als poetische Freiheit gelten lassen. Seine Adresse gab er jedenfalls so an, ebenso, wie er das Wallis immer als Valais schrieb. Aber das ist ja kein Widerspruch (s. Grund 42).

Als Rainer Maria Rilke im Oktober 1920 das erste Mal ins Wallis kam, war er begeistert und schrieb in einem Brief: »Dann hab ich mir … den Kanton Wallis entdeckt, staunend; soviel die Schweiz auch enthält, diese Gegenden … würd ich ihr nicht zugetraut haben.« Und so wählte er das Wallis zu seiner Heimat. Das wurde es dann 1921, als sein Mäzen für ihn oberhalb von Sierre Muzot erwarb. Das war und ist ein Wohnturm, also gerade das Richtige für einen Poeten. Wer braucht schon eine großherrschaftliche Villa wie andere berühmte Schreiber, um zu dichten?

Dann doch lieber einen kargen Turm aus dem 13. Jahrhundert inmitten von Weinbergen und Obstgärten, in denen es sich gut lustwandeln lässt. Außerdem spukte es, was Rilke sehr interessierte, noch dazu, da es sich um eine Frau handelte. Sie hieß Isabell, und um sie hatten zwei Freier erfolglos gebuhlt. Sie soll den Verstand verloren haben und jede Nacht, *très legèrement habillée* nach Miège zum Grabe ihrer beiden hitzigen Bewerber gewandelt sein, und es geht die Sage, dass sie schließlich in einer Winternacht auf dem Kirchhofe zu Miège (…) erstarrt und tot aufgefunden worden wäre. Auch wenn sein Gast Paul Valéry, dessen Gedichte Rilke aus dem Französischen übersetzte, zunächst befand, dass ein solch »abgeschnittenes Dasein« nichts für ihn wäre. Aber das widersprüchliche Wallis ist auch immer dafür gut, bei seinen Besuchern Widersprüche aufzulösen. Und so genoss schließlich auch Valéry die »herrlichen Umstände« in Muzot.

Der 1875 in Prag geborene Rilke, der im Laufe seines Lebens schon viel herumgekommen war, suchte ab 1919 eine neue Wirkungsstätte in der Schweiz. Und so inspirierte ihn die Walliser Landschaft zu seinen Gedichtsammlungen *Quatrains valaisans* und *Vergers* und der Vollendung der *Duineser Elegien*. Kein Widerspruch ist es dabei, zwar spartanisch inmitten mittelalterlichen Komforts zu leben, das aber mit Stil. Harmlos, aber kostspielig bestand der Dichter auf bezogenen Knöpfen, besten Seifen und bestickten Taschentüchern mit seinem Monogramm. Und seine großzügigen Gönner verhalfen ihm wie immer zu allem, was des verehrten Poeten Herz begehrte.

Rilke starb 1926 in einer Klinik am Genfersee, begraben aber liegt er, wie er es sich gewünscht hatte, an der alten Burgkirche von Raron. Bereits 1925 hatte er verfügt, er »zöge es vor, auf dem hoch gelegenen Kirchhof neben der alten Kirche zu Rarogne zur Erde gebracht zu sein«. Seine Einfriedigung gehört zu den »ersten Plätzen, von denen aus ich Wind und Licht dieser Landschaft empfangen habe, zusammen mit allen den Versprechungen, die sie mir, mit und in Muzot, später sollte verwirklichen helfen«.

Und so hat der Dichter Rilke von hier oben für immer eine wunderbare Aussicht über sein geliebtes Rhonetal, das »ausgebreitete Bergthal der Schweiz«. Das sieht inzwischen zwar nicht mehr ganz so poetisch aus wie zu seiner Zeit, und er kann nun auf viel befahrene

Straßen, demnächst eine Autobahn, Fabrikanlagen, Neubauten und Schutthalden blicken. Aber die Stimmung, die er so geliebt hat, verbreitet das Tal immer noch, da hat sich nichts geändert. Hoffe ich.

Und sein Grabstein wird auch wieder von einer Rose umrankt. Früher rechts, heute links. Und der deutsche Bundeskanzler Kohl war auch da, dazu gibt es an der Kirche sogar eine Plakette. Natürlich nicht am Grab. Im Garten von Muzot hatte Rilke einen Ginkgo gepflanzt, der würde ihm hier an seinem letzten Ruheplatz zwar Schatten spenden, aber auch die Sicht nehmen. Die Poesie auf seinem Grabstein habe ich nie so richtig verstanden, vielleicht kommt es auch dabei auf die Stimmung an: »Rose, o reiner Widerspruch, Lust, niemandes Schlaf zu sein unter soviel Lidern.«

O, da bietet doch gerade das widersprüchliche Wallis den Schlüssel an, Sonne, Schnee und den Duft von Aprikosen!

55. Grund

Weil es nicht nur ein Goethesäli gibt

Im Gegensatz zu seinem Dichterkollegen Schiller reiste der deutsche Schriftsteller Johann Wolfgang von Goethe (1749–1832) immer gerne, auch wenn das damals noch recht beschwerlich war. Aber er hatte erkannt: Das Beste ist es, sich vor Ort ein Bild zu machen. Alles in allem verbrachte Goethe auf seinen drei Reisen insgesamt fast ein ganzes Jahr in der Schweiz, zunächst im Alter von 26 Jahren von Mai bis Juli 1775, als er das erste Mal »richtigen« Bergen begegnete.

Vor diesem Erfahrungshorizont war die Schweiz für Goethe zuallererst und auf faszinierende Art das eine – das Land der Alpen: der beängstigenden hohen Berge, der schaurig tiefen Schluchten, der wilden Wasserfälle und reinen Seen. Das Land, wo sich einem die Urgewalt der Natur am unmittelbarsten offenbarte, ebenso wie ihre die menschliche Existenz bedrohende Übermacht.

Und so schrieb er Reisetagebuch, Briefe und verarbeitete seine Eindrücke in seinen Werken. Wie Literaten so sind. 1775 erklomm er das erste Mal den Gotthardpass und fand den Aufstieg »allmächtig schröcklich«. Über den Pass hinausgekommen ist er dabei nicht, auf den Höhen des Gotthard wusste er auch später: Von hier muss ich nicht weiterziehen. Als 31-Jähriger begleitete er als Minister seinen Dienstherrn Herzog Carl August von Sachsen-Weimar-Eisenach (1758–1828) von September 1779 bis Januar 1780 bis ins Wallis. Das Geschichtsbuch des Hotels *Les Trois Rois* in Basel nennt als Grund für seinen Besuch »Kunstfreund und Sammler von Gemmen und Stichen«. Vor allem aber zog es ihn (immer wieder) zum Rheinfall bei Schaffhausen (SH), dessen »Unerschöpflichkeit« er bewunderte. Später genossen andere illustre Gäste wie zum Beispiel Pablo Picasso oder Elisabeth II. die Atmosphäre dieses Basler Grand Hotels. Es gab halt noch nicht so viel grandiose Auswahl.

Mit Stolz berichtete Goethe davon, wie die Träger über den Furkapass voll des Lobes für den Herzog und ihn gewesen wären, dass sie das gemeistert hätten! Diese Tour würden sie noch lange nicht jedem zutrauen! Auch Genies können also kleine Eitelkeiten angesichts der großen Natur an den Tag legen. Bravo, Herr Geheimrat! Ein beliebtes Café in Sion/Sitten (VS) seit den 1960er-Jahren ist das Café de la Grenette, für Flaneure und Nachtschwärmer. Dann kann Goethe das nicht gemeint haben, wenn er schrieb, dass das Wirtshaus abscheulich wäre und die Stadt ein widriges schwarzes Ansehn hätte.

Dafür stieg er in Martigny (VS) im Grand Maison ab, wo er angeblich seine Füße in mit Kleie vermischtem Wein gebadet hat. Vor ihm war hier schon Jean-Jacques Rousseau abgestiegen und nach ihm Jules Verne. Gibt es deshalb einen *Salle à Verne*? Die Schweiz braucht doch keine Science Fiction! Auf der Rückreise von Italien durchquerte Goethe im Juni 1788 die Ostschweiz vom Splügenpass bis zum Bodensee. In Splügen übernachtete er im Gasthof Weiss Kreuz.

In Zürich pflegte er seinen Freund Lavater zu besuchen, und vielleicht gingen sie zusammen in Kaiser's Reblaube ins Goethestübli? Und tranken lieber den Wein, statt in ihm zu baden. Der Theologe Johann Caspar Lavater war von 1778 bis 1801 Pfarrer an der Kirche St. Peter, der ältesten der Stadt. Er wohnte in der Spiegelgasse 11 und ahnte noch nichts davon, dass in der Spiegelgasse 1 einmal das Cabaret Voltaire gegründet werden würde, von dem 100 Jahre später die Dada-Kunst in die Welt ging, also 1916.

1788 lernte Goethe in Zürich die wohlhabende Witwe Barbara Schulthess (1745–1818) kennen, die einen angesehenen Salon führte. Die beiden führten einen regen Briefwechsel, aber kurz vor ihrem Tod vernichtete sie alle Briefe, sodass wir wohl nie erfahren werden, wie tief die Freundschaft ging. Auch Goethe hatte die Briefe vernichtet, was bei einem 100-prozentigen Literaten etwas stutzig macht. Schließlich reiste er noch einmal als 48-Jähriger vom Juli bis November 1797 in die Schweiz und stieg zum Beispiel in Altdorf (UR) im Zum schwarzen Löwen ab. Und deshalb gibt es auch dort ein Goethezimmer.

Einige der Gasthöfe, in denen er übernachtete, existieren noch heute. Und so lässt sich mit Johann Wolfgang Goethe auch 250 Jahre nach seinen Besuchen trefflich werben. Oder mit -sälen und -stuben, in denen er speiste. So weist der Engel in Küssnacht (SZ) am voluminösen Riegelbau darauf hin, dass hier Goethe am 7. Oktober 1797 nächtigte, also auf seiner dritten Reise, und dass es eine Goethestube gibt. Übernachtungen gibt's allerdings nicht mehr. Die gibt es noch im Croix d'Or et Poste in Münster (VS), wo man sich gut vorstellen kann, wie Goethe in der vornehmen Goethestube eine Forelle verspeiste, für die dieses Restaurant berühmt ist. Und da er halt ein Literat war, weiß man alles ganz genau: Das war vom 11. auf den 12. November des Jahres 1779.

Die meisten der Gasthöfe weisen noch heute mit ihrem Namen darauf hin, dass es sich zumeist ursprünglich um Poststationen handelte, wie eben in Münster oder in den Orten Amsteg (Stern und

Post), Wassen (Alte Post) und Andermatt (Drei Könige und Post) im Kanton Uri. Und dass die Heiligen Drei Könige Reisende waren, weiß ja jeder. Viele Gasthöfe habe ich jetzt wahrscheinlich vergessen, aber auch dieser Grund erhebt keinen Anspruch auf Vollständigkeit.

Trotzdem möchte ich zum Schluss noch erwähnen, dass Goethe auch im »Gasthof zum Goldenen Apostel« übernachtet haben soll. Der liegt in Güllen (Kanton »Güllenistüberall«), und die Zeit muss irgendwann vor 1955 gewesen sein. Davon erzählt jedenfalls Friedrich Dürrenmatt beim *Besuch der alten Dame*.

Kapitel 9

Die Schweiz und ihr gutes Leben

56. Grund

Weil man die Cholera essen kann

Die tolle Knolle oder mit welchen Bezeichnungen die Kartoffel auch immer von begnadeten Werbestrategen genannt wird, ist natürlich auch in der Schweiz nicht zu umgehen.

Aber was sag ich da außer d'Vierkanträsti, wenn ich Pommes Frites haben möchte? Da die Kartoffel seit Jahrhunderten in Europa allgegenwärtig ist, gibt es natürlich auch vielfältige Begriffe dafür! Etwa Häppere-Brägu, Häärpfel, Grompera oder die Gummel. Kocht man sie und vermischt sie sie mit Milch, Butter und Salz (ohne Käse?) gibt's Gummelstunggis zum Nachtessen.

Die gute alte Kartoffel wird in Graubünden gerne zu Maluns zusammengerührt, was zusammen mit Mehl, Salz und Butter zu braunen Bröseln wird. Dazu gehören Apfelmus und Bergkäse. Oder man isst Gschwellti. Pellkartoffeln mit Käse. Und was sonst dazu beliebt. Der Fantasie sind wie immer keine Grenzen gesetzt.

Damit lässt sich sogar die Cholera ertragen. Als im 19. Jahrhundert diese Krankheit grassierte, blieben die Leute zu Hause und warfen zum Essen alles zusammen, was sie noch vorrätig hatten. Und so entstand ein Gemüsekuchen – mit Käse versteht sich –, dessen Rezeptur von den Restaurants im Wallis, die es anbieten, nach wie vor sorgsam gehütet wird. Da hat jeder seine eigenen Vorstellungen. Das ist eine, wenn man so will, schöne Geschichte, die aber, wie das bei schönen Geschichten üblich ist, nicht wahr sein dürfte. Die einheimische Bezeichnung lautet *Chouera* und weist wohl auf den Ofen hin, in dem das Gericht zubereitet wurde.

Aber was ist schon Wahrheit. Hauptsache, es schmeckt. Die Cholera geht mit Lauch, mit Äpfeln und was so da ist. Sieht man also dieses Gericht auf einer Speisekarte, sollte man es unbedingt probieren! Wem das Gericht ob seines Namens vielleicht doch zu gewagt erscheint: Wie wär's mit umgekehrt gekochten Makkaroni? Oder Schweizerdeutsch Hindersi-Magronä? Die sind allerdings trotz ihres Namens etwas aufwendig herzustellen, dennoch, muss man das in der Schweiz überhaupt dazusagen, lecker.

Hier ein Rezept, das mindestens (!) vier Leute sättigt: Erst mal kocht man reichlich Bouillon, je nach Geschmack halb Rind, halb Huhn. Im Kochtopf oder der Pfanne Butter schmelzen und zwei bis drei feingehackte Zwiebeln darin goldbraun anbraten. Etwa 300 Gramm rohe, in Würfel geschnittene Kartoffeln hinzufügen und etwa 350 Gramm ebenfalls rohe (!) Makkaroni, also die Magronä, dazugeben und kurz andünsten. Immer wieder etwas von der Bouillon zugießen, sodass die Magronä bedeckt sind. So lange kochen lassen, bis die Nudeln und die Kartoffeln *al dente* sind und das Wasser verkocht ist. Gegebenenfalls noch Bouillon nachgießen. Nun etwa drei Löffel Sahne hinzufügen.

Sie sehen schon, dieses Rezept steht nicht unter dem kalorienarmen Grund. Zum Schluss kommen noch etwa 300 Gramm geriebener Hartkäse hinzu, Schweizer natürlich. Alles vermengen und anrichten. Dazu Apfelmus reichen.

In Graubünden isst man Capuns, einen mit Fleischstückchen und Kräutern verfeinerten Spätzleteig. Der wird in ein Mangoldblatt gewickelt und in Salzwasser, Brühe oder Milch gegart. Den Teig kann man auch schaben, dann heißt er Pizokel. Der wird im Bergell traditionell aus Kastanienmehl hergestellt.

Im Lokal würde ich jedenfalls niemals Älplispätzli bestellen – ich könnte es auch mit leerem Mund gar nicht aussprechen, geschweige denn mit vollem. Und außerdem wäre ich, ich gebe es zu, wahrscheinlich davor keine sechs Stunden stramm gewandert, um sie mir wirklich zu verdienen.

57. Grund

Weil es hier einfach grottig ist

Das hat Wolfram Siebeck natürlich eleganter formuliert, als er diese urchige Variante des Tessiner Lokals »grottengut« nannte. Ich bitte hiermit alle Tessiner, Grotto-Wirte und -Wirtinnen und Wolfram Siebeck nachträglich um Entschuldigung, möchte aber trotzdem bei dieser Überschrift bleiben. Denn ich sehe keinen Grund, Grotten negativ zu »besetzen.« Die Blaue Grotte auf Capri wird ja auch nicht als »Blaues-Wasser-Gewölbe« übersetzt, sondern ist und bleibt eine Grotte. Es kommt bei einem Grotto auch weniger auf Eleganz an als vielmehr auf ein wohliges Geborgenheitsgefühl, wenn man in gemütlicher Runde am Tisch aus groben Schieferplatten sitzt.

Jetzt denken Sie vielleicht, ach wie rustikal. Stimmt, aber auch das ist nichts Negatives, sondern gerade im Falle des Grotto etwas Liebenswertes. Und ich kann gut mit rustikal und grottig leben, wenn das bedeutet, dass ich Schinken, etwas Käse, Tessiner Wurst und Focaccia aus Kastanienmehl kredenzt bekomme und gleich ins

Gespräch mit den anderen komme, die auch am Tisch sitzen. Und natürlich Merlot aus dem Boccalino trinken. Der ist zwar ein nettes Souvenir, aber es ist meines Erachtens noch netter, mit Freunden und Fremden im Grotto zu sitzen und aus ihm zu trinken.

Also lasst uns auch weiterhin in der Höhle hocken!

Das hätte ich jetzt auch unter »Klischees« setzen können, denn diese Form des Grotto ist die alte, lieb gewonnene Vorstellung eines gemütlichen Lokals. Natürlich gibt es bei den Grotti im Tessin inzwischen auch andere mit anspruchsvoller Karte und gehobenem Restaurantambiente. Das ergibt sich so bei so vielen Grotti, in früheren Zeiten hatte fast jede Familie ihr eigenes Grotto, da bleibt das nicht aus. Und so bleibt die Qual der Wahl, und jede/r hat sicherlich mindestens ein Lieblingsgrotto.

Eines meiner Lieblingsgrotti ist das »America« in Ponte Brolla, allein schon wegen des Namens. Es liegt im Val Maggia und soll Treffpunkt der Auswanderer nach Amerika gewesen sein, die hier noch Rast machten, bevor es zur Einschiffung nach Genua ging. Als die Familie des Grotto selbst emigrierte und dann zurückkehrte in die Schweiz, gaben sie ihrem Grotto den Namen America.

Noch ein Wort zum Tessiner Wein Merlot, den es hier größtenteils rot, aber auch in einer weißen Variante gibt. Nachdem Reblaus und Mehltau im 19. Jahrhundert die meisten Weinstöcke zerstört hatten, griff man Anfang des 20. Jahrhunderts auf die Merlottraube aus Bordeaux zurück. Daher stammt auch der französische Name (*Merle*, frz. Amsel, wegen der ähnlichen Farbe von Amselfedern und Weintraube), der im Italienischen aber eher mit einem harten Schluss-t gesprochen wird. Im Italienisch sprechenden Tessin heißt die Amsel *Merlo* (nicht nur in der Schweiz natürlich auf der ersten Silbe betont), hat also nichts mit dem Fisch Merluzzo zu tun.

Gegen Dorsch ist zwar nichts einzuwenden, aber wenn man Durst hat … Fische müssen schwimmen, heißt eine Weisheit, die schon der alte Römer Petronius in seinem *Gastmahl des Trimalchio* (*pisces natare opportet*) im 1. Jahrhundert feststellte.

Tempi passati? Im Grotto nicht. Bacchus sei Dank. Da trifft es sich gut, dass es einen Merlot gibt, der bei einer Luftfeuchtigkeit von 95 Prozent reift: In den Stollen der ehemaligen Festung Airolo. Er heißt Gransegreto. Aber das bleibt unser Geheimnis.

58. Grund

Weil die Schweiz so würzig ist

Es geht die Mär, dass kein Schweizer auf Reisen ginge, ohne sein Aromat in der Tasche zu haben. Das mag stimmen, denn im Ausland ist kein Verlass darauf, dass im Restaurant neben Pfeffer und Salz auch die gelbgrüne Dose mit dem munteren Zwerg auf dem Tisch steht. »Aromat« ist ein Würzmittel des Herstellers Knorr. Es wurde 1953 erfunden und verstärkt den deftigen Geschmack zahlreicher Speisen. Die Streuwürze gibt es mit oder ohne Glutamat, mit Salz, Öl und verschiedenen Gewürzen wie Nelken, Kurkuma oder Lorbeer. Es zählt eindeutig zum kulinarischen Erbe der Schweiz und gehört deshalb immer dazu.

Was in dieser Streuwürze seltsamerweise nicht enthalten ist, ist Pfeffer. So wenig, wie in Aromat Pfeffer ist, ist in der Konkurrenzwürze des Julius Maggi (1846–1912) Liebstöckel. Macht nichts, trotzdem wird dieses etwas penetrante Kraut gerne als Maggi-Kraut bezeichnet. Ansonsten aber ist Pfeffer in der Schweiz allgegenwärtig und würzt das gute Leben. Von daher verwundert es eigentlich nicht, dass Victor Hugo – obwohl als Franzose anscheinend mit der Schweizer Mentalität bestens vertraut – 1839 die markanten Turmhauben von Zürichs Grossmünster als »Pfefferbüchsen« bezeichnete.

Die Schweizer lieben Pfeffer, auch ihren eigenen, den Maggia-Pfeffer (TI). Der *Pepe della Valle Maggia* ist seit einigen Jahren ein Renner in der Küche. Er wird nach einer geheimen Mischung aus schwarzen Pfefferkörnern, Weißwein, Grappa und Gewürzen produziert und schmeckt göttlich zu allem: zu Käse, Fleisch, Fisch und auch süßen Früchten. Mal wieder typisch Schweiz. Alles passt zu allem.

Und dann die Knoblauchpresse, obwohl bei vielen Köchen und Gourmets inzwischen wieder verpönt, weil sie die Inhaltsstoffe der zarten Knolle ruiniere: Sie wurde in den 1950er-Jahren von der Schweizer Firma Zyliss erfunden. Also, ich muss sagen: für mein (griechisches) Tsatsiki gibt's nichts Besseres als gepressten Knoblauch! Da gibt's nichts dran zu hobeln!

Für die Farbe hilft Safran. Früher wurde er sogar in Basel angebaut. In Luzern residiert noch immer die Safranzunft mit ihrem Zunftmeister, dem Fritschivater. Das eigentliche Safrandorf aber ist Mund im Wallis. Also diese kostbaren Krokusblütenfäden, die die alten Römer schon auf ihre Hochzeitsbetten streuten: *dormivit in sacco croci* (er schlief in einem Bett aus Safran). Er soll Glück und Heiterkeit bringen, wirkt verdauungsfördernd und stimuliert die Herztätigkeit. Mit dem Refrain im Kinderlied »Safran macht den Kuchen gel(b)« ist es jedenfalls nicht getan, auch wenn sein Name vom arabischen *za'faran*, gelb werden, kommt. Mit der Heiterkeit schon.

In einem alten Holzstadel aus dem 15. Jahrhundert wurde in Mund auch ein Safranmuseum eingerichtet. Die Intensität des hiesigen Safrans soll viermal stärker sein als der aus anderen Regionen der Welt. Eine 1979 hier gegründete Safranzunft widmet sich seinem Anbau, heute gibt es wieder eine Anbaufläche von über 16.000 Quadratmetern. Die braucht man auch, denn das zarte Pflänzchen gibt seine Blütenfäden nur spärlich her. Für ein Kilogramm Safrangewürz müssen es bis 13.000 Blüten sein, so ist die jährliche Ausbeute von drei bis vier Kilogramm erklärlich. Geerntet wird zwischen Mitte und Ende Oktober.

»Natürlich« gibt es auch etwas zu erwandern: den Safranlehrpfad mit sechs Stationen. Und im Dorfladen kann man Safranlikör, Safrannudeln und Safran Balsamico kaufen. Quark oder Joghurt mit Beeren und einem Schuss vom Likör ist nicht zu verachten. Die Schweizer scheinen überhaupt einen Hang zu vegetarischen Genüssen zu haben, passt ja auch zum Käse. Allen voran Hiltl, der in Zürich im 19. Jahrhundert das erste rein vegetarische Restaurant eröffnete. Und ihren Salzbedarf können sie auch selber decken (s. Grund 30).

59. Grund

Weil Kalorien nichts zählen

Energie fast ohne Fett und Zucker? Gibt's das denn? Ja, in Graubünden, im Tessin und dem Wallis auf jeden Fall. Dieses, allerdings kein bisschen vegetarische Superfood heißt Trockenfleisch. Mehr oder weniger dasselbe ist Hobelfleisch, das von der ein oder anderen Sehne durchzogen ist, geschmacklich aber keinen Abstieg darstellt.

Die Heimat des Bündnerfleisches soll in der Umgebung von Churwalden und Parpan (GR) liegen. Nur hier ermöglicht der stete Luftzug im Tal eine optimale Trocknung. Seit Jahrhunderten wird dieses Verfahren zur Konservierung von Rindfleisch angewendet. Im Herbst und Winter ist die Luft kalt und trocken und frei von Bakterien und Fliegen. Wegen der allgemeinen Beliebtheit dieses haltbaren und kalorienarmen Fleischproduktes beschleunigt man heute allerdings vielerorts auch mit künstlicher Kühlung den Reifevorgang. Traditionell aber reift das Fleisch zwischen Ende August und Ende März vor sich hin.

Die ausgesuchten Stücke sind alle vom Stotzen junger Kühe. Eckstück, Unterspälte, runder Mocken, runde sowie flache Nuss. Sie werden zuerst von Fett und Sehnen befreit. Das Fleisch wird mit Salz und Gewürzen eingerieben und in großen Bottichen, den Standen, eine bis drei Wochen gepökelt, danach gewaschen und von den Gewürzen befreit. So kann es aufgehängt werden und einige Wochen an der Luft trocknen. Zwischendurch wird es zwischen Holzscheite gepresst, um eine gleichmäßige Verteilung des Fleischsaftes zu gewährleisten. Durch die Pressung wird zudem das Fleisch in eine handlichere Form gebracht. Die lange Zeit braucht es aber, da es gleichmäßig von innen nach außen trocknet. Ein leichter weißer Schimmelbelag zeigt den Reifegrad an. Bis zum fertigen Trockenfleisch verliert das Fleisch bis zu 50 Prozent an Wasser und erhält schließlich den feinen, milden und unverwechselbaren Geschmack.

Geschmacklich Konkurrenz macht dem Bündner Fleisch das Walliser Trockenfleisch. Für manche ist der Unterschied geradezu ein so bestimmendes Merkmal, dass sie nie das andere äßen. Wo liegt denn für Uneingeweihte, abgesehen vom Geschmack, der Unterschied? Zum Beispiel am besagten Schimmel: Beim Bündnerfleisch wird er abgewaschen, beim Walliser Trockenfleisch dient er der Geschmacksverstärkung und spart Salz. Er macht dann auch die etwas graue Farbe aus.

Um die Ernte vor Mäusen zu schützen, stehen in den Dörfern die Spycher auf Stelzen, mit darauf gelegten Steinplatten, den sogenannten Mäusetellern. Diese Speicherbauten sind aber auch bestens dafür geeignet, hier das Fleisch monatelang trocknen zu lassen. Denn einige Wochen dauert es schon, bis das Fleisch durch den Wasserentzug nur noch die Hälfte seines Frischgewichtes hat. In einigen Regionen beider Kantone wird das Trockenfleisch auch kurz angeräuchert, wenn es bei der dort herrschenden höheren Luftfeuchtigkeit notwendig wird. Das kannten sogar schon die alten Römer. Jedenfalls hatten sie schon Räucherkammern, und die Produkte waren berühmt und beliebt! Waren? Sind.

Und dann kann es aufgeschnitten werden, etwa in hauchdünne Scheiben. Vorsicht Verletzungsgefahr! Es gibt es natürlich auch schon fertig geschnitten zu kaufen, aber ich persönlich habe viel zu viel Spaß am Selberschneiden. Wenn man auch noch Spaß am intensiven Kauen hat, schneidet man es in Streifen. Genuss ist es so oder so und das zu jeder Tageszeit oder einfach zwischendurch!

Weil Schweizer Käse nicht wähe tut

Auf einer Berghütte hatte ich nach der Überwindung von 900 Höhenmetern (stolz! Und das bereits am zweiten Urlaubstag!) Hunger! Was liegt da näher als eine Käseschnitte? Die durchtrainierte junge Kellnerin serviert sie denn auch, merkt aber, dass ich etwas hadere. Jetzt habe ich so viel abtrainiert, und dann soll ich mir gleich wieder Fett reinhauen? Kein Problem, meint sie, »außer dem Käse ist kein Fett dran.« Da bin ich ja beruhigt.

Sonst hätte ich mich für die nächsten Tage im Eiltempo, also unmöglich, auf den Alpkäsetrail bei Engelberg-Titlis (LU) begeben müssen. Mein Vater mochte keinen erwärmten Käse, weil der Fäden zog. Es ist mir nie gelungen, ihn davon zu überzeugen, dass zum Beispiel im Zürcher Geschnetzelten kein Käse ist. »Doch, die Schweizer machen alles mit Käse«, beharrte er. Deshalb hat er nie erfahren, was ihm entgangen ist. Ansonsten, muss ich sagen, hatte er grundsätzlich recht.

Wenn man einen Russen fragt, woraus er Wodka macht, sagt der angeblich: aus allem. Wenn man einen Schweizer fragt, was man mit Käse macht, sagt er wahrscheinlich: alles. Dieses gesunde Nahrungsmittel kann man hobeln, reiben, schmelzen, mit Alkohol versehen, auftunken, oder einfach in den Mund schieben.

Es soll Hunderte von Schweizer Käsesorten geben. Da guck ich doch gleich mal in mein altes kulinarisches Küchenwörterbuch unter »Schweizer Käse« nach. Was steht da? »siehe Emmentaler.« Ach, so einfach ist das? Also gehe ich in der Schweiz an die Käsetheke und sage: »Ich hätte gerne Schweizer Käse.« Wenn mir an den vielfältigen Ausdrucksmöglichkeiten der menschlichen Körpersprache gelegen wäre, wäre das ein guter Spruch. Wenn ich auf die vielfältige Auswahl an Schweizer Käse Wert lege, eher nicht.

Die Zeiten sind halt besser bzw. vielfältiger geworden.

Kann man als Schweizer eigentlich Veganer sein? Bei all den vielen leckeren Käsegerichten? Und sollte gerade Freitag sein, essen die Zürcher gerne Wähe, der Pizza nicht unähnlich, allerdings aus Mürbeteig. Alle anderen Schweizer sowieso, auch außerhalb von Freitag. Wähe geht immer mit dieser leckeren und zugegeben üppigen Füllung aus Ei, Sahne, Milch und Käse! Aber damit bekommt man ganze Horden hungriger Jugendlicher satt. Zumindest in Deutschland, das kann ich belegen.

Käse gibt es in harten Varianten (z.B. Sbrinz), es gibt ihn in weichen Varianten, es gibt ihn mild, es gibt ihn würzig (z.B. L'Etivaz) und Büscion, der Ziegenfrischkäse aus dem Tessin ist auch nicht zu verachten. Oder man dreht ihn mit der *Gilotte* vom Laib zu hübschen Rosetten wie den Tête des Moines, den bereits im 12. Jahrhundert die Mönche des Klosters Bellelay im Kanton Jura erfanden.

Schrieb ich eigentlich schon, dass die Schweiz an Vielfalt …? Und dass alles Tradition hat? Übrigens sind schon aus der Römerzeit Abtropfgefässe zur Verarbeitung der Käsemasse bekannt! Also vor 2000 Jahren hieß es schon: Ran an den Käse. Kühe mit Musik beschallen gab's schon bei unseren Großeltern. Damals war es wohl noch Klassik, die den Käse aromatischer werden ließ, heute zum Beispiel Hip-Hop. Der soll den Käse noch würziger machen! Da hilft nur eines: Ausprobieren und ran an den Käse.

61. Grund

Weil Schweizer Käse zum Dahinschmelzen ist

Schon vor Jahrhunderten fanden die Schweizer heraus, dass sich Käse auch wunderbar erwärmen lässt – und dann schmilzt: eine leckere Idee, die bald zu einem Exportschlager wurde.

Da fallen Käseliebhabern sofort die Variationen Raclette und Fondue ein, wobei Schweizer es eher befremdlich finden, dass es die Touristen auch im Sommer nach Fondue verlangt! Das kann man natürlich auch als Kompliment an die Schweizer Käsekunst verstehen – oder die Touristen mögen einfach das Kirschwasser im Neuenburger Fondue. Schweizer essen Fondue übrigens nicht im Restaurant, sondern am liebsten zu Hause. Jede Familie hat da ihr spezielles Rezept. Und gesellig ist es auch.

Erfunden wurde das Fondue angeblich im 13. Jahrhundert von einem Mönch in der französischen Westschweiz. Der soll Vacarinus geheißen haben und die strengen Fastenvorschriften durch geschmolzenen Käse umgangen haben. Aber wenn einer schon nach *la vache*, die Kuh, heißt und ansonsten nicht anderweitig durch heiligmäßige Wunder in Erscheinung getreten ist, würde ich vorsichtig sein. Aber das Wunder Fondue reicht auch schon! Dafür nimmt man einfach einen großen flachen Topf (den *Caquelon*), den man ordentlich mit Knoblauch ausreibt, und schmilzt darin mindestens zwei verschiedene Käsesorten, zum Beispiel Greyerzer (Gruyère) und Vacherin. Manche schwören auch auf drei verschiedene Käsesorten. Weißwein trinkt man nicht nur dazu, sondern gießt ihn auch großzügig in die Käsemasse. Es darf auch Kirschwasser sein.

Dann stellt man den Topf auf den Rechaud und darf eintunken. Dafür schneidet man das Weißbrot in Möckli, so mundgerechte Stücke, dass an jedem Stück etwas Brotrinde dran bleibt. Damit lässt sich das Stück besser auf die lange, zweizinkige Gabel stecken, bevor es in den Käse getaucht wird. Zweimal eintauchen gilt übrigens nicht! Sonst kann es einem ergehen wie in *Asterix bei den Schweizern*! Welche Strafen dafür heute gelten, wenn das Brot in den Käse fällt, behalten die Schweizer für sich. Wahrscheinlich hat auch da jede Familie ihre eigenen Hausrezepte.

Hilfe für Ungeübte kann das *Pain Paillasse* leisten, dessen gezwirbelte Form besonders viel Kruste bietet. Bevor man schließlich das Stück Brot mit Käse in den Mund steckt, wird großzügig gepfeffert, wie überhaupt zu allen Gerichten mit geschmolzenem Käse eine ordentliche Portion Pfeffer gehört.

Ganz anders als im häuslichen Rahmen verhält es sich bei der Raclette, der Walliser Variante des geschmolzenen Käses, ebenfalls bereits seit dem Mittelalter etabliert und beliebt.

Glücklicherweise gibt es noch immer Restaurants, die diese Variante auf die traditionelle Weise servieren: Die Bedienung naht mit einem halben Käselaib, dessen Schnittfläche vorher unter großen Heizspiralen erwärmt wurde und dessen angeschmolzene Oberfläche sie nun mit einem Holzschaber auf den Teller des Gastes schiebt. Anfänger werden kaum 20 Portionen schaffen, auch wenn sie den Trick der Profis beherzigen und bei der einen oder anderen Runde die Beilagenkartoffeln auslassen. Auch hierzu gehört wieder viel schwarzer Pfeffer. Um die Käsekugel im Magen abzurunden, gibt man etwas Säure hinzu, entweder in Form von Cornichons oder Silberzwiebeln – und natürlich Weißwein. Für den ist immer Platz.

Ebenfalls eine beliebte Variante des geschmolzenen Käses, die inzwischen auch in Deutschland immer mehr Liebhaber findet, ist der Mont d'Or. Er stammt aus dem französischen oder dem Schweizer Jura und ist sozusagen die kleine Schwester von Raclette und Fondue. Aber deshalb nicht weniger lecker. Leider fanden das in den 1980er-Jahren auch Bakterien (Listerien). Seitdem wird der Schweizer Mont d'Or aus thermisierter Milch hergestellt.

Der Mont d'Or wird traditionell nur im Winter produziert. Das erklärt die von vorneherein kleineren Portionen: Standen die Kühe nicht mehr auf den saftigen Almwiesen, sondern im Stall, gaben sie weniger Milch. Aber wer wollte schon ein halbes Jahr auf Käse verzichten! Und so gibt es nach wie vor den Mont d'Or in kleinen runden Holzschachteln. Die sind aus Fichtenholz – das den darin reifenden Käse mit einem leichten Holzgeschmack würzt. Auch für ihn gilt: Etwas Weißwein drübergießen, bevor man ihn im Ofen erwärmt. Und dann wieder: reichlich Pfeffer.

Und Weißwein ist sicherlich auch noch da.

En Guete.

Weil immer Zeit für eine Mahlzeit ist

Tagwoll, <u>Sa</u>lü, Salve und Grüezi miteinand. Wie heißt es in Friedrich Dürrenmatts *Romulus der Große* so schön:
Romulus: Das Morgenessen.
Pyramus: Das Frühstück.
Romulus: Das Morgenessen. Was in meinem Hause klassisches Latein ist, bestimme ich.

So soll es sein. Also genießt der Zürcher zum Morgenessen sein Zmörgele ganz in Ruhe, der Basler sein Schlumbi und der Berner sein Zmorge. Bereits um 9 Uhr in der Früh ist die erste Zwischenmahlzeit angesagt, das Znüni. Sollte es schon vier Uhr nachmittags sein, gibt es eben ein Zvieri.

Und dann schnappe ich mir ein Muggerli oder Aahou und mache daraus mein Faustbrot. Also den Brotkanten, das Endstück, die Kruste oder wie es bei Ihnen heißt. Und dann kommt Butter drauf, im Wallis Öichu oder in Bern Angge bzw. Anke. Oder sogar Kräuterbutter, die in der Schweiz Café de Paris heißt. Und wenn ich das nächste Mal im Flugzeug den Sandwichsitz erwische, denke ich einfach an das Iklämmti – schon ist es nur noch halb so schlimm.

Ab Mittag sage ich übrigens Guten Abend. Zum Beispiel, wenn ich in eine Chauffeurenbeiz gehe, denn davor kann ich gut parkieren. Jedenfalls in keine illegale Beiz. Wie, illegal? Gibt's so was in der Schweiz? Natürlich nicht. Hauptsache urchig. Da muss ich gar nicht in der Schweiz domiziliert sein. Das gefällt doch jedem.

Oder man trifft sich mit Freunden zum Picknick, wobei man unbedingt das Waldfest mitnehmen muss: Brot, Cervelat und Senf. Wobei der (!) Cervelat in der Schweiz eine kurze dicke Brühwurst ist. Seit er in der Weltausstellung 1900 in Paris zusammen mit Schokolade und Käse für die Schweiz warb, gilt er als Nationalwurst. Er ist auch sehr beliebt, wenn es ans Grillieren geht.

Das macht natürlich durstig. Wenn's sehr warm ist, ist ein Dreier Schnitz dazu sehr erfrischend, also Drei Dezi Wasser mit einem Zitronenschnitz. Es kann aber auch eine Stange oder sogar ein Humpen Bier sein. Natürlich könnte man auch ein Glas Flauder trinken, der aus Holunder gemacht wird, oder Ghürotne aus saurem und süßem Most. Aber von der erfrischenden Schweiz war ja schon die Rede.

So lässt sich die Zeit bis zum Nachtessen überbrücken. Da gibt's dann vielleicht Mischtchratzer (ein junges Hähnchen) oder Chineese-Schotter (Reis). Und während es im Deutschen Umwege braucht, wie man zum Beispiel sein Fleisch gebraten haben möchte, heißt es in der Schweiz einfach: <u>n</u>atür. Natürlich.

<u>S</u>ante, danke. Und wenn die Serviertochter nach dem Nachtessen die Teller abräumt, fragt sie: »Isch es guat gsi, oder?« Ja, zweifellos! Und zum Abschied heißt es <u>Me</u>rci, <u>A</u>de, Tschau. Wir kommen natürlich wieder.

63. Grund

Weil die Schweiz so süß ist II

Ach, was gibt es Schöneres, als im Sommer in den Bergen zu sitzen, schneebedeckte Viertausender zu betrachten und dabei von den frischen Aprikosen zu naschen, die man gerade an einem Straßenstand gekauft hat? Und das will was heißen. Denn der »Samen der Sonne« blüht bereits früh im März und verträgt es deshalb ganz schlecht, wenn es noch späte Fröste gibt. Als wenn das im besonnten Rhonetal, im Wallis, ein Problem wäre!

Da hat es ein prima Klima für die zarten Früchte, und das wird natürlich auch wieder gefeiert, zum Beispiel beim Aprikosenfest in Saxon (VS) Ende Juli bis Anfang August. Die *Fête Nationale de l'Abricot* feiert alle zwei Jahre die »Prinzessin der Walliser Obstanlagen«, deren Sorte in den meisten Fällen *Luizet* heißt.

Warum es eine Prinzessin und keine Königin ist, weiß ich nicht, schließlich gelten Aprikosen als Aphrodisiakum. Oder galten. Da halte ich mich lieber an Realitäten und mache eine süße Aprikosenwähe. Die Wähe ist die Schweizer Variante der französischen *Tarte* und wie diese vielfältig »einsetzbar«, heißt, zu belegen. Bei großem Hunger hilft auf jeden Fall eine (Luzerner) Käsewähe, aber wir sind ja hier im Naschkapitel und bereiten sie mit Aprikosen. Das haben wir uns verdient, nachdem wir in zwei bis drei Stunden den Aprikosenweg gewandert sind.

Wie gesund Obst ist, lernen Schweizer Kinder schon ab der 5. Primarstufe. Darüber gibt die Broschüre *Obstland Schweiz* erschöpfend Auskunft: auf starken 41 Seiten. Kreative Leckermäuler machen aus allem Süßigkeiten, zum Beispiel aus Möhren, das ergibt dann die Rueblitorte. Die Torte wurde wohl im Aargau erfunden, weswegen dieser Kanton auch gerne als Rüblikanton bezeichnet wird. Ist das süß. Und wenn gerade Winter und man im Engadin (GR) ist, gibt's leckere Nusstorte oder ein Birnbrot, vor allem zu Weihnachten.

Wer sich dann noch in die Kälte nach draußen traut, kann sich an einem Stand auch »Heissi Maroni« kaufen. Und wenn man gerade in Bellinzona (TI) sein sollte, kauft man sich leckere Bissoli, mit Kastanienschaum gefüllte Pralinen. Kastanien waren einst das Essen der sogenannten armen Leute, vor allem dort, wo das Land ausgedehnten Ackerbau nicht zuließ, zum Beispiel in Graubünden oder dem Tessin. Bereits die Römer hatten die Kastanie eingeführt, sie schätzten sie für ihr witterungsbeständiges Holz.

In kargen Zeiten, und die gab es öfter, dienten die Kastanien der Landbevölkerung als nahrhafte Grundspeise. Die Früchte ließen sich gut lagern, jedenfalls gedörrt. Dafür gab es eigene Dörrhäuser, die *Grà*. Man konnte der Kastanie auch schon mal überdrüssig werden. Aber es half nichts, es gab nicht viel anderes. Die Tessiner nannten die Kastanie deshalb auch einfach nur den Baum, *ur arbur*.

Seit 1850 werden in Willisau (LU) die Ringli hergestellt, ein hartes Gebäck aus Zucker, Mehl, Honig und Zitrusfrüchten, die man nicht beißen, sondern im Mund zergehen lassen sollte. Sonst isst man trockenes Gebäck. Das gibt dann in Zürich de Sandsturm. Wer es üppiger mag, nimmt Schlagsahne/Rahm und macht einen Nidelkuchen. Jedenfalls am Murtensee (FR/NE). Von dort ist es nicht weit zu einem Mandelkuchen, dem *Gâteau de Payerne* (VD).

»Hesch dini Ovo hüt scho gha?«, hieß es in der Werbung der 1980er-Jahre, und da hätte wohl so mancher Ja geschrien und zu Ovomaltine gegriffen. Zumindest die, die damals wie viele Kinder auf Malzgetränke schworen. Von Malzbier mussten die Kleinen noch die Finger lassen. Dieses Instantpulver gab es schon 1904, damals beworben als Stärkung für »geistig und körperlich Erschöpfte«. Haben die Schweizer das nötig nach ihrem morgendlichen Lauf aufs Matterhorn? Von Vorteil ist es auf jeden Fall für die körperliche und geistige Wendigkeit, dass Ovomaltine, die es inzwischen in vielen Ländern gibt, in der Schweiz keinen Zuckerzusatz enthält.

Und dann gibt es natürlich noch gesunde Kräuterbonbons! Ricola, so dröhnt es einem seit 1980 in den Ohren. Und wer hat's erfunden? Richtig. Die Schweizer. Emil Richterich aus Laufen mischte 1940 dreizehn Kräuter zusammen, und es entstand ein weiterer Schweizer Exportschlager für den Gaumen. Das Bonbon hilft vor allem gegen Heiserkeit, die man zum Beispiel beim Alphornblasen sicherlich nicht gebrauchen kann.

64. Grund

Weil sie einen eigenen Weinheiligen haben

Und das ist der heilige Theodul, oder Theodor oder Joder oder rätoromanisch Gioder. Der war der erste Bischof von *Octodurus*, dem heutigen Martigny, und ist der Landespatron des Wallis. Es gibt ihn sogar in drei Variationen, was bei so einem alten Heiligen nicht verwunderlich ist. Jedenfalls soll er im Jahre 381 an der Synode von

Aquileia teilgenommen haben und wahrscheinlich auch 389/90 an der von Mailand. Und außerdem die Gebeine der Märtyrer Mauritius und anderer der sogenannten Thebäischen Legion, also aus Ägypten, gerettet und im von ihm gegründeten Kloster Saint-Maurice (VS) bestattet haben. Und weil er so ein alter Heiliger ist, hat er auch eine Menge schöner Legenden um sich versammelt.

Einstmals soll er erfahren haben, dass der Papst in Lebensgefahr schwebe. Aber was tun? Da erblickte Theodul drei tanzende Teufel. Die fragte er, welcher von ihnen der schnellste sei. Der erste meinte, er wäre so schnell wie der Wind, der zweite wie die Kugel aus dem Rohr, und der dritte sagte, er fliege so schnell durch die Welt wie ein Weibergedanke. Das überzeugte den Bischof, und er verkaufte dem Teufel seine Seele, unter der Bedingung, dass er ihn, bevor am nächsten Morgen die Hähne krähten, nach Rom und zurück bringen könnte. Dieses Angebot ließ sich der Teufel nicht zwei Mal sagen, und er stellte einen schwarzen Hahn auf die Stadtmauer, Bischof Theodul aber stellte einen weißen Hahn auf den Giebel des Schlosses. Dem schärfte er ein, bloß morgens wachsam zu sein und als Erster zu krähen. Und so flog der Teufel den Bischof nach Rom, um den Papst zu warnen. Als Dank für diese Warnung erhielt Theodul vom Papst eine Glocke. Die musste der Teufel nun zusätzlich zum Bischof zurück ins Wallis fliegen. Das sah der weiße Hahn auf dem Dachgiebel und begann sogleich zu krähen. Damit hatte der Teufel die Wette verloren. Voller Wut warf er die Glocke zu Boden. Aber Theodul rief: »Dona! Dona! Lit!« Und die Glocke begann zu läuten und schützte die Menschen noch lange danach vor Unwettern. Dieser schönen Geschichte widmet sich auch der rote Gamay Campana, denn auf Italienisch heißt die Glocke *Campana*.

Aber ein kleines Trostpflaster für den Teufel gibt es doch: Den Diavoletto, eine Mischung aus Gamay und Gamaret in Vispertermineninen (VS). Immerhin hat's also für ein Teufelchen gereicht. Trotzdem eine schöne Geschichte, aber Theodul konnte noch mehr. Einst hatte der Frost die Weinernte im Wallis gänzlich zerstört, und die

Menschen litten großen Mangel. Aber Joder erbarmte sich ihrer und segnete eine Kufe voll Wein, also wie ein Küfer einen Eimer. Aber sie sollten nicht in den Eimer hineinsehen, sonst würde der Wein versiegen. Das ging eine ganze Weile gut, und alle freuten sich, aber wie es so kommt: Irgendwann stiegen neugierige Leute zur Kufe hinab und öffneten sie: Und aus war es mit der nimmer versiegenden Weinquelle.

Und einen Pass hat er auch, noch dazu mit Blick aufs Matterhorn. Als ob er das bräuchte. Über diesen Theodulpass soll der Sage nach der Teufel mit ihm und der Glocke aus Rom zurückgekehrt sein. Und immerhin ist er mit 3.295 Metern der höchste begehbare Pass seit Urzeiten. Deshalb erlebte er auch weniger rühmliche Zeiten, so, als in den Savoyerkriegen Männer aus dem Aostatal über den Pass nach Zermatt strebten, da sie wussten, dass dort alle Männer in den Kampf gezogen waren. Aber die zurückgebliebenen Zermatterinnen zogen einfach die Kleidung an, die ihre Männer zurückgelassen hatten, und taten so, als ob sie ihre Männer wären (*no comment*). Die potenziellen Plünderer zogen sich daraufhin lieber wieder zurück. Und dafür der ganze Aufwand über den hohen Pass!

Aber vielleicht gibt es zum Schluss doch noch einen Schluck Wein vom Grand Theodul. Und alles wird gut, und alle Teufel lassen sich besiegen.

65. Grund

Weil man aus dem Torkel kommt

Befiehl den letzten Früchten voll zu sein / gib ihnen noch zwei südlichere Tage / dränge sie zur Vollendung hin / und jage die letzte Süsse in den schweren Wein, wünschte sich Rainer Maria Rilke in seinem *Herbstgedicht.* Und so geschah es. Da wird wohl der Heilige Theodul geholfen haben. Rilke musste es ja wissen, schließlich lebte er jahrelang im Wallis. Dort liegt auch der höchste Weinberg Europas, in Visperterminen, denn hier gibt es kaum Regen, dafür aber ein paar letzte herbstliche Föhntage, die den Trauben noch einmal einen Reifeschub geben.

Und dann kommt alles in den Torkel, so heißen die Weinkeller. Zum Torkeln braucht man eben Platz. Wenn man aber den Wein deziweise zumisst und genießt, kann nichts schiefgehen, und das Denkmal bleibt stehen. Das Denkmal des Duc de Rohan in Jenins (GR) zum Beispiel. Er soll Anfang des 18. Jahrhunderts den Blauburgunder nach Graubünden eingeführt haben, die seitdem in diesem Kanton am meisten angebaute Traube. Von Max Frisch ist bekannt, dass er den sogenannten Beerli-Weinen sehr zugetan war. Ob er gleich eine ganze *Burgä Wy* davon getrunken hat? Hatte ich eigentlich schon geschrieben, dass die Schweiz ein Land voller Vielfalt ist?

Das gilt auch für die verschiedenen Rebsorten in der Schweiz. Es soll über 250 Varianten der schmackhaften Traube geben. Bleiben wir erst mal beim Rotwein, nicht nur dem Blauburgunder: Als ein typischer Rotwein gilt zum Beispiel der Dôle, eine Mischung aus Pinot Noir und Gamay. Beide Sorten, Gamay und Pinot Noir, fühlen sich im Wallis besonders wohl, der aus dem Burgund stammende Gamay am liebsten auf Granitböden, der Pinot Noir mit seinen Kiefernzapfenähnlichen Trauben (deshalb *pin*, französisch für die Kiefer) auf Kalkböden. So wie das aufgefaltete Alpengebirge vor vielen Hunderttausend Jahren die idealen Voraussetzungen schuf. Angebaut haben ihn wohl schon die Römer vor 2000 Jahren. Aber auch sie nicht als Erste. Bereits die Kelten bauten, vor allem auf der rechten, sonnigen Seite des Rhonetals, dem *rive droîte*, Wein an. Jedes Fleckchen Erdreich sei den Einwohnern kostbar, notierte Goethe 1779 dazu.

Weißweine gab und gibt es natürlich auch. So brachten schon die alten Römer den Muscat ins Land und bauten ihn im Wallis an.

Ebenfalls eine »uralte« Traube ist die Heida, deren Name nichts mit dem Heidi zu tun hat, sondern mit den Heiden, also den Ungläubigen. Immerhin gibt's das Heidadorf.

Wenn im Mittelalter die Churer Domherren (GR) pünktlich zum Abendgebet, der *Complet*, erschienen, durften sie zwei Becher Weißwein trinken. Noch heute gibt es daher, vor allem als Dessertwein, den Completer. Auch ansonsten heißt es *Nomen est Omen:* So gibt es die alte Rebsorte des Räuschlings. Deren Name soll allerdings von den kräftig rauschenden Blättern des Rebstockes kommen.

Jüngeren Datums ist der Müller-Thurgau bzw. Rivaner, den erst Hermann Müller, der erste Direktor der Forschungsanstalt Wädenswil (TG), 1882 aus Riesling und Silvaner kreuzte. Und dann gibt's noch den Ermitage bzw. Marsanne, Petite Arvine und viele mehr! Oder zum Beispiel den weißen Chasselas bzw. Gutedel aus dem Genferseegebiet. Und wenn die Trauben schmelzen statt zu platzen, heißen sie Fendant (vom französischen *fendre*).

Auch etwas ganz Besonderes ist der Clos de Chillon, der, wie der Name schon sagt, auf den Weinbergen des Château Chillon wächst (VD). Auch er wird aus der weißen Chasselas-Traube gekeltert und ist nur im Schloss erhältlich. Der Verkaufserlös fließt dann in die Erhaltungs- und Restaurierungsarbeiten am Schloss.

Dass die Region des Genfersees so traditionsbewusst ist, merkt man nicht zuletzt an der *Fête des Vignerons* in Vevey, die die besten Winzer prämiert. Allerdings nur alle 20 Jahre. 2019 war so ein Festjahr, die nächste Fete steigt 2039.

Sorten über Sorten, oft seit Jahrhunderten in den Quellen überliefert. Da kann man es kaum glauben, dass es einen Lafnetscha gibt. Denn dessen Name soll aus dem wallisischen Dialektausdruck *laff-nit-scha* kommen: »Trink nicht schon.« Sonst wär es eher ein Gwäss. So heißt im Oberwallis der Gamay, was doch sehr an »das war's schon?« erinnert, oder?

Weil man sich etwas einhandeln kann

Zum Beispiel Ende Juni, wenn im Schweizer Kreuzlingen (TG) und dem deutschen Konstanz am Bodensee der große grenzüberschreitende Flohmarkt stattfindet. Laut Bekunden notorischer Flohmarktfans hat er ein einmaliges Flair, das man unbedingt erleben muss.

Auch hier muss man wieder gut zu Fuß sein, denn er erstreckt sich über neun Kilometer. Die braucht man auch, wenn man alle rund 1000 Stände besuchen möchte. Der Flohmarkt findet auf beiden Seiten des Rheins nahe dem Stromkilometer 0 statt. Professionelle und private Anbieter aus ganz Europa warten auf die gut 80.000 Interessenten. Aber zur Beruhigung: Er dauert nur 24 Stunden. Er beginnt in Kreuzlingen am Samstag um 16 Uhr, in Konstanz um 18 Uhr und endet am Sonntag um 18 Uhr. Es darf durchgehend gehandelt werden! Was in einer lauschigen Seenacht durchaus seine Reize hat.

Der Austausch von Waren zwischen den beiden Städten hat Tradition. Kreuzlingen ist die zweitgrößte Stadt des Kantons Thurgau und die größte Schweizer Stadt am Bodensee. Der Zusammenschluss der drei Dörfer Egelshofen, Emmishofen und Kurzrickenbach zur Stadt Kreuzlingen verstärkte die schon lange bestehenden Handelsbeziehungen zum nahen Konstanz. 1818 wurde ein erstes Wach- und Zollhaus errichtet. Die Thurgauer Bauern verkauften ihre Produkte nach Konstanz, in Konstanz wurden dann vor allem die nötigen Dinge für Haushalt, Hof und Bekleidung besorgt. Das Flohmarktgelände auf Schweizer Seite erstreckt sich auf der Hauptstraße vom Hauptzoll bis hin zum Helvetiaplatz sowie einen Teil der Brückenstraße.

Bereits seit 15 Jahren gibt es dieses große, grenzüberschreitende Event, und es kommen immer wieder neue Spezialmärkte dazu, die die Herzen von Schallplattensammlern oder Modelleisenbahnfans höher schlagen lassen. Wem das noch nicht genug Vergnügen bereitet, der kann sich auch an musikalischen Darbietungen erfreuen oder vielleicht doch etwas Kulinarischem oder Selbstgemachtem von einem Stand? Schließlich verbinden sich hier Flohmarkt und Stadtfest.

Und wer nun doch zwischendurch etwas schwächelt, den bringt ein leckerer Eistee wieder zu Kräften. Danach kann's weitergehen mit dem Schätzchenstöbern. Wie wär's zum Beispiel mit gebrauchten Kuhglocken? Und wie transportiert man die? Und was sagen die Schweizer Zöllner dazu? »Und, was habt ihr Schönes gekauft? Und was hat es gekostet?« Nicht viel, denn es muss natürlich durch den Zoll. Aber Flohmarktartikel sind bis zu einem Wert von 300 Schweizer Franken einfuhr- und abgabefrei. Dafür kann man sich schon einiges einhandeln.

Kapitel 10

Die Schweiz und ihre Geschichte(n)

67. Grund

Weil sie Eidgenossen sind

Warum heißen die Schweizer Schweizer oder auch Eidgenossen, aber nicht die Föderierten und nur selten Helvetier, obwohl überall ein CH prangt? Die Urschweizer wussten natürlich im Mittelalter noch nicht, dass sie einmal Vollschweizer sein würden. Aber das Wort gebraucht ja auch keiner. Schweizer ist Schweizer. Die Urschweizer der vier Urkantone am Vierwaldstättersee hatten zu ihrer Zeit eher das Problem, ob sie sich von den Österreichern wirklich mit diesem Schimpfwort für sämtliche Waldleute beleidigen lassen wollten oder nicht.

Da gibt es also eine grüne Wiese, die Rütliwiese, und die ist der mythische Gründungsort der Schweiz. Natur pur am Anfang eines Staatengebildes? Warum nicht. Aber wie so vieles aus der neblichten

Vergangenheit ist auch dies ein Konstrukt. Erst 1891 beschloss die Regierung der Schweiz, das Gründungsdatum der Nation auf den 1. August 1291 zu legen. Und seitdem wird gefeiert. Und da auch der eigentliche Text des Bundesbriefes recht nebulös ist, kann man ihn auch verschieden deuten. Ein Aufruf zur Revolte war er wohl nicht, da übersetzt man *conspirati* besser mit *conféderés*, Bundesgenossen. Den Begriff Eidgenossenschaft verwandte man immerhin bereits 1370.

Am Anfang des 13. Jahrhunderts war das Geschlecht der Zähringer ausgestorben, und die Alpenregionen waren in viele kleine politische Gebilde zersplittert. Aber die aufstrebenden Habsburger, die gerne ihren Einflussbereich erweitert hätten, trafen auf Widerstand. Die bäuerlichen Gemeinden und Waldstätten Uri, Schwyz und Unterwalden (bzw. Nidwalden und Obwalden) schlossen sich zu einem Bündnis zusammen, um ihre Interessen gemeinsam zu vertreten und den eigenen adligen Familien ihre Macht zu sichern. Der Kanton Uri war der erste, der 1231 reichsunmittelbar wurde und eine Landsgemeinde hatte, also die Urform der Schweizer direkten Demokratie. Noch heute kommt der Kanton noch nicht einmal auf 37.000 Einwohner. Es folgten Schwyz 1240 und Unterwalden 1309. Alle drei Täler liegen am wichtigen nördlichen Anstieg zum Gotthardpass (s. Grund 110).

Die Gegner der Habsburger erkannten die Selbstständigkeit der Kantone an, 1316 schließlich auch König Ludwig IV., nachdem die Schweizer in der Schlacht von Morgarten 1315 ein habsburgisches Heer besiegt hatten. Einen zweiten Sieg über die Österreicher errangen sie 1386 bei Sempach. Der Held dieser Schlacht hieß Arnold Winkelried, der sich für die Eidgenossen geopfert haben soll. Er hat mit Wilhelm Tell gemeinsam, dass auch er keine historisch nachweisbare Person ist. Aber darauf kommt es auch nicht an, die Hauptsache ist, dass er die Österreicher besiegt hat. Dafür feiert ihn in seinem angeblichen Geburtsort Stans (LU) ein marmornes Denkmal aus dem denkmalverrückten 19. Jahrhundert.

Das helvetische Bündnis erstarkte und weitete sich aus. Aber durch die Aufnahme von Städten verschob sich das innere Gleichgewicht der ursprünglich rein ländlich geprägten Gemeinschaft. Als erste Stadt trat 1332 Luzern dem Bund bei, es folgten Zürich 1351, Glarus und Zug 1352, Bern 1353. Schließlich Freiburg und Solothurn 1481, Basel und Schaffhausen 1501 und Appenzell 1513. Die Basler Rathausfassade, zugegeben von 1901, zeigt eine Frau mit Spinnrocken anstelle des alten Torwärters. So friedlich ging es eben zu in der Eidgenossenschaft. Meistens jedenfalls. Auch in der Schweiz gab es im 16. Jahrhundert Religionskriege, aber die Geschichte erzählt, dass dank des Verhandlungsgeschicks der neutralen Eidgenossen ein Bürgerkrieg verhindert werden konnte und man stattdessen gemeinsam die sogenannte »Milchsuppe von Kappel« auslöffelte.

Das *Corpus Helveticum* wurde bis in die heutige Zeit nicht wieder amputiert, sieht man vom Veltlin ab. Vielmehr wuchsen weitere Gliedmaßen hinzu bis zu heute 26 Kantonen. Durch die Eroberungen Napoleons wurde noch einmal einiges durcheinandergewirbelt, zwischen 1798 und 1803 bestand die »Helvetische Republik« oder »Helvetik«, die ein allgemeines schweizerisches Zusammengehörigkeitsgefühl förderte. Der Wiener Kongress erklärte 1815 den Schweizer Staat für dauerhaft und unabhängig, unverletzlich und neutral. 1848 gab sich die Schweiz die Bundesverfassung und wurde zum modernen Staat. Zum 700-jährigen Jubiläum der Schweiz entstand der Weg der Schweiz oberhalb des Vierwaldstättersees. Er widmet jedem Schweizer einen halben Zentimeter. Das sind derzeit also etwa 35 Kilometer. Das sollte in zwei Tagen zu schaffen sein.

68. Grund

Weil auch die Kelten Schweizer waren

Natürlich nicht nur. Schließlich waren die Kelten Europäer. Ich bitte alle Hallstätter in Österreich um Entschuldigung! Aber auch das Gebiet der heutigen Schweiz war keltisches Kernland. Und es ist eben nur eine wissenschaftliche Übereinkunft, von der Hallstattzeit zu sprechen (700–500 v. Chr.) und der darauf folgenden Latène-Zeit.

Womit wir bei Letzterer wieder in der Schweiz sind. Dass auch die Kelten ein Licht der Zivilisation entfacht haben, sieht man am schönsten im Látenium, dem Keltenmuseum am Neuenburger See (NE). Als ich das erste Mal 1986 nach La Tène kam, um die Stätte zu bewundern, die neben Hallstatt einer ganzen europäischen Kultur den Namen gab, war ich enttäuscht: Nur ein Campingplatz an einem platschenden See? Und das für eine Kultur, die zwischen 500 und 50 v. Chr. einen großen Teil Europas bestimmt hatte?

Aber es könnte auch heißen: Wer zu früh kommt, den bestraft das Leben. Denn damit habe ich den verdienten Neuanfang dieses keltischen Highlights direkt nebenan knapp verpasst: Im Oktober 1986 wurde ein internationaler Architektenwettbewerb ausgeschrieben, 47 Entwürfe wurden vorgelegt, den Zuschlag erhielt ein Genfer Architektenbüro mit fünf jungen Architekten. Und was haben sie Schönes draus gemacht! Das Museum wurde 2001 eröffnet. Und da wir hier in der französischsprachigen Schweiz sind, sag ich *Chapeau!*

Auf den ersten Blick ist es etwas gewöhnungsbedürftig, dass der Besuchergang über die Rampe durch die historischen Ebenen rückwärts nach oben steigt. Das heißt, die Besucher »beginnen« im Mittelalter und »enden« in der Steinzeit bzw. »zwischen Mittelmeer und Nordsee«, wie die Dauerausstellung heißt. Aber wenn man sich darauf einlässt, macht es Sinn. So kann man sich die Umwelt immer weiter in die immer unbekannteren Vorzeiten erschließen und sehen, wie alles mit allem zusammenhängt und schon immer zusammenhing.

»Das Laténium, das grösste Archäologiemuseum der Schweiz, erreicht es, allen Besuchern, Kinder sowie Erwachsenen, Laien sowie Urgeschichtsbegeisterten, Archäologie lebendig zu machen. Das Laténium wurde kürzlich mit dem Vermittlungspreis des Weltkongresses für Urgeschichte belohnt«, freut sich Professor Marc-Antoine Kaeser, der Direktor.

Womit wir schon wieder bei Schweiz, Natur und Umwelt wären. Muss die Schweiz so grundsätzlich sein? Anscheinend ja. Und muss sie immer so rekordverdächtig sein? Anscheinend ja. Selbst in der Geschichte kommt man nicht daran vorbei. So soll der erste nachweisbare Jagdunfall der Geschichte in der Bichon-Höhle vor etwa 14.000 Jahren passiert sein (Azilien, La-Chaux-de-Fonds/NE). Dort fand man die Überreste einer sechsjährigen Bärin. Sie war vor einem Jäger geflohen, der sie mit zwei Silexsplittern zu erlegen versucht hatte, die noch im Bärenkörper nachweisbar waren. Als sie sich verletzt in ihre Höhle geflüchtet hatte, versuchte der etwa 20 Jahre alte Mann, sie auszuräuchern. Keine gute Idee. Sie tötete ihn und starb selbst. Und der unglückliche Jäger avancierte zum vollständigsten Menschenfund aus der Cro-Magnon-Zeit in der Schweiz. Es gibt schon seltsame, bärenstarke Superlative.

Am Ende der Wanderung durch Jahrhunderte, Jahrtausende, trifft man auf eine Rekonstruktion der Höhle von Cotencher (NE) mit 70.000 Jahre alten Spuren der Neandertaler (s. Grund 43). Man tritt wieder ins Freie und kann durch den Park direkt am See entlang, einem großen Wasserbecken, das den früheren Wasserspiegel des Sees anzeigt, und rekonstruierten Hütten der Pfahlbauern (5500–800 v. Chr.) spazieren. Und auf der anderen Seite des Sees auf die alte Keltenstadt von Vully blicken.

69. Grund

Weil Divico ein alter Held ist

Auch mit ihrer Geschichte gehen die Schweizer etwas eigen um. Andere Länder haben im 19. Jahrhundert in ihrer Überlieferung gekramt und ihre keltischen oder germanischen Heldenfiguren gefunden. So erschufen die Deutschen ihren Arminius, die Belgier Ambiorix, die Franzosen Vercingetorix und die Schweizer eben Divico.

Divico war der Stammesfürst der Helvetier und leistete den Römern Widerstand, und das ziemlich erfolgreich. Womit er sich von den anderen berühmten Stammeshelden nicht wesentlich unterschied. Dennoch wurde nicht er der Schweizer Nationalheld, sondern ein gewisser Wilhelm Tell, der historisch ganz ungewiss ist im Gegensatz zu Divico. Wie konnte das passieren? Die antiken Autoren nennen den keltischen Hauptstamm *Helvetii* im Schweizer Mittelland und zum Beispiel den Unterstamm der Tiguriner. Unter dem jungen Divico besiegten sie sogar die Römer im Jahre 107 v. Chr. Als die nordgermanischen Teutonen und Kimbern nach Italien weitergezogen waren, blieben die Helvetier zunächst im Brennergebiet und zogen sich, nachdem die Römer die Kimbern und Teutonen in Italien besiegt hatten, weiter nach Norden zurück.

In der uns bekannten schriftlichen Überlieferung tauchen die Helvetier erst Jahrzehnte später wieder auf. Wohl wegen Überbevölkerung, aber sicherlich auch auf der Suche nach Beute, Ruhm und Ehre verließen sie unter der Leitung des alten Divico im Jahre 58 v. Chr. ihre Wohngebiete zwischen Bodensee und Genfersee und wollten ins gallische Südwestfrankreich an die Atlantikküste auswandern. Die Zahl der Auswanderer betrug nach Julius Caesar insgesamt 368.000 Menschen, was den alten Strategen Napoleon 1.800 Jahre später zur Berechnung des Auswandererzuges veranlasste: Nach ihm waren allein für den Transport der Verpflegung für drei Monate 6.000 Fahrzeuge und 24.000 Zugtiere erforderlich, hinzu kamen noch etwa 3.000 Transportwagen. Das hätte eine Wagenkolonne ergeben, die mindestens 32 Wegstunden für den ganzen Zug benötigt hätte. Sie hatten also einen beschwerlichen und langsamen Weg vor sich. Wer weiß, ob solche Zahlen überhaupt stimmen. Fast immer sind sie übertrieben. Denn die Devise lautet: Viel Feind, viel Ehr.

Caesar schrieb in seinem Rechenschaftsbericht *Über den Gallischen Krieg* ausführlich über die Helvetier und deren Anführer Divico. Direkt im ersten Kapitel des *De Bello Gallico* erzählt er von diesem renitenten Stamm und den Verhandlungen mit dessen nicht weniger renitenten Gesandten Divico, der zu diesem Zeitpunkt schon ein greiser Mann gewesen sein muss. Dessen ausgeprägtes Selbstbewusstsein und helvetischer Stolz wurden in der Antwort deutlich, die er Caesar gab, als dieser zwar einen Frieden anbot, aber nur unter der Bedingung, dass die Helvetier Geiseln zu stellen bereit wären: Die Helvetier seien seit alters her gewohnt, Geiseln in Empfang zu nehmen, nicht, sie zu stellen. Sprach's und ging.

Aber Caesar wäre nicht Caesar, wenn er sich das hätte gefallen lassen. Schließlich konnte er den Stamm besiegen und schickte die Helvetier in ihren alten Siedlungsraum zurück. Nach seinen eigenen Berechnungen waren das noch 110.000 Heimkehrer. Die mussten in dem mit den Römern geschlossenen Bündnis sicherstellen, dass die Germanen nicht »einwanderten« in das wegen der Güte des Ackerlandes verlockende Helvetierland (*propter bonitatem agrorum*).

Divico hatte also durchaus das Zeug zum Nationalhelden und stand, zumindest bei den Bildungsbürgern des 19. Jahrhunderts, die ihren Caesar gelesen hatten, höher im Kurs als Wilhelm Tell. Immerhin hatte der »Berge Sohn« und das »Alpenkind«, wie der Schweizer Conrad Ferdinand Meyer den adligen Divico im 1882 veröffentlichten Gedicht *Das Joch am Leman* glorifizierte, die Römer besiegt.

Aber sollte man sich auf Vorfahren berufen, die auswandern wollten, statt in der schönen Schweiz zu leben? Trotzdem besteht noch Hoffnung für Divico. Als Kelte allemal, stehen doch die Träger dieser Kultur in heutiger Zeit für eine eher natur- und umweltbezogene Kultur als die alten Römer mit ihrem technisch orientierten Pragmatismus. Ansonsten böte die Schweiz, zumindest Graubünden, auch noch andere Helden an: etwa Jürg Jenatsch oder Benedikt Fontana, der mit seinen 6.000 Leuten 1499 eine doppelt so große Anzahl Österreicher schlug.

Aber das ist eine andere Geschichte.

Weil man hier so schön die Zeit versäumen kann

Was uns heute die Autobahn, war unseren Vorfahren der Saumpfad. Er unterschied sich von den heutigen Verkehrswegen allerdings durch drei wesentliche Dinge: Erstens war er steil, zweitens war er eng, und drittens kam man nicht gerade schnell voran.

Dennoch gibt es auch Gemeinsamkeiten: Erstens gab es auch damals schon eine Art von Stau, wir denken an Goethes Lamento über seinen mühsamen Aufstieg auf seinen geliebten Gotthardpass in Konkurrenz mit den Maultieren, zweitens ließ man sich witterungsbedingt nicht gerne aufhalten, wir denken an Richard Wagners Érard-Flügel, der den Weg über den Gotthardpass trotz Eis und Schnee überstand, und drittens gibt es an solchen beschwerlichen Strecken natürlich auch Autobahnraststätten, die einfach Sust heißen, also dem italienischen *sosta* ähnlich. Hauptsache Rastplatz.

Also eigentlich hat sich seit den Zeiten der Säumer überhaupt nichts geändert, nur die Beschleunigung hat zugenommen. Weil man keine Zeit mehr, zu welchem Ziel auch immer, versäumen will. Das Ziel der Säumer war klar: Handelswaren über die Alpen zu bringen und damit Geld zu verdienen. Nicht so einfach war es, das Ziel zu erreichen. Natürlich zeugen zum Beispiel die massiven Steinbauten des Kaspar Jodok Stockalper aus dem 17. Jahrhundert für die Passage über den Simplonpass (VS) und die Kaufmannspaläste von Splügen für die Passage über den Splügenpass (GR) aus dem 18. Jahrhundert davon, dass der Passhandel für einige ein sehr einträgliches Geschäft war. Von der täglichen Mühsal des Transportes für die Säumer zeugt hingegen wenig. Da braucht es etwas Fantasie, einen Besuch des Heimatmuseums Rheinwald in Splügen etwa oder den Versuch, die alten Saumpfade nachzuwandern. Da kann man schon einmal ins Schwitzen geraten, denn, wie gesagt, sie sind steil!

Auch das Ruttnern brachte Mensch und Tier ins Schwitzen, und das im Winter. Denn diese jahrhundertelang angewandte Technik zur Trassierung eines Winterweges bedeutete, im Schnee eine begehbare »Piste zu walzen«, im Pulverschnee kein so großes Problem für die kräftigen Ruttnerpferde, die wegen Verletzungsgefahr meistens nicht mit Hufeisen beschlagen waren. Aber im gefrorenen oder im sulzigen Schnee in winterlicher Kälte war es ein extrem erschöpfendes Unterfangen. Heute begegnen einem Wanderer andere Wanderer, in den Zeiten der Säumerei waren es die Säumer und ihre Tiere, Maultiere oder Pferde, die die Lasten trugen, meistens in Fässern. Diese Last konnte schon mal 100 und mehr Kilogramm schwer sein. Bis zu einem Zentner Gewicht konnten die Säumer selbst auf dem sogenannten Räf transportieren, einem Holzgestell, das sie auf Schultern und Rücken trugen. Das kam vor allem dort zum Einsatz, wo sich das Gelände nur mittels Leitern und in den Fels geschlagenen Stufen überwinden ließ. Im 12. und 13. Jahrhundert führte die Ausbreitung der Rinderhaltung dazu, dass Viehtriebwege geschaffen wurden, auf denen Last- und Zugtiere die Distanzen besser überwinden konnten. Transportschlitten konnten sechsmal mehr Gewicht tragen als ein Lasttier.

Für den reibungslosen Ablauf des einträglichen Handels brauchte man unterwegs eine Sust, wo man bei der Direktfuhr die Waren umlud oder die Teilfuhr neu geregelt wurde. Der sogenannte Teiler verteilte die Waren an die Säumer, Sustmeister oder Ballenleiter verhandelten den Transportlohn bis zur nächsten Sust. Saumselig sollte man jedenfalls nicht werden und keine Zeit vertubeln. Aber die Transporttiere konnten ausruhen. Besonders glücklich konnten die Säumer sein, wenn sie ein behütendes Hospiz erreichten. Vor allem bei schlechtem Wetter, mit dem immer zu rechnen war. Ansonsten galt es natürlich auch, Wege- und Brückenzoll zu zahlen, die sogenannte Fürleite.

Was wurde überhaupt transportiert über die Nord-Süd-Achse über die Alpen, was so viel Aufwand lohnte? Man verhandelte Weinfässer, Getreidesäcke, Erze, Holz, Heu, teure Gewürze, kostbare Seide,

Wild, also eigentlich fast alles. Und Greyerzer Käselaibe über den Col de Jaman (VD/FR) und Sbrinz über die Grimsel (BE/VS) natürlich auch. Schließlich war und ist Schweizer Käse ein Exportschlager.

71. Grund

Weil man einen Aufstand machen kann

Dass die Walliser schon immer etwas eigen waren, zeigt sich zum Beispiel an ihrer im 15. und 16. Jahrhundert angewandten Methode, einen Aufstand vom Zaun zu brechen. Beziehungsweise nicht vom Zaun, sondern von der Mazze. Die war ursprünglich eine hölzerne Keule (von italienisch *mazza*, Keule), dann eine geschnitzte Holzfratze. Heute sieht man sie noch hin und wieder als Dekoration an der Wand eines alten Hauses oder als Name einer Gaststätte oder eines Hotels.

Dabei war das damals eine sehr ernste Sache: Der Anlass war, einen Despoten loswerden zu wollen. Da der natürlich keine Lust hatte, vor einem Volksgericht zu erscheinen, oder vielleicht vom Volkszorn noch gar nichts ahnte, nahm man die hölzerne Maske als seinen Stellvertreter. Die wurde nun vom Mazzenmeister angegriffen, verbal versteht sich. Immerhin war man so freundlich, der Maske einen Anwalt zu geben, denn so ein stummes Holz hatte natürlich schlechte Karten im Rededuell. Und damit auch der Tyrann. War die Stimmung aufgereizt genug, beschloss man, sich für eine Revolte oder dagegen zu entscheiden. Wer für einen Aufstand war, schlug einen Nagel in die Mazze. Und es konnte losgehen.

Da das Ganze auch in Gewalttätigkeit und Plünderung umschlagen konnte, verbot die Obrigkeit 1560 die Mazze. Als Zeichen einer Protestbewegung lebte sie im 20. Jahrhundert wieder auf, zum Beispiel 1986 im Wallis gegen die Luftverschmutzung. Überliefert ist die Geschichte, dass 1496 der Sittener Bischof Jost von Silenen verjagt wurde und 1517 der Bischof Matthäus Schiner. Was war da passiert? Zu den Zeiten, als das untere Rhonetal sich an Frankreich orientierte und das obere Rhonetal den Deutschschweizern zuneigte, kam es zu etlichen politischen Verwerfungen. Was in der Renaissance gleichzeitig religiöse Auseinandersetzungen bedeutete. Vor allem, wenn gleich mehrere Machtmenschen auf der Bühne erschienen. Und in diesem Spiel waren es drei:

Jost von Silenen (1435/1445–1498) war der vom französischen König Ludwig XI. 1482 eingesetzte und unterstützte Bischof von Sitten. Er gründete zum Beispiel die Pfarrkirche von Leukerbad. Seine französenfreundliche Politik trieb ihn zu Feldzügen ins Val d'Ossola und 1487 in die Niederlage bei Masera und Crevola. Daraufhin verlor er im Wallis sein Ansehen und schließlich seine Macht im Kampf gegen Georg Supersaxo, der für eine Mazze gegen ihn sorgte und ihn vertrieb. 1496 floh der Bischof nach Lyon.

Sein Gegner Georg Supersaxo (um 1450–1529) hieß eigentlich Jörg uff der Flüe, also »auf dem Fels«, aber in der Renaissance waren latinisierte Namen überaus modern, ja fast zwingend. Sein Vater war der Bischof Walter Supersaxo. Zunächst stürzte Supersaxo gemeinsam mit Matthäus Schiner den Bischof Jost von Silenen und machte Schiner 1499 zum neuen Bischof in Sitten. Dessen Neffen gab er eine Tochter aus seiner 23-köpfigen Kinderschar zur Frau.

Zwei Alphatiere? Das konnte auf die Dauer nicht gut gehen. Etliche Ränkespiele und Schachereien um Walliser Söldner entzweiten Supersaxo und Schiner, und die Freundschaft zerbrach. Während sich Supersaxo Frankreich zuwandte, blieb Schiner Mailand und den Habsburgern treu. Schließlich erhob Supersaxo gegen seine Gegner 1510 die Mazze, wurde aber des Hochverrates schuldig gesprochen und inhaftiert. Seine Frau und seine Tochter Christine beschafften sich einen Wachsabdruck des Kerkerschlüssels und befreiten ihn 1511 aus dem Gefängnis. Supersaxo trat in französische Dienste.

Erst Freund, dann Feind, machte Matthäus Schiner (um 1465–1522) Karriere als Berater des Habsburger Kaisers Karl V., sicherte

1503 im Frieden von Arona Teile des Tessin für die Schweiz und wurde 1511 Kardinal. Daran, dass die päpstliche Garde eine Schweizergarde ist, ist er nicht unschuldig. 1517 versuchte er, in sein Bistum Sitten zurückzukehren, aber Supersaxo organisierte eine Mazze und trieb ihn in die Flucht. Beinahe wäre Schiner 1522 sogar Papst geworden, aber die Stimmen der frankreichtreuen Kardinäle überwogen, und statt seiner wurde ein Niederländer Papst: Hadrian VI.

Im selben Jahr starb Schiner in Rom an der Pest. In seinem Walliser Geburtsort Mühlebach wird sein Andenken gepflegt. Auf dem Marktplatz des benachbarten Ernen steht Schiner in seinem Kardinalsoutfit als Denkmal, das der eine oder andere schon einmal entfernen möchte. Aber da ist er eisern. Und er ziert noch immer das Titelblatt des Walliser Jahrbuches.

72. Grund

Weil das Kreuz hilft

24. Juni 1859: Jean-Henri Dunant, ein Schweizer Geschäftsmann und eingebürgerter Franzose, wird in Solferino, einem Dorf in der Nähe von Mantua in der Lombardei, Zeuge einer blutigen Schlacht zwischen der französisch-sardischen Armee von Napoleon III. und der österreichischen Armee von Kaiser Franz Josef I. Es gibt fast 40.000 Tote und unzählige Verletzte, die tagelang leiden, ohne versorgt zu werden. Der 31-jährige Dunant ist zutiefst schockiert. Zurück in seiner Geburtsstadt Genf, schrieb er seine Erinnerungen 1862 im *Un souvenir de Solférino* nieder. 1863 erschien das Buch in Bern auf Deutsch. Übersetzungen in 21 Sprachen folgten.

1863 gründete Dunant das Genfer Rote Kreuz. 1864 fand in Genf eine internationale Konferenz statt, die die Genfer Konvention verabschiedete. Mit ihr wurden zwar nicht die kriegerischen Auseinandersetzungen in der Welt abgeschafft, aber die humanitäre

174

Hilfe ein gutes Stück vorangebracht. Dunant erhielt 1901 den ersten Friedensnobelpreis, zusammen mit dem Franzosen Frédéric Passy (1822–1912), der vergeblich versucht hatte, den französisch-preußischen Krieg von 1870 zu verhindern.

Dunant gelang eine neue Wertung dessen, was Neutralität und Humanität bedeuten können: Helfer sollten Verwundete und Verletzte, ungeachtet der nationalen Zugehörigkeit, versorgen dürfen. Die Verursacher des Leidens der eigenen Leute und der Gegner verpflichteten sich zum Schutz der Unverletzlichkeit der helfenden Menschen. Das war ein enormer Fortschritt.

Als für alle leicht erkennbares Zeichen drehte er die Farben der Schweizer Fahne um und machte das rote Kreuz auf weißem Grund zum Emblem der Hilfsorganisation. So wurde das Kreuz ein Symbol für Menschlichkeit: Inzwischen gibt es auch das von Michail Gorbatschow 1993 gegründete Grüne Kreuz als Umweltorganisation, das Blaue Kreuz vor allem gegen Süchte und das Weiße Kreuz, das sich zum Beispiel Eheproblemen widmet. Und einen roten Halbmond auf weißem Grund gibt es natürlich auch.

Was hat es denn aber nun mit diesem (griechischen) Schweizer Kreuz auf sich? Nur die Schweizer Fahne und die vom Vatikanstaat sind quadratisch. 1889 legte die Bundesversammlung fest, dass die Arme des Kreuzes ein Sechstel länger sein sollten als breit. Es heißt übrigens immer Fahne, nicht Flagge. Seit dem 1. Januar 2017, im Rückgriff auf 1889, gilt das neue Wappenschutzgesetz, das in Artikel 3 die Quadratform zwingend vorschreibt. Nur auf Hochsee- und Binnenschiffen schweizerischer Reedereien weht eine rechteckige Fahne im Verhältnis 2:3. Und dann prangt es noch auf jedem Fünffrankenstück.

Als die Eidgenossenschaft immer größer wurde, musste man sich etwas ausdenken, um die eidgenössischen Soldaten kenntlich zu machen, damit sie sich nicht gegenseitig über den Haufen schossen. In Berichten über die Schlacht von Laupen (BE) im Jahr 1339 ist das erste Mal von weißen Stoffstreifen die Rede.

Mit dem weißen Kreuz vereinte man die eidgenössischen Soldaten unter einem relativ neutralen Symbol, denn ansonsten galt nach wie vor: *My Kanton is my castle.* Aber mit einer Reminiszenz an die berühmte Geschichte von Konstantin dem Großen vor der Schlacht an der Milvischen Brücke bei Rom im Jahre 312 konnten sie sich sicherlich anfreunden. Dort hatte der römische Kaiser der Legende nach den Sieg davongetragen, als ihm das Kreuz erschienen war: *In hoc signo vinces,* in diesem Zeichen wirst du siegen.

Wer will das nicht? Schön, dass Henri Dunant mit dem Roten Kreuz einen humanen Sieg davongetragen hat.

Ansonsten prangt das Schweizer weiße Kreuz auf rotem Grund sowieso überall. Auf etlichen Souvenirs, auf den Offiziersmessern von Wenger oder Victorinox, auf etlichen urschweizerischen Produkten, auf Kleidungsstücken wie Filzpantoffeln und auf Schokolade sowieso, überall eben. Mein Lieblingssouvenir ist eine Spardose in Form einer Kuh in den Schweizer Nationalfarben. Leider lässt sie sich kaum mästen.

73. Grund

Weil die Schweizer den Papst beschützen

Während rostige Rüstungen aus der Mode gekommen sind und die Darsteller in Verfilmungen der *Drei Musketiere* ihre schmucken Gewänder aus der Requisite holen müssen, dürfen bestimmte Männer sich noch immer in beeindruckende bunte Renaissancegewänder hüllen: Die Mitglieder der »ältesten Armee der Welt« kleiden sich noch immer so, wie es angeblich der große Michelangelo im 16. Jahrhundert für sie entworfen hat. Blau, rot und gelb. Conrad Ferdinand Meyer nennt sie in seinem Gedicht *Alte Schwizer* eine »puffige alte geschichtliche Tracht«. Dabei war sie einfach nur ein Versuch, im 19. Jahrhundert die Farbenpracht der Renaissance nachzuempfinden.

Die Schweizer Söldner waren für rund 50 Jahre eine Klasse für sich. Im späten Mittelalter war es zwar üblich, dass die Fürsten ihre Schlachten mit angeworbenen Söldnern schlugen, aber meistens hingen sie noch an der Vorstellung der feudalen Ritterheere. Das sollte sich ändern, als die Schweizer als gut bewaffnetes Fußvolk in Formation in die Schlachten zog. Ihre bevorzugte Waffe war dabei ein drei Meter langer Spieß. Als das 15. Jahrhundert zu Ende ging, waren sie der Renner bei der Anwerbung berufsmäßiger Krieger. Sozusagen der Exportschlager der Eidgenossenschaft.

Auch Papst Julius II. (1505–1513) hatte am 22. Januar 1506 seine eigene Armee aufgestellt, um seine Person und den Vatikan zu schützen. Zu jener Zeit galten die Schweizer Söldner als besonders kampfstark, und so wandte er sich um Rekrutierung an die Schweizer Kantone Zürich und Luzern. Aus dieser Tradition heraus ergab es sich, dass die Luzerner die meisten Kommandanten stellten. Auch der französische König nahm gerne Schweizer Söldner in Anspruch, das Löwendenkmal in Luzern erinnert an das Jahr 1792, als die Schweizergarde den König gegen die anbrandenden Pariser Revolutionäre verteidigte und dabei ums Leben kam.

Viele Männer wurden auch aus dem Wallis rekrutiert, deshalb verwundert es nicht, dass im Jahre 2006 zum 500. Jubiläum gerade in diesem Kanton in der nicht mehr benötigten Festung von Naters ein Schweizergarde-Museum eingerichtet wurde. Und wo schieben sie Wache im Vatikan? Rundum bewachen sie die Zugänge zum Vatikanstaat, so auch den Zugang zum *Campo Santo Teutonico*. Der ist exterritorial, in dem Falle eben deutsch. Und so kann jede/r Deutsche an den Schweizergardisten herantreten und auf Deutsch Einlass begehren – und geantwortet wird auf Schweizerdeutsch. Das ist schon ein eigenes Erlebnis.

Wir sprechen hier von einer über 500 Jahre währenden Tradition. Aber auch die längste Tradition darf einmal frische Luft atmen. Seit 2019 kommt der Helm, Morion genannt, nicht mehr aus Blech daher, sondern aus Kunststoff aus dem 3-D-Drucker. Das freut die Gardisten, denn der Kunststoff heizt sich in der Sonne nicht mehr so stark auf wie die alten Modelle aus Eisenblech. So können die Gardisten einen kühlen Kopf bewahren und schaffen es leichter, acht Stunden auf Wasser zu verzichten. Am Modell hat sich sonst nichts geändert, die Form ist Tradition – und natürlich auch das Wappen, sozusagen das Logo, des Papstes Julius II., prangt nach wie vor auf dem *Morion*. Ebenso wie der schicke Helmbusch.

Eine interessante Reaktion auf den Klimawandel.

Mitglied der Garde können nur katholische Männer werden, die in ihrer Schweizer Heimat Militärdienst geleistet haben und einen untadeligen Ruf besitzen. Wer Hellebardier wird, sollte mindestens 1,74 Meter groß sein, muss zwischen 19 und 30 Jahre alt sein und unverheiratet. Seine Dienstzeit beträgt zwei Jahre. Offiziere und länger gediente Gardisten dürfen heiraten. Dass eine eigene Schutztruppe für den Papst eine vorausschauende Maßnahme war, musste ein Nachfolger von Julius II., Papst Clemens VII., erfahren. Beim sogenannten Sacco di Roma, als ein deutsches Söldnerheer am 6. Mai 1527 Rom plünderte, verteidigten die Gardisten den Papst, der in die Engelsburg flüchtete. 147 von 189 Gardisten sollen dabei ihr Leben gelassen haben. Ein guter Grund, ein zweites Mal Geburtstag zu feiern. Und so feiert die Garde jeweils am 22. Januar und am 6. Mai im *Cortile di San Damaso* (Damasushof).

Bei der Inthronisierung Leos XIII. 1878 brach im Vatikan eine kleine Palastrevolte aus. Der sparsame Papst wollte seinen Gardisten nicht die übliche Zuwendung zahlen. »Potz Donner und Hagel und höllischer Pfuhl! Wir versteigern dir den apostolischen Stuhl«, heißt es dazu im genannten Gedicht von Conrad Ferdinand Meyer. Und plötzlich ging es doch.

Und was hat das jetzt alles mit Michelangelo zu tun? Eigentlich nichts, abgesehen davon, dass er ein großer Baumeister, Maler und Dichter war. Er führte zwar auch Aufträge von Papst Julius II. aus, da ging es aber um dessen Grabmal (1505 und nach 1512). Denn er war vor allem ein Bildhauer, der mit Marmor arbeitete. Als Modeschöpfer ist er eher nicht in Erscheinung getreten. Auch wenn die Selbstinszenierung schon in den Zeiten der Renaissance sehr beliebt war. Und so könnte man sich vorstellen, dass der Papst dem Künstler beim Ausmalen der Sixtinischen Kapelle (1508–1512) zusah und ihn fragte: »Sag mal, Michelangelo: Wie farbig sei der Paletot?«

Wer weiß das schon?

74. Grund

Weil man eine gute Aussicht auf den Genfersee hat

Die aber seltsamerweise nicht von jedem geschätzt wurde. Ganz sicherlich nicht von den armen Gefangenen, die im Kerker des Château Chillon (VD) schmachteten. Die steinernen Gewölbe liegen direkt über der Wasseroberfläche des Genfersees, von dem es sicherlich kalt hereinzog.

Einer der berühmtesten Gefangenen war wohl François Bonivard (1493–1570). Er hatte in Genf, das damals noch zu Savoyen gehörte, die Reformation einführen wollen, was ihm gründlich misslang. Vier Jahre lang war er an eine der Säulen gekettet, bis ihn die Berner 1536 befreien konnten, als sie das Schloss eroberten. Für Besucher sei angemerkt: Es ist die fünfte Säule vom Eingang aus gesehen. Nicht die dritte, an der sich Lord Byron mit seinem Namen verewigte. Der romantische Dichter ließ sich von der Atmosphäre des Ortes so gefangen nehmen, dass er dem armen Bonivard 1816 mit dem Gedicht *The Prisoner of Chillon* ein wortreiches Denkmal setzte.

Und weil das englische Original viel romantischer klingt als eine deutsche Übersetzung, sei die Stelle zitiert, als Bonivard hinaus auf den See blickt und mit Byrons Worten spricht:

… And then there was a little isle,
Which in my very face did smile,
The only one in view;

A small green isle, it seem'd no more,
Scarce broader than my dungeon floor,
But in it there were three tall trees,
And o'er it blew the mountain breeze,
And by it there were waters flowing,
And on it there were young flowers growing ...

Die hier genannte Île de Peilz (VD), einige Hundert Meter vom Schloss entfernt, die Byron hier von Bonivard besingen lässt, war früher nur ein einfacher Fels, der aus dem Wasser ragte. Heute macht eine 1851 gepflanzte Platane daraus ein grünes Naturdenkmal.

Ein anderer politischer Gefangener war der Baschi, ein Hüne von Mann und bärenstark, der sich trotzdem nicht selbst befreien konnte. Zahlreiche Sagen ranken sich um ihn, das historische Vorbild war wohl Sebastian Weger aus Geschinen (VS). Er lebte von 1759 bis 1832 und führte 1798 einen Aufstand der Oberwalliser gegen die Franzosen an. Das brachte ihn in die Verliese von Chillon. Vor seinem Wohnhaus in Geschinen erinnert ein Denkmal an ihn, wie er ein Maultier auf seinen Schultern trägt. Denn von Beruf war er Säumer und nur nebenbei Rebell.

Heute ist das Château Chillon vor allem bei Touristen berühmt und beliebt. Es thront aber auch wirklich beeindruckend auf seiner Felsnase am Ostufer des Sees. Es ist so gut besucht, dass man am Eingang nicht nach seiner Postleitzahl gefragt wird, sondern nach dem Land, aus dem man kommt.

Das monumentale Schloss entwickelte sich im 12. Jahrhundert zum beliebtesten Aufenthaltsort der Grafen von Savoyen, was ich gut verstehen kann. Außerdem bot das Schloss den Grafen die sehr lukrative Möglichkeit, an dieser Engstelle eine der wichtigsten Verkehrsachsen von Norden über den Großen Sankt Bernhard nach Süden, den Handel und Heere zu kontrollieren.

Sie konnten sich deshalb auch bereits für ihre Zeit einen erstaunlichen Luxus leisten. So gab es bereits im 13. Jahrhundert in jedem Stockwerk des Wohntraktes ein sogenanntes Latrinenhaus.

Die Grafen verhinderten auch das Ausgreifen der Zähringer Herzöge, die ebenfalls gerne den Genfersee ihr Eigen genannt hätten. Und so spricht bis heute das Waadtland französisch.

75. Grund

Weil sie den Volksentscheid lieben

Oder auch nicht. Es kann auch etwas viel werden. »Der Vorteil ist, dass wir mitreden dürfen«, sagen die Schweizer gerne. Mit dem Ausgang der Entscheide haben sich dann die Bundesleute zu befassen und, je nachdem, die Schwierigkeit, den Entscheid umzusetzen. Der Nachteil ist, dass es vor allem in letzter Zeit zu viele Abstimmungen gibt und dann diese noch in einem Paket zusammengefasst werden, was dann den Entscheid unverständlich oder schwierig macht.

Wenn die Entscheidungskompetenz für alle wichtigen und unwichtigen Aspekte der Gesetzgebung direkt bei den betroffenen Bürgern liegen, ist das eine schöne Sache und nennt sich direkte Demokratie. Nun sind allerdings die Zeiten vorbei, als sich die alten Griechen auf ihrer Agora versammelten und abstimmten. Erstens müssten da heutzutage auch die Frauen stehen, zweitens wären das so oder so zu viele Menschen, deren erhobene Hände für eine »einfache« Mehrheitsentscheidung zu zählen wären, und drittens und vor allen Dingen ist unsere Gesellschaft heute viel zu vielschichtig und komplex geworden. Ganz abgesehen davon, dass nicht alles immer nur schwarz oder weiß sein kann, obwohl gerade das die nach wie vor existierenden Demagogen gerne hätten und sich immer wieder auf die (rechts)populistischen Fahnen schreiben.

Meistens üben die Schweizer ihr Abstimmungsrecht ganz pragmatisch aus. Immer wieder werden auf kantonaler Ebene Steuersenkungen abgelehnt, ebenso die Senkung von Managergehältern oder Arzneimittelpreisen oder sechs Wochen bezahlter Urlaub für alle.

Aber zuweilen stöhnen einige, dass ihnen die allfälligen Volksentscheide zu viel würden. Trotzdem: Es gehört einfach zum Selbstverständnis der Schweiz hinzu, mitzuentscheiden. Und dabei soll es bleiben. In der Appenzeller Landsgemeinde zum Beispiel stimmen 500 bis 600 Souveräne ab, etwa. über das Gesamtbudget, keine Details, entweder ja oder nein. Bei 7000 Einwohnern kommen vielleicht 100 zur Wahl. Aber hinterher gibt's einen Apero, und man kann mit den Politikern reden.

»Die direkte Demokratie ist ohne jeden Zweifel etwas vom Besten, was einem Land passieren kann. Auf kommunaler, kantonaler und eidgenössischer Ebene entscheiden Stimmbürgerinnen und Stimmbürger nicht nur über Nebensächliches, sondern über ganz zentrale Fragen. Auch wenn man sich im Moment über einen Entscheid aufregen mag oder eine selbst ernannte ›Elite‹ die Entscheidungen für falsch hält: Über die Zeit zeigt sich, dass das Volk meist richtig liegt. Schade nur, haben die Schweizerinnen und Schweizer anscheinend vergessen, welchen Schatz sie da in den Händen halten: Die Stimmbeteiligung lag am gestrigen Abstimmungssonntag bei nur rund 37 Prozent«, schrieb Michael Schoenenberger, Leiter des Inlandressorts der *NZZ*, am 11. Februar 2019 nach einem Abstimmungsmarathon in der *Neuen Zürcher Zeitung*.

Darin erteilten die Schweizer der Zersiedelungsinitiative eine deutliche Abfuhr. Demnach haben 63,7 Prozent der Stimmberechtigten die Vorlage der Jungen Grünen abgelehnt. In keinem einzigen Kanton erreichte das Moratorium für einen Baulandstopp eine Mehrheit. Ihre Überlegungen passten dann wohl doch nicht ins allgemeinsame Bewusstsein zur Rettung des knapper werdenden Kulturlandes. Außerdem gibt es bereits seit 2013 ein Raumplanungsgesetz, dass eine zunehmende Zersiedlung verhindern soll.

Einfach hat der Souverän es trotzdem nicht. Er/sie muss noch seine/ihre Meinung zu anderen Fragen kundtun, und sei es auch nur regional auf den eigenen Kanton bezogen: In Genf ist man weiterhin der Meinung, dass bei Staatsbediensteten religiöse Attribute in der

Arbeitszeit nichts verloren haben, in Zürich ist man weiterhin der Meinung, dass Hundehalter ausgebildet werden sollen, in Solothurn sieht man nicht ein, warum man die Gemeindeorganisation ändern sollte, und in Bern sieht man nicht ein, warum man die Energievorgaben für Gebäude verschärfen sollte. Dafür ist man in Uri der Meinung, dass es dem Wolf an den Kragen gehen soll. Das war aber nur ein Test. So was gibt es nämlich auch.

Alles in allem also das reinste Potpourri, zu dem das Stimmvolk im Februar aufgerufen war. Wenigstens spielte das Wetter mit: Es war mies. Aber es geht auch um wichtige Fragen, wenn auch die EU vor lauter Brexit keine Zeit findet, sich um die Schweiz zu kümmern. Und wenn es um internationale Angelegenheiten geht oder die Frage, ob die Schweiz nun doch der EU beitreten sollte (1992 und 1997), sind die Tessiner auf jeden Fall dagegen. Es reicht ja auch, wenn alle zu ihnen kommen.

76. Grund

Weil sogar Frauen wählen dürfen

Die Mädchen, die sind von besonderem Reiz / In der Schweiz, in der Schweiz, in der Schweiz, sang Vico Torriani 1974. Heute politisch nicht mehr ganz korrekt, aber doch ein nettes Kompliment.

Weniger nett fanden es etliche Schweizer Männer, die Frau wählen zu lassen. In einigen Kantonen dauerten die entsprechenden Zugeständnisse bis zum Ende des 20. Jahrhunderts. Nicht ganz freiwillig mussten schließlich 1990 auch die Männer des Kantons Appenzell Innerrhoden das Frauenstimmrecht akzeptieren. Sie hatten noch am 29. April des Jahres mehrheitlich gegen ein Frauenwahlrecht gestimmt und mussten schließlich durch einen Beschluss des Bundesgerichtes am 27. November dazu gezwungen werden. Und so konnten am 28. April 1991 zum ersten Mal auch die Frauen der Landsgemeinde abstimmen. Diesen Erfolg erlebte Iris von Roten (1917–1990) nicht mehr, sie war am 11. September verstorben. Die Basler Juristin hatte sich jahrzehntelang für das allgemeine Frauenwahlrecht eingesetzt. Mit ihrem von Simone de Beauvoirs *Das andere Geschlecht* inspirierten Buch *Frauen im Laufgitter* hatte sie 1958 für einen Skandal gesorgt. Selbst Frauen warfen ihr vor, mit ihrer Veröffentlichung maßgeblich dazu beigetragen zu haben, dass die erste Abstimmung über das Frauenstimmrecht in der Schweiz 1959 abgelehnt wurde. Ihre Forderungen nach völliger Gleichberechtigung der Frau in allen gesellschaftlichen Bereichen waren vielen noch zu radikal.

Dabei hatte ihr Mann, Peter von Roten aus Raron (VS), bereits 1945, als er Präfekt und Großrat war, beim Walliser Grossen Rat einen Vorstoß gemacht, dem weiblichen Geschlecht zur politischen Gleichberechtigung zu verhelfen. Ausgerechnet im Walliser Ort Unterbäch, der als älteste Republik im Rhonetal gilt, beschlossen von Roten und seine Ratskollegen 1957, Frauen das Stimmrecht zu geben. Damit setzten sie sich über ausdrückliche Verbote des Kantons und des Bundes hinweg. Und so ging unter anderem Katharina Zenhäusern, die Frau des Gemeindepräsidenten, als eine der ersten Frauen zur Wahl. Abgesehen von diesem Gang an die Wahlurne, der Unterbäch den Titel des »Rütlis der Schweizer Frau« einbrachte, durften alle anderen Walliserinnen erst 1970 legal an die Wahlurne treten. Die erste Bundesrätin der Schweiz (1984–1989), Elisabeth Kopp, wurde deshalb auch zur Ehrenbürgerin von Unterbäch ernannt.

Der allgemeine Ruf nach Unabhängigkeit der Frau war im Laufe der Zeit immer lauter geworden und hatte schließlich 1971 auch in der Schweiz zur Abstimmung für ein Stimm- und Wahlrecht der Frauen geführt, wie es bereits in vielen Ländern vorhanden war. Allerdings zunächst nur auf Bundesebene, kantonale Belange konnte jeder Kanton zunächst für sich entscheiden. 1989 stellte Theresia Rohner den offiziellen Antrag, auch in Appenzell Innerrhoden an Abstimmungen der Landsgemeinde teilnehmen zu können. Der Antrag wurde abgelehnt, sodass sie sich gezwungen sah, eine Beschwerde beim Bundesgericht in Lausanne einzureichen. Dessen Beschluss war einstimmig: Wer den Frauen das Wahlrecht verweigert, verstößt gegen die Verfassung.

Die späte Anerkennung der Stimmbürgerinnen überall in der Schweiz ist umso bemerkenswerter, wenn man bedenkt, dass die Schweiz eines der ersten Länder in Europa war, in denen Frauen studieren durften (s. Grund 44).

77. Grund

Weil die Schweiz so schöne alte Häuser gebaut hat

Freilichtmuseen mit alten Haustypen gibt es viele, und alle sind einen Besuch wert, auch deshalb, weil sie auf kleinem Raum all die Gebäudetypen versammeln, die unsere Vorfahren »erfunden« haben, um Wind und Wetter zu trotzen und sich ein behagliches Zuhause zu schaffen. In der Schweiz kann man dafür Ballenberg besuchen, das große Schweizer Freilichtmuseum in lauschiger Landschaft im Berner Oberland. Es konnte 2018 seit 50-jähriges Bestehen feiern und präsentiert über 100 Schweizer Häuser.

Aber die Schweiz wäre kein kleines (sic!), vielfältiges (sic!) Land, wenn es nicht besonderen Spaß machen würde, sich auch die Häuser anzusehen, die noch in der Landschaft stehen, in der und für die sie die Menschen errichteten. Und in denen sie noch immer wohnen, mag es auch knarzen, und mögen die Holzschindeln im Sturm wackeln. Nun, das Plumpsklo neben dem Schweinestall ist vielleicht abgeschafft, und man braucht keine Maschine mehr, um die Astbündel, die Börderli, fürs Heizen zu bündeln, aber ein großer Herd, an dem neben den Heizpfannen ein herausnehmbares Wasserbad, das Schiff, eingelassen ist, ist schon praktisch.

Im Gegensatz zum Beispiel zum nördlichen Nachbarland ist in der Schweiz viel Bausubstanz erhalten geblieben aus den letzten

200 und mehr Jahren, nicht zerbombt und wieder aufgebaut, sondern authentisch alt. Also kein Wunder, dass die Schweizer auf ihre Traditionen stolz sind. Sie leben in und mit ihnen. Und wissen zu schätzen, welche jahrhundertelange Erfahrungen die Bewohner vor ihnen im Umgang mit den klimatischen Bedingungen in ihrer oft rauen Umwelt gewonnen und umgesetzt haben. Und Kirschkerne in ein Kissen zu füllen und im Ofen zu wärmen ist ja sogar wieder in Mode gekommen.

Grob gesagt könnte man meinen: Je größer und überkragender ein Dach ist, desto nördlicher liegt der Ursprung des Haustyps. Das gilt natürlich auch für die Gotteshäuser mit ihren Vorbauten. Und je rauer das Klima, desto wichtiger ist es, sein Gut zusammenzuhalten und zu schützen. So wohnen zum Beispiel im Berner Oberland und im Aargau die Menschen mit dem wichtigen Vieh unter einem Dach. Wobei man vor allem in Aarau noch Zeit für die sogenannten schönen Giebel mit farbenprächtigen Ornamenten hatte.

In der Luzerner Region zogen die Bewohner kleine Dächer über jedes Fenster, um es vor Regen zu schützen. Oder man baute Lauben unter einem schirmenden Vordach wie im Simmental oder im Emmental. Aber Vorsicht, Kinder: bitte nicht drauf herumkrabbeln! Ja, die Kinder. Derer gab es früher viele in den Familien, man brauchte also Platz. Und die alten Eltern? Die fanden ihren Ruhesitz im Stöckli, einem eigenen kleinen Nebenhaus.

Kommt man weiter gen Süden, wird es wärmer, und man bekommt damit andere Probleme. Denn Tiere mögen die Wärme auch, und schon muss man sein kostbares Gut wieder zusammenhalten. Das hieß zum Beispiel das Getreide, mit dem man über den Winter kommen musste. Und so bauten die Walliser ihre Spycher aus Lärchenholz meist auf vier bzw. sechs starken Stützen und legten radgroße kreisrunde Gneisplatten dazwischen. Da hatten die Mäuse halt Pech. Die Wohnhäuser der Walliser und der Walser, zum Beispiel in Graubünden, erkennt man daran, dass der Sockel und die Küchenecke gemauert sind, ansonsten sind sie aus Holz »gestrickt«.

Sie zeichnen sich durch ein steinernes Erdgeschoss aus und recht kleine Fenster. Darüber stehen in Blockbauweise roh bearbeitete Kanthölzer. Noch weiter in wärmere Gefilde baute man mehr und mehr mit Stein. Typisch für Engadiner Häuser sind die tief in die Mauern eingelassenen Fenster, oft mit Sgraffiti oder Malereien verziert. Die Engadiner haben eine besonders enge Beziehung zum Wasser, sodass es von Nixen und anderen Fabelwesen nur so wimmelt. Und was draußen in der Gasse so wimmelt, will man natürlich auch sehen: Deshalb haben die Erker oft drei Fenster.

Seit dem Barock präsentiert Sent (GR) einen besonderen Giebel in geschweifter Form, den österreichische Handwerker am Ende des 18. Jahrhunderts ins Engadin brachten. Zwar gibt es diese Form des Dachgiebels auch in Appenzell und in St. Gallen, da es aber in Sent die meisten Exemplare dieses Dachgiebels gibt, heißt er eben *Senter Giebel*. Im Misox (GR) erinnert der Baustil der Häuser schon stark an das nahe Tessin mit seinen *Torbe* (Speicher) und *Rustici* (Ställe).

Vornehm französisch heißen sie auch in Deutschland manchmal *Brocante*, die Gebrauchtwarenläden oder Secondhandshops. In der Schweiz heißt diese Einrichtung Brockenhaus bzw. Brocki. Da kann man genüsslich nach alten Dingen stöbern. Denn ich kann schlecht ganze Balken aus dem Haus reißen. Wenn ich so in meiner Ferienwohnung im Bett liege und an die Decke gucke, lese ich im Holzbalken: *Lieb Got zv aller Zeit so wirst erlangen die Seligkeit 1752.*

Selig in der Schweiz eben.

78. Grund

Weil die Schweizer so schöne neue Häuser bauen

Und die stehen in der Tradition. Das, was seit Generationen dem Wetter trotzt, kann nicht wirklich schlecht sein. Das dachte sich wohl auch der berühmte Charles-Édouard Jeanneret (1887–1965), besser bekannt als Le Corbusier, der in La-Chaux-de-Fonds (NE) geboren wurde. Und schuf bei seinem letzten Bauwerk in Zürich die Dachstruktur frei schwebend. Und damit einen Schirm vor den Wetterunbilden.

Auch moderne Architekten, die einen Namen haben, zollen ihrem Umfeld Tribut. Zum Beispiel Mario Botta (geb.1943) aus dem Tessin, der Praktikant bei Le Corbusier gewesen war. Er meinte einmal, dass es nichts so reichlich im Tessin gäbe wie Stein. Und als Architekt muss er das schließlich wissen. Und was man alles daraus machen kann! Und so findet man seine Bauten in einsamen Tälern, zum Beispiel die Kirche Johannes des Täufers (Giovanni Battista) im Dörfchen Mogno im Val Lavizzara. Botta selbst bezeichnete diesen Bau als »Zeichen des epischen Kampfes zwischen dem Menschen und der Natur«. Er errichtete die Kirche 1996 anstelle eines Barockbaus, der zehn Jahre zuvor von einer Lawine zerstört worden war.

Aber auch in Arosa (GR) das Tschuggen Grand Hotel mit einer Art Segeln aus Glas, das ehemalige Haus der UBS in Basel, heute Sitz der Bank für Internationalen Zahlungsausgleich, im Tinguely-Museum in Basel, also am Nordrand der Schweiz, bis zu seinem Heimatkanton Tessin im Süden. Abgesehen von imposanten Neubauten hat er ein Faible für Bäder und atemberaubende Ausblicke aus den Schwimmbecken auf typisch schweizerische Landschaft. So zum Beispiel Rigi Kaltbad.

Schöne Häuser, ein Bad oder eine Kirche sind auch dem Architekten Peter Zumthor (geb. 1943) zu verdanken, etwa die 1988 erbaute Kirche von Sogn Benedetg (GR) in Tropfenform, eine mit Schindeln verkleidete reine Holzkonstruktion, an der sich die Geister scheiden mögen. Die Therme Vals in Vals (GR) regt jedenfalls zum Innehalten an. Zumthor gilt als Philosoph eines humanen Raums, der Zentrum und Maßstab für die Architektur sein sollte. 2017 erhielt er den BDA-Preis des Bundes Deutscher Architekten. Er setzte 1987 einen in seiner Schlichtheit beeindruckenden Schutzbau über archäologische Relikte in der sogenannten ältesten Stadt der Schweiz, in Chur. Die soll schon auf dem *Itinerarium Antonini* aus dem 3. Jahrhundert als *Curia* genannt sein. Schließlich war Zumthor einmal Denkmalpfleger und rettete einiges an historischer Bausubstanz, etwa im Val Lumnezia. Der humane Raum durch die Jahrhunderte sozusagen.

Tradition entkommt man nicht. Warum auch. Tradition und Zukunft schließen einander nicht aus. Ich könnte jetzt ein gewaltiges *name-dropping* veranstalten, aber ich belasse es bei dem Satz: Die Schweizer zeigen, dass die Kombination aus Tradition und zeitgemäßem Bauen funktioniert.

Ein Penthouse heißt in der Schweiz übrigens Attikawohnung. Das hat den schönen Namen wahrscheinlich, weil es das teuerste ist. Wir sind halt in der Schweiz. Und die Wohnung ist auf jeden Fall in einem famosen Zustand. Sonst müsste man zügeln! Aber wohin?

Kapitel 11

Die Schweiz:
ein technisches
Meisterwerk

79. Grund

Weil die Römer keine krummen Straßen
bauen konnten ...

... außer in der Schweiz natürlich! Das Straßennetz, mit dem die
alten Römer ihr Riesenreich überzogen, orientierte sich bekanntermaßen am liebsten an geraden Linien. Schnurgerade durchquerten
sie damit das römische Imperium, um es durch schnelle Truppen-
bewegungen ruhig zu halten und die Handelsgüter hin und her
transportieren zu können. Nicht umsonst hat man die Römerstraßen
vor 2000 Jahren mit modernen Autobahnen verglichen. Die Eng-
maschigkeit des römerzeitlichen Verkehrsnetzes wurde erst wieder
in der Neuzeit erreicht.

Aber Vorsicht: Spätere Generationen haben für sich in Anspruch genommen, dass sie wüssten, wo eine Römerstraße verläuft. Oft nett zurückprojiziert. Aber nicht jede gerade Straße ist auch eine Römerstraße. Trotzdem haben sich auch heute noch gepflasterte Teile von echten Römerstraßen und deren Steinlagen hier und da erhalten. Und wenn ein Ort schon Tafers (FR) heißt, also *taberna*, Wirtshaus, mag es stimmen.

Viel Aufwand, viel technisches Know-how, mit dem die Römer sich die Natur erschlossen und nachhaltig veränderten. Dabei war die Natur doch belebt mit göttlichen Wesen, den *numina*, die es bei Laune zu halten galt. Aber wenn man schon in die göttliche Ordnung der Natur eingriff, dann richtig. Noch mehr als durch Straßen griffen Brücken und Kanäle in die Sphäre der Naturgötter ein. Man suchte sie freundlich zu stimmen durch Zeremonien und Altäre oder Heiligtümer. Sogar Göttinnen für Wegkreuzungen gab es, oder man wandte sich an die göttlichen Hirten (*pastores*) wie etwa in Sils-Baselgia (GR). Vieh war schließlich kostbar. Und um ganz sicher zu gehen, weihte man einfach allen Alpen-Gottheiten, damit man sich bloß nicht den Ärger desjenigen zuzog, den man eventuell vergessen hatte, zum Beispiel in Thun-Allmendingen, wo man sich vorsichtshalber an *Alpibus* wandte.

Die Römer trieben also einigen Aufwand, der sich aber auch lohnen musste! Dabei halfen ihr pragmatischer Sinn und ihr Vertrauen in den technischen Fortschritt. Noch heute finden sich Brücken aus der Römerzeit an den unwegsamsten Stellen. Was tut man nicht alles für die Infrastruktur. Gasthöfe und Wechselstationen gab es natürlich auch. Schön und gut für Flachland und Wüste, was aber unternahm man, um die Alpen zu überqueren? Da ließ sich die ideale Gerade meistens nicht verwirklichen. Man suchte sich zunächst Pässe aus, die passten, das heißt, die ohne allzu großen Aufwand zu meistern waren.

Leicht zu überwindende Pässe waren zum Beispiel der Albrunpass im Wallis, sozusagen parallel zum Simplonpass, und der Große

Nichts geht über ein leckeres Käsefondue.

Die Schweizer Bergwelt lädt im Winter zum Skifahren und im Sommer zum Wandern ein.

Oder: Einfach die Aussicht genießen.

Oben: Aussicht vom Pilatus auf den Vierwaldstättersee.
Unten: So dynamisch geht es beim Eidgenössischen Schwingfest zu (Grund 3).

Niederwald erinnert an seinen großen Sohn, den Hotelier Cäsar Ritz (Grund 41).

Pures Panorama: Der Säntis.

Oben: Außenanlage am Laténium in Neuenburg (Grund 68).
Unten: Das Maskentreiben kann gar nicht bunt genug sein (Grund 105).

Typischer alter Dorfkern
im Wallis.

Oben: Die Simplonpassstraße führt über die imposante Ganterbrücke (Grund 24).
Unten: Die berühmte Tremola-Straße am Gotthardpass (Grund 80).

Oben: Wolkenstimmung am Simplonpass.
Unten: Teufelsbrücke in der Schöllenenschlucht (Grund 23).

Oben: Die Pendelbahn Rotair dreht sich hinauf zum Skigebiet Titlis-Engelberg (Grund 22).
Unten: Verspielte junge Bernhardiner (Grund 14).

Die Villa Cassel auf der Riederfurka, im Hintergrund das Matterhorn.

Oben: Alfred Escher fährt durch ›seinen‹ Gotthardtunnel. Unten: Eine der schönsten Bergbahnstrecken: Die Schynige Platte-Bahn im Berner Oberland (Grund 83).

Goethe-Stube

Viele Hotels sind noch heute stolz darauf, dass Goethe bei ihnen zu Besuch war, hier im Croix d'Or et Poste in Münster (Grund 55).

Der Trümmelbach stürzt
sich ins Lauterbrunnental.

Sankt Bernhard (VS), der Splügenpass, Julierpass und Septimerpass in Graubünden (GR), der vielleicht mit seinem Namen auf den römischen Kaiser Septimius Severus zurückgeht.

Wenn es aber eine kurze, um nicht zu sagen die kürzeste, Verbindung zwischen Süd und Nord sein sollte, dann schlug man der Natur auch schon einmal einige Wunden. Da konnte man auf lästige natürliche Verkehrshindernisse wie die Schöllenenschlucht, die Schlucht bei Gondo usw. keine Rücksicht nehmen. Und so wurde, um bei den gefahrvollen Beispielen der Passüberquerung zu bleiben, zur Römerzeit auch der Gotthardpass überquert, danach erst wieder im 13. Jahrhundert, und auch der Simplon, danach erst wieder im 15. Jahrhundert. Die Bezwingung der Viamala Schlucht vereinfachte den Weg über den San Bernardino. Über den römischen Splügenpass zog 966 Otto I. nach Italien. Die spätantiken Straßenkarten, die sogenannten Itinerarien, verzeichneten Stationen und Straßen im Römischen Reich, archäologische Funde konnten sie vielfach bestätigen. Und wenn man Glück hat, findet man sogar römische Meilensteine oder erfährt den Namen des Passes: So weisen antike Weihetäfelchen (*tabulae ansatae*) darauf hin, dass der Große Sankt Bernhard in römischer Zeit nicht irgendeinem Heiligen geweiht war, sondern dem höchsten Gott Iupiter, hier genannt *Poeninus*.

Auch der Julierpass, im Winter offen und heute viel befahren, wurde bereits im 1. Jahrhundert benutzt. Zwei Säulen auf der Passhöhe sind eine Reminiszenz an das damalige Heiligtum. Diese Heiligtümer waren die Vorläufer der Hospize. Auch in römischer Zeit ließ sich die Natur nicht einfach austricksen, da brauchte man göttlichen Beistand für die Reise. Auf dem Septimerpass gab es Mitte des 9. Jahrhunderts ein erstes Hospiz, im Mittelalter das erste der Alpen. Nach dem Ausbau des Julierpasses geriet er etwas ins Abseits, so dass man ihn jetzt schön erwandern kann, zum Beispiel im Rahmen der Via Sett oder der Via Spluga.

Das Erklimmen der Pässe war im wahrsten Sinne des Wortes eine Ochserei. Denn die Römer bauten ihre (krummen) Passstraßen so kostengünstig und praktisch wie möglich. Das aber hieß vor allem: steil. Am Beispiel des Übergangs über den Col des Etroits im waadtländischen Jura lässt sich das ganz einfach nachzählen: Die im 19. Jahrhundert angelegte und in ihrer Trassenführung noch heute aktuelle Kantonsstraße braucht neun Haarnadelkurven und weist eine mittlere Steigung von fünf Prozent auf. Den Römern reichte eine, was eine mittlere Steigung von 15 bis 16 Prozent ergab.

Womit wir doch fast wieder bei den geraden Straßen wären!

80. Grund

Weil die Schweizer die kühnsten Straßenbauer sind

So ein Bergsee hat auch Nachteile. Wenn man ihn umfahren will, sind da Felswände, die bis ans Wasser reichen. Also fährt man gleich übers Wasser, um seine Waren zu verschiffen. Aufwendig und nicht gerade schnell. Als 1830 die Straße über den Gotthardpass fertig war, hatte die Postkutsche Probleme. Vor allem an dem Teil des Vierwaldstättersees, der Urnersee heißt. Und so baute man durch das felsige Stück zwischen Flüelen und Brunnen bis 1865 die Axenstraße, abenteuerlich schön, aber leider auch gefährlich, da sie oft verschüttet wurde. Und die vielen Autofahrer schließlich vor lauter Atemberaubung Unfälle produzierten. Deshalb musste auch diese Straße erneuert und dem modernen Verkehr angepasst werden. Aber zu Fuß funktioniert das alte Stück immer noch.

Oder in welchem Land kann man so schön zittern? In 22 Kurven auf vier Kilometer Länge über 300 Höhenmeter windet sich die Tremola-Straße von Airolo (TI) hinauf zum Gotthardpass. Wenn man nach der Passhöhe wieder hinunterfährt, warten auf einen noch zwei alte Kurven. Erbaut wurde sie von 1827 bis 1832, heute fährt man zum größten Teil noch auf der Kopfsteinpflasterung von 1951. Die sechs bis sieben Meter breite Straße aus Granitsteinen wird von bis zu acht Meter hohen Mauern gestützt. In den Kurven gibt es fast keine Steigung. Jede Kurve hat einen eigenen Namen, die vorletzte vor der Passhöhe ist nach der Madonna benannt. Den Namen hat die spektakuläre Straße jedenfalls nicht vom Zittern, sondern, weil sie durch das Val Tremola führt. Trotzdem ein Erlebnis, das einem durch Mark und Bein geht und ganz schön Herzklopfen machen kann. *Tremacuòre* eben. Ganz besonders, wenn uns auf der Tremola die Postkutsche begegnet (s. Grund 89).

Ansonsten gibt es nicht viel zu zittern, sondern vor allem zu fahren. Da braucht es auch einfach nur eine Vignette für ein ganzes Jahr. Ein großes Autobahnnetz verbindet die Kantone und sorgt für reibungslosen Transit. Meistens jedenfalls. Vor der Einfahrt zum Gotthardtunnel gen Süden gibt es regelmäßig Stau, aber natürlich gibt es auch ordentliche Verkehrsnachrichten, deren Übertragung sogar in jedem Tunnel funktioniert. Und derer gibt es bekanntlich viele in der Schweiz.

Warum bleiben die Leute nicht einfach da? Kurios. Wohl nicht vermeidbar sind auch auf Schweizer Autobahnen Unfälle. Und genauso unvermeidbar scheinen die Gaffer zu sein. Die heißen sinnigerweise im italienischen *Curiosi*. Ist ja auch ein kurioses Verhalten. Wo es doch in der Schweiz so ein gut ausgebautes Eisenbahnnetz gibt oder das PostAuto! (s. Grund 90). Und all die anderen Passstraßen und Landstraßen, die ich hier nicht alle erwähnen kann. Auf 111 käme man ganz leicht. Und die berühmteste der kühnsten Straßen: die Hohle Gasse? Sie war einmal ein Teil der Verbindung der wichtigen Handelsroute vom Bodensee bzw. Zürich nach Italien über den Gotthardpass, wurde für Autos sogar verbreitert und konnte erst nach 1934 durch die Geldsammlung der Schweizer Schuljugend vor dem Schicksal gerettet werden, von einer Hohlen Gasse zum Teil einer Schnellstraße zu werden.

Viel bequemer, aber wer will es schon immer bequem haben, fährt man auf den Straßenbelägen, die wir »Dr. Goudron« verdanken. Womit wir zum nächsten Grund kommen.

Weil Dr. Teer geniale Erfindungen machte

Dr. Goudron hieß in Wirklichkeit Ernest Guglielminetti (1862–1943)
und war der Sohn einer Walliserin aus Brig-Glis, die den »Augen
schwarz wie die Mitternacht« eines italienischen Einwanderers nicht
widerstehen konnte. Sie war gerade einmal 13 Jahre alt, als der junge
Händler aus Domodossola sich in sie verliebt hatte. Nach seinem
Militärdienst bei Garibaldi eröffnete Anton Guglielminetti in Glis
eine Wirtschaft und wollte Schweizer werden. Im Ort Bürchen soll
im Kirchturm eine Glocke hängen, die der Neubürger dem Ort ge-
schenkt hat. Sieben Kinder bekam das Paar, das jüngste war Ernest.
Der musste Garibaldi ein Gedicht aufsagen, als Papa Guglielminetti
ihn 1870 mitnahm auf den Sebastiansplatz in Brig, um seinen alten
Anführer zu begrüßen. Ein Jahr später starb der Vater.

Nach dem Tod der Eltern war ihr Grabstein schon auf dem Keh-
richt gelandet, niemand konnte ahnen, was für ein berühmter wichtiger Mann der Sohn von Anton und Aloysia einmal werden würde!
Nun steht der Stein aber wieder an der Friedhofsmauer mit dem
Spruch, der sich in ihrem Sohn bewahrheiten sollte: *Lernet Gutes
thun.* Ernest wurde Arzt und erfand zum Beispiel die Atemmaske,
wie sie heute noch als Atemmaske Guglielminetti-Dräger bekannt
ist. Um die Jahrhundertwende gab es zahlreiche Überlegungen, wie
moderne Technik die Menschen schnell auf hohe Höhen bringen
konnte. Guglielminetti, der selbst unter der »Bergkrankheit« litt,
versuchte, eine Lösung zu finden.

Dank der von ihm entwickelten Atemmaske konnte sich die Ret-
tungsmannschaft 1906 beim Grubenunglück im französischen Cour-
rières, das mit 1.099 Toten noch immer als das größte Grubenunglück
Europas gilt, gegen das Gas schützen. 1926 retteten seine Atemmas-
ken britischen U-Boot-Fahrern das Leben. Als junger Kolonialarzt
entdeckte er in Indien, dass dort Teer zur Abdichtung von Gebäuden

benutzt wurde, und er entwickelte eine Methode zur Herstellung von Asphalt. In Monaco eröffnete er eine Arztpraxis und behandelte in 40 Jahren zahlreiche Prominente. Wirtschaftsgrößen wurden seine Patienten und viele, die am österreichischen und deutschen Kaiserhof Rang und Namen hatten. Aber auch Katharina Schratt, die Freundin des alten Kaisers Franz Joseph I., und Mata Hari. Und das, wo er beinahe Jesuit geworden wäre!

Um die für all diese vornehmen Größen lästige Staubbelastung auf den Straßen einzudämmen, ließ er 1902 in Monte Carlo ein Stück Straße mit Teer bestreichen – erfolgreich. Und da sein Name nicht so ganz leicht auszusprechen war, bekam er einen anderen und wurde als Dr. Goudron bekannt, also das französische Wort für Teer. Deutsche Frauen, die den schönen Vornamen Gudrun haben, schätzen das weniger. Da kann aber Dr. Goudron nichts dafür.

Und so ruht der große Sohn und Ehrenbürger der Stadt Brig in einem Familiengrab aus rosa Stein, auf dem nur der Name steht und die Jahreszahlen 1811 bis 1943, also das Geburtsjahr des Vaters und das Todesjahr des berühmten Sohnes.

82. Grund

Weil die Schweizer gerne Löcher bohren

Es ist gerade einmal ein paar Jahre her, dass ich aus dem Rheinland zum Skifahren ins Wallis fuhr. In Bern musste ich zum dritten Mal umsteigen, aber der richtige Zug stand direkt am Gleis gegenüber, und ich suchte mir einen Platz auf der rechten Seite, weil ich mich darauf freute, die langsame Fahrt über die Südrampe hinunter ins Rhonetal zu genießen. Dann wurde es dunkel. Und als es wieder hell wurde, war ich in Visp, mitten im Wallis.

Das ging zwar schnell, aber irgendwie war ich enttäuscht. Ich hatte halt nicht bedacht, dass die Strecke durch den neuen Lötschbergtunnel verlief, denn seit 2007 ist der mit 34,6 Kilometer Länge ein wichtiger Bestandteil der NEAT-Trassen durch die Alpen. NEAT, so kürzt sich die Neue Eisenbahnalpentransversale ab, die den Warenaustausch und die Touristenströme zwischen Norden und Süden beschleunigen und von den verstopften Straßen holen soll. Das schaffen die Schweizer auch mit bewährter Schweizer Präzision, da werden Tunnel sogar früher fertig als geplant. Auch ansonsten scheint ihnen das Tunnelbohren im Blut zu liegen.

Der Lötschberg-Basistunnel ist also fast 35 Kilometer lang, der Gotthard-Basistunnel sogar 57 Kilometer. Zum Vergleich: Der Eurotunnel unter dem Ärmelkanal bringt es auf etwas über 50 Kilometer. Eigentlich sind fast alle Schweizer Berge untertunnelt, der Vergleich mit dem Schweizer Käse ist hier unangebracht bei all der Plackerei.

Aber das Matterhorn leistet noch Widerstand!

Einer Modernisierung des Bahnnetzes hatten die Schweizer Ende 1998 zugestimmt, damit die Lkw-Flut eingedämmt werden konnte. Allerdings war jedem klar, dass das eine sehr aufwendige Maßnahme würde. Denn alles musste neu gemacht werden. Die bestehenden Tunnel waren zu eng für die modernen Lkw und stießen schnell an ihre Grenzen. Die Beschränkung des Lkw-Transitverkehrs über die Straßen auf 28 Tonnen pro Fahrzeug gilt aber weiterhin. An einem schönen Frühlingsmorgen nimmt man also sein Schäufelchen und gräbt einen Tunnel. Und nach zig Kilometern trifft man auf jemanden, der von der anderen Seite geschaufelt hat. Und das auf Anhieb! Das ist ja wie im Märchen!

Ein besonderes Ereignis ist das Durchschlagsfest, wenn die einzelnen Teams der Mineure tief unten im Berg schließlich einander gegenüberstehen. Beim Gotthard-Basistunnel fand der Durchbruch am 15. Oktober 2010 statt. Die Abweichung betrug acht Zentimeter horizontal und 1 Zentimeter vertikal. An dieser Präzisionsarbeit waren 2000 Personen beteiligt. Für den längsten Eisenbahntunnel der Welt mit 57 Kilometern nach 17 Jahren Bauzeit ist das eine gewaltige Leistung. Und das ist kein Märchen!

Sondern Präzision. Zunächst einmal braucht ein solch gigantisches Projekt natürlich auch gigantische Planungen, denn es bedeutet für eine Region die völlige Veränderung der Umwelt und des Landschaftsbildes, die den eigentlichen Tunnelbau überhaupt erst möglich macht. Alles muss vermessen werden, sowohl der Verlauf der Tunnelröhre als auch das Drumherum. Zahlreiche Fragen müssen geklärt werden, etwa: Wohin mit den Millionen Tonnen an Ausbruchsmaterial? Ökologische Baubegleiter achten auf den Umweltschutz, denn gefährdete Tiere und Pflanzen müssen umgesiedelt werden. Lärm und Staub sollen die Umwelt und die Einheimischen so wenig wie möglich belästigen, die vorhandenen Böden müssen verlagert und rekultiviert werden. Tausende Mitarbeiter, die Planer ebenso wie die Mineure, tragen hohe Verantwortung für ihre Arbeit, dafür müssen sie angemessen versorgt werden. Baumaterialien müssen besorgt, Montagehallen gebaut, Brandschutz muss gewährleistet werden. Der Haupttunnel muss von Sondierstollen, Lüftungsschächten, Fluchtstollen u.a. flankiert werden. Berg- und Abwasserleitungen müssen verlegt werden. Und nicht zuletzt: Zutage tretender Kritik an einem so teuren Projekt muss begegnet werden.

Der Vortrieb durch die Gesteinsmassen erfolgt auf weiten Strecken mit einer Tunnelbohrmaschine, deren Bohrkopf einen Durchmesser von 9,6 Metern hat. Von einem solch gewaltigen Bohrkopf kann man sich vor dem Verkehrshaus der Schweiz in Luzern beeindrucken lassen. Auch wenn man sich über 30 Kilometer durch die Alpen bohren will, gilt natürlich: »Vor der Hacke ist es finster.« Denn die Geologen wissen nicht, was ganz konkret auf alle zukommt. Die verschiedensten geologischen Überraschungen und unerwartet schwieriges Gestein müssen nach wie vor im traditionellen Sprengvortrieb überwunden werden. Da trifft man auch schon einmal auf Reste tropischer Kohlensümpfe, die 300 Millionen Jahre alt sind, und auf seltene Mineralien und Kristalle.

Beim Lötschberg-Basistunnel legten die Geologen fest, dass für 20 Prozent des Vortriebes Tunnelbohrmaschinen genutzt werden konnten, 80 Prozent des Materials sollten gesprengt werden. Mit tonnenweise sogenanntem Verpressgut wurde das Gestein in den Röhren abgedichtet. Der Lötschberg-Basistunnel wurde 2007 eröffnet, der Gotthard-Basistunnel 2016.

Bei aller Bewunderung für die modernen technischen Möglichkeiten, die Glanzleistungen der Vermessungsingenieure und die durchschlagenden Erfolgsmeldungen über diese Jahrhundertbauwerke sollten wir nicht vergessen, dass nach wie vor die Arbeit eines Tunnelbauers ein gefährlicher Job ist, bei 35 Grad Hitze bedroht durch Gesteinsbrocken, Ruß und Staub, Sprengungen, Brände, Lärm und Maschinenunfälle. Das ist kein Zuckerschlecken.

Immer strengere Sicherheitsvorkehrungen sorgen inzwischen dafür, dass nicht mehr so viele Tote zu beklagen sind. Beim Bau des 15 Kilometer langen Gotthardtunnels 1872 bis 1882 starben 199 Menschen, an sie erinnert ein Denkmal in Airolo (TI). Beim Bau des Basistunnels 1993 bis 2016 starben neun Menschen. Immer noch neun zu viel. An sie erinnert ein Denkmal in Erstfeld (UR).

An sie alle denken wir, wenn wir so bequem mit dem Zug durch den Tunnel rasen. In welcher Richtung auch immer.

83. Grund

Weil Bahnfahren Spaß macht

Allein schon die imposanten Zahlen über die Strecken! Nehmen wir zum Beispiel die bei Touristen so beliebten Strecken der Rhätischen Bahn, des Bernina-Express und der Furka-Oberalp-Bahn und des Glacier-Express. Die einzige West-Ost-Trasse in den Schweizer Zentralalpen ist die FO. FO steht für Furka-Oberalp-Bahn, in der Touristenvariante Glacier-Express bzw. die Kombination der Rhätischen Bahn (RhB) und der Zermattbahn (BVZ).

Die vielen hohen Viadukte, allen voran der Landwasserviadukt der Rhätischen Bahn mit seinen 65 Meter hohen Pfeilern, den kilometerlangen Schutzgalerien, den Tunnelkehren, Serpentinen und steilen Zahnradstrecken (Zahnstangenrampen), verdienen Respekt. Von der Landschaft nicht zu reden. Und während die Pässe im Winter monatelang gesperrt sind, fahren die Bahnen unentwegt ganzjährig durch die Tunnel und über die freigeräumten Strecken.

Entlang der Rhätischen Bahn zwischen Preda und Filisur kann man dem Bahnerlebnisweg folgen und erfährt auf etlichen Schautafeln etwas über die Geschichte des Baus in den Jahren 1898 bis 1903. Zwischen Klosters und Sagliains (GR) verkehrt die Vereinalinie der Rhätischen Bahn. Sie durchmisst mit über 19 Kilometern den längsten Meterspur-Bahntunnel der Welt.

Der Bernina-Express schafft die Höhenunterschiede und die engen Kurven ohne Zahnradantrieb. Das ist auch für die Schweizer immer wieder ein Erlebnis. Da steigen sie an der Alp Grüm aus und werfen einen Blick auf den imposanten Palügletscher.

Für Eisenbahnfans ist die Schweiz ein Schlaraffenland. Für Nostalgiker auch (s. Grund 84). Wenn es auch so schöne entschleunigte Momente nicht mehr geben dürfte wie 1992: »Da die Sicherungsanlagen von Brig aus fernbedient werden, kann sich die Stationsvorsteherin der Kundeninformation und ihrem Postamt widmen.«

Für Trainspotter auch. Seit Sommer 2018 setzt die Rhätische Bahn wieder die berühmte Krokodil-Lok ein. Die zieht sogar als normale Regionalbahn moderne und historische Wagen von Davos nach Filisur (GR) und überquert dabei den Wiesener Viadukt, mit fast 90 Metern das höchste Bauwerk der Rhätischen Bahnstrecken.

Setzen wir uns also in den großzügigen gläsernen Panoramawagen und lassen uns durch die Schweiz fahren. 7 1/2 bis 8 1/2 Stunden braucht zum Beispiel der Glacier Express von Zermatt (VS) nach St. Moritz (GR), überwindet auf dieser Strecke 291 Kilometer, zwischen Bergün und Preda (GR) 400 Meter Höhenunterschied auf fünf Kilometern und die Talstufe im Goms zwischen Grengiols und Lax mit einer 80-prozentigen Steigung auf einer Zahnstangenstrecke. Mit 110 Prozent Steigung geht's über den Oberalppass, sogar mit 179 Prozent zwischen Andermatt und Göschenen. Da müssen Zahnräder hart zupacken. Nicht nur wenn es hinaufgeht, sondern auch wieder hinunter, wenn der Zug gebremst werden muss. Solche extremen Bergstrecken kann man nur mit kurzen Zügen befahren. Seit 1982, als der 15,4 Kilometer lange Furka-Basistunnel eröffnet wurde, ist die Strecke ganzjährig befahrbar.

Aber so schön das Bahnfahren auch ist, irgendwann kommt man an. Zum Beispiel im Bahnhof Zürich: Ihn entwarf der große Opernarchitekt Gottfried Semper (1803–1879). Als die Bahnhofshalle, die die größte in der Schweiz ist und zu den größten überdachten öffentlichen Flächen Europas gehört, 1871 eröffnet wurde, fand er sie allerdings »verkitscht«. Dem muss ich widersprechen. Sie ist ein Erlebnis.

Oder im Bahnhof Luzern: Zunächst gab es einen Bahnhof aus Holz, dann wurde 1896 ein großer Kopfbahnhof errichtet. Am 5. Februar 1971 brannte das Gebäude ab. Dafür gab es immerhin schulfrei! Die Bahnhofsuhr blieb auf 9.03 Uhr stehen. Um 9.03 Uhr 20 Jahre später wurde der Neubau eröffnet. Nur das Eingangsportal erinnert noch an den alten Bau. Heute wird wieder diskutiert, ob man wieder einen Durchgangsbahnhof aus ihm machen soll. Apropos Luzern: Das höchste der Gefühle für eine Bahn ist es wohl, zum Lebensende im Verkehrshaus der Schweiz zu landen. Dort kann sie sich mit all ihren Kolleginnen weiterhin bestaunen lassen.

84. Grund

Weil man Dampf machen und ablassen kann

In der Schweiz liebt man bekanntlich die Tradition, Geld, Waffen und Zugfahren. Das alles lässt sich sogar kombinieren: Man setzt sich in Pré-Petitjean (Montfaucon/JU) in einen Dampfzug und lässt sich durch die Franches-Montagne, also die Freiberge, fahren. Zugüberfall inklusive! So geht's zu im Wilden Westen der Schweiz! Alternativ könnte man auch an einer Whisky-Verkostung im Zug teilnehmen, dann ohne Überfall? Wahrscheinlich sitzen die Räuber mit im Zug, weil es so schön ist. Die größte Dampflok der Schweiz, die C 5/6 mit dem Spitznamen Elefant, 1915 gebaut, wurde 1968 ausgemustert und landete in Winterthur. Aber wie engagierte Eisenbahnfans so sind, in diesem Fall die Eurovapor, die sich um den Erhalt historischer Schienenfahrzeuge kümmert: Seit 2017 fährt sie wieder, auch auf ihrer ursprünglichen Gotthardstrecke. Anlässlich der Einweihungsfahrt wurde die Lokomotive auf den Namen des Schweizer Politikers und Eisenbahnunternehmers Alfred Escher getauft.

Und so dampfen noch immer zahlreiche Nostalgiezüge durch die Schweiz, auf Pässe und Berge. Heutzutage wegen des hohen Aufwandes zumeist nur im Sommer. Ein besonderes Erlebnis ist es, wenn die Rhätische Bahn ihre Dampfschneeschleuder Xrot 9213 aus dem Jahr 1910 anwirft und den Schnee zwischen Pontresina und Bernina (GR) von den Gleisen pustet. Dass es heutzutage überhaupt noch Schnee zu räumen gibt, liegt vielleicht daran, dass es die höchstgelegene Bahnstrecke der Alpen ist. Deshalb zählt sie auch zum UNESCO-Welterbe.

Eine Strecke, die im Zuge der Beschleunigung und der Untertunnelung der Berge an Bedeutung verlor und 1982 stillgelegt wurde, war die alte Furka-Bergstrecke von Oberwald im Wallis nach Realp (UR) im Urserental. Als sie 1914 eröffnet worden war, war sie als reine Touristenbahn konzipiert worden. Und das ist sie heute wieder, dank des massiven ehrenamtlichen Einsatzes des Vereins Furka-Bergstrecke (VFB). Bis 2010 die gesamte Strecke wieder befahrbar war, wurde schrittweise aufwendig saniert.

Das Exemplar der heute hier eingesetzten Lok HG 4/4 ist zwar ursprünglich nie hier gefahren. Der konkrete Typ aber ist in der Schweiz produziert worden, dieses schwarze Ungetüm 1919 in Winterthur (ZH). Die 42 Tonnen Power wurden 1990 aus Vietnam wieder in die Schweiz transportiert.

Aus dem einstmals so berühmten und beliebten Ort Gletsch (VS) unterhalb des Rhonegletschers geht's in den zwei Kilometer langen Scheiteltunnel und dann hinauf zur Furka. Am Bergbahnhof Furka erreicht der Zug seinen höchsten Punkt mit 2.163 Metern, bevor es ins Urserental hinuntergeht. Hier quert er die Furkareuss und den Steffenbach. Eine 1925 erbaute Stahlbrücke liegt in einem gefährlichen Lawinengebiet, weswegen sie für den Winter lieber zerlegt und abgebaut wird.

So ist es ein besonderes Erlebnis, einer Lok beim Dampfen zuzusehen, und man bekommt (wieder einmal) ein Gefühl für den technischen Aufwand, der für die Fortbewegung betrieben wurde und wird.

85. Grund

Weil Autos sauber sind und auch so heißen

Die Überschrift ist natürlich ein Scherz, obwohl Elektroautos – was heißt schon sauber? – auf dem Genfer Automobilsalon 2019 reichlich vertreten waren. Die Messe, die seit 2017 unter *Geneva International Motor Show* firmiert, ist traditionell die erste europäische Automesse im Jahr. Sie fand 1905 zum ersten Mal statt, und bereits auf dem Werbeplakat von 1938 wirbt dort auch eine schnittige Fahrerin.

In diesem Jahr, im März, sollen mehr als 900 Marken vertreten gewesen sein! Die mehr als 80 Autotüftler, die es einmal in der Schweiz gab, sind nicht mehr darunter. Viele davon gibt es nicht mehr, andere haben sich spezialisiert auf Traktoren, Militärfahrzeuge, Schneeräumer oder Rennwagen. Vor inzwischen fast 150 Jahren konnte noch jeder begnadete Automechaniker in seiner Werkstatt ein einmaliges Modell erfinden. Damals in den Anfangsjahren der Automobile. Und wofür waren die Schweizer Automobile berühmt? Für ihre Zuverlässigkeit, versteht sich. Aber nach dem Ersten Weltkrieg unterlagen sie der preisgünstigeren Konkurrenz aus den USA, allen voran Ford.

Bereits zu Beginn des 19. Jahrhunderts experimentierte der Walliser Isaac de Rivaz (1752–1828) mit dem Explosionsmotor und unternahm 1813 eine Fahrt mit einem motorgetriebenen Handwagen. Dies gilt in der Technikgeschichte als erster Einsatz des Explosionsmotors. Die längste bis dahin mit einem dampfgetriebenen Dreirad zurückgelegte Strecke soll Albert Schmid 1878 von Zürich nach Paris bewältigt haben. Dabei brauchte er gerade einmal eine Woche, was als sehr schnell galt! Vieles ist vergangen, erstaunlich vieles ist geblieben. Der letzte Automobilbauer der Schweiz hieß Peter Monteverdi (1934–1998). Dessen große Zeit war, wie könnte es bei diesem klingenden Namen anders sein, mit eleganten Rennwagen. Er kombinierte in Binningen bei Basel (BL) in den 1970er-Jahren einen leistungsstarken V8-Motor mit italienischen Sportwagen- und englischen Limousinenkarosserien in seinen Modellen der Marke MBM (Monteverdi Billingen Motors). Bis Mitte der 1980er-Jahre wurde produziert.

Ein anderer begeisterter Schnellfahrer war Peter Sauber, dessen Name seit 1993 in der Formel 1 Gewicht hatte. Denn Sauber-Hinwil stellte von 1969 bis 2005 erfolgreiche Rennwagen her. Nun sind sie Partner von Alfa Romeo. »Ich sehe den Zusatz Alfa Romeo als klare Aufwertung«, meinte Peter Sauber 2018 dazu. Da trifft es sich doch gut, dass das nördliche Nachbarland das einzige in Europa ist, wo es noch immer kein grundsätzliches Tempolimit gibt. Wenn man also ab Basel auf der deutschen Autobahn nach Norden fährt, sollten sich alle anderen Fahrer besonders vorsehen, auf den ersten, sagen wir einmal 100 Kilometern. Denn da wollen viele Schweizer es noch einmal wissen, was ihr Auto draufhat. Auf dem Tacho.

Kommen wir wieder etwas runter! Bzw. werden langsamer und schweizerisch pragmatisch. Schließlich war die Schweiz 1986 das erste Land, das Katalysatoren für Autos verbindlich machte.

Was dem Österreicher sein Reformmuli, ist dem Schweizer sein Aebi, beides kleine motorisierte Transporter für steile bewirtschaftete Flächen. Johann Ulrich Aebi fing 1883 mit wirklich wichtigen motorisierten Maschinen an, zum Beispiel Sämaschinen, Mähmaschinen und Feuerspritzen. Seit 1975 soll ihr Hanggeräteträger »Terratrac« der Renner sein.

Aber wenn ich mich für Oldtimer, also so richtig alte Karossen, interessiere, gehe ich in die *Fondation Pierre Gianadda* in Martigny (VS). Als der Allrounder, Journalist und Ingenieur Léonard Gianadda 1976 ein Haus bauen wollte, entdeckte er einen keltischen Tempel. So weit, so gut, so etwas kommt vor. Aber was er daraus machte, kann sich sehen lassen. In Erinnerung an seinen tödlich verunglückten Bruder Pierre gründete er eine Stiftung und entwarf ein Museumsgelände, in dem seit 1978 archäologische Funde aus der gallo-römischen Stadt *Octodurus-Colonia Claudii Vallensium* zu besuchen sind, außerdem Kunst vor allem aus dem 20. Jahrhundert, Skulpturen im Freigelände und auch in der Stadt und eben Oldtimer. Seit einigen Jahren gibt's auch noch Bernhardinerhunde (s. Grund 14). Das Familienmitglied, das beim Museumsbesuch wegen Langeweile immer noch gähnt, kann es also gar nicht geben!

Ja, die Oldtimer, 50 echte Schmuckstücke aus der Zeit von 1897 bis 1939! Mein Lieblingsauto ist der Pic-Pic (von Piccard und Pictet) von 1906. Weil er so eine schöne Hupe mit Drachenkopf hat. Außen und sichtbar natürlich, denn um diese Zeit fuhr man noch offen! Drei Pic-Pic, zwei Sigma, zwei Turicum, Zedel, Stella, Maximag – alle stehen sie da und zeugen von Zeiten, als die Schweizer Autobastler besonders kreativ waren. Aber sie stehen nicht nur in der Ausstellung, etliche von ihnen werden auch noch gefahren! Und nicht zu vergessen die fünf Martini. Die möchte ich nicht unterschlagen, schließlich war Friedrich von Martini um 1900 in Saint-Blaise (NE) einer der erfolgreichsten Schweizer Autobauer. Und dann gab es natürlich auch noch die so schön klingende Automobilmarke Hispano-Suiza.

Schweizer Automobile sind auch im Verkehrshaus der Schweiz in Luzern und im Internationalen Automobil-Museum in Genf zu sehen. Also nicht nur gucken: hinfahren! Man könnte natürlich auch mit seinem eigenen Oldtimer ins ACE Café Luzern in Rothenburg fahren. Da ist alles vertreten, Wintertöff, Lastwagen, Rasenmäher … Aber das ist wieder eine andere Geschichte.

Weil man sich verladen lassen kann

Ratzfatz vom Vierwaldstättersee gen Süden und bei Andermatt rechts ab durchs Urserental nach Realp (UR), auf die verträumte Autoverladung, bzw., weil wir in der Schweiz sind, heißt es auf den Autoverlad. Aus dem Wallis kommen mir ca. 30 Wagen entgegen, es ist nicht Saison, wir sind nur zu fünft. Das liegt wohl auch daran, dass ich gerade in der Zeit fahre, wo gerne Revision ist. Die Wintersaison ist zu Ende, die Sommersaison hat noch nicht begonnen, also irgendwann in der Zeit nach Ostern bis in den Juni. Da werden die Bergbahnen und alles andere technische Gerät untersucht und repariert, irgendwann muss es ja sein. Die Schweiz ist ein sicheres Land.

Der Realp-Verlad allerdings geht ganzjährig, auch die Einheimischen brauchen ihn. Der größte Teil der Strecke ist eingleisig, sodass mehr als halbstündiger Verkehr nicht drin ist. Die Fahrt durch den Tunnel dauert keine 20 Minuten. Der Tunnel wurde 1982 eröffnet und ist über 15 Kilometer lang, wegen geologischer Probleme beim Bau einspurig mit zwei Kreuzungsstellen angelegt. Die Züge laufen auf Meterspur, also Schmalspur.

Ebenfalls auf Meterspur und ganzjährig läuft seit 1999 die Autoverlad Vereina von Klosters-Selfranga im Prättigau (GR) nach Sagliains im Engadin (GR). Genauso Meterspur zeigt die Strecke Furka-Oberalp und damit deren Autoverlad von Andermatt (UR) nach Sedrun (GR) am Oberalppass, wenn der im Winter, also meistens von Dezember bis April, geschlossen ist. Der Autoverlad Albula von

Thusis (GR) nach Samedan (GR) wurde im Jahre 2011 eingestellt. Auf Normalspur und ganzjährig fahren die Züge der Autoverlad Lötschberg und Simplon. Da ist auch mehr los, was das notwendige Durchschleusen der Wagen angeht. Außerdem liegen sie an Hauptstrecken der Alpenquerung nach Italien. So rauscht durch den Simplontunnel auch schon einmal der Zug von Paris nach Mailand. Oder eben der Autoverlad von Brig nach Iselle di Transquera in Italien.

Als 1992 die wintersichere Passstraße über den Simplon (VS) fertig war, stellte man den Betrieb zunächst ein. Weil es aber eine so bequeme und entspannende Reise ist, wurde der Betrieb 2004 wieder aufgenommen. Bis 1980, als der Gotthard-Straßentunnel eröffnet wurde, konnte man sich auch durch den Gotthard verladen lassen. Und zwischen Göschenen (UR) und Airolo (TI) bequem zurücklehnen. Nach der Brandkatastrophe im Jahr 2011 wurde der Betrieb noch einmal kurzzeitig aufgenommen.

Eine Fahrt am magischen Genfersee entlang (s. Grund 108) ist schön und jede Reise wert. Es sei denn, es ist Winter, die Pässe sind gesperrt und die Skier werden unruhig. Dann fährt man durchs Kandertal hinauf nach Kandersteg (BE) zum Autoverlad. Den gibt es schon seit 1926. Ganzjährig alle 30 Minuten und »wegen massiven Verkehrsaufkommens« auch schon einmal alle Viertelstunde.

Länger als 15 Minuten reiner Fahrzeit braucht der Zug nicht, bis er in die gleißende Walliser Sonne bei Goppenstein (VS) rumpelt. Das heißt, erst wird es noch einmal dunkel, denn dort, wo vor 100 Jahren die Menschen noch mit der Sänfte hoch ins Lötschental getragen wurden, wurden von 1987 bis 2002 breite Straßentunnel ins Rhonetal hinunter angelegt. Hin und wieder erhascht man aber noch einen Blick auf die alte Straße (zumindest als Beifahrer).

Und man kommt so schön entspannt an! Man könnte sogar im Wagen sitzen bleiben, um in gerade einmal 60 Minuten von Kandersteg nach Iselle zu gelangen. Und dieses metallisches Rattern hat etwas Hypnotisierendes.

Weil man immer gerettet wird

»Ich muss vorne sitzen«, sagt der Mitflieger und krabbelt in den Heli, »ich will fotografieren.« Wer will das nicht? Kurz vor Zermatt (VS) erreiche ich den Start- und Landeplatz der Air Zermatt. Ich klingele an einem verrammelten Tor und trete in einen Aufzug, der mich auf die Plattform der Helikopter bringt. Die Maschinen sind rot und zeigen die vielen Sternchen der Walliser Fahne. Nach einer kurzen Einweisung durch das Bodenpersonal erklimme ich den Helikopter und fliege – ums Matterhorn. Ganz relaxed von oben beschaue ich mir die Erklimmer des berühmten Berges, die den sie umschwirrenden Helikopter keines Blickes würdigen. Dem Mitflieger sei das Vornesitzen gegönnt, auch in der zweiten Reihe sieht man aus 4.500 Metern noch genug an Gletschern, Eis und Berglandschaft, je nach Wetter auch den Montblanc.

Sehe ich aus, als wenn mich das interessiert bei so viel Alpenlandschaft? Im Süden hat's Wolken, »sonst könnte man Mailand sehen«, tönt die Stimme des Piloten durch den Kopfhörer. Ich will mich nicht durch von Menschenhand-geschaffener Schönheit beeindrucken lassen, sondern von alpiner Urgewalt. Dafür muss ich nicht »vorne« sitzen, das schafft die Natur auf 360 Grad. Also ein tolles Erlebnis, das, wie so oft, einen ernsten Hintergrund hat: Hubschrauber sind die schnellsten Rettungsmittel. Deshalb wird im Büro der Air Zermatt vielfach für den Erwerb der Rettungskarte geworben, natürlich auch für das Käppi mit dem Aufdruck *Fly Air Zermatt*.

Ursprünglich wurde diese Hubschrauberstaffel gegründet, um Leben zu retten. Doch es gibt auch weitere wichtige Aufgaben zu erfüllen, zum Beispiel, Transporte zu schlecht zugänglichen Stellen in den Bergen zu fliegen. Womit ich nicht den Spaßfaktor Heliskiing meine, dessen Flüge in die Hunderte gehen. Inzwischen fliegen zehn Maschinen, gegründet wurde die Air Zermatt 1968 mit einem

Helikopter, einem Piloten und einem Mechaniker. Die Air Zermatt konnte also 2018 ihr 50-jähriges Jubiläum feiern. Sie haben einen zweiten Standort bei Raron im Rhonetal und ein eigenes Ausbildungszentrum. Und natürlich rettet die Air Zermatt uns nicht alleine, sondern auch andere, unter anderem die zweitgrößte Helikoptergesellschaft Air-Glaciers.

2016 jährte sich ein Ereignis zum 70. Mal, das als die Geburtsstunde der Luftrettung gilt. 1946 retteten zwei Fieseler-Storch-Flugzeuge die Crew einer US-amerikanischen Militärmaschine. Die C-53 Dakota war im Nebel vom Kurs abgekommen, konnte aber auf dem Gauligletscher (BE) notlanden. Immerhin auf 3.350 Meter Höhe. Aus Flugzeugen waren zunächst Hilfspakete abgeworfen worden, bis Schweizer Militärpiloten auf dem Gletscher landen und die zwölf Passagiere retten konnten. Diese Hilfsaktion gilt als erste Luftrettung im Hochgebirge. Weltweit. Möglich wurde sie durch die Eigenschaft dieses Flugzeugtyps, auf 50 Meter Pistenlänge starten und auf 20 Meter landen zu können. Sein hohes Fahrgestell brachte dem »Hubschrauber mit Tragflächen« den Namen Storch ein.

Die Helikopter schaffen das natürlich heutzutage leichter, wenn sie unentwegt Material zu hoch in den Bergen liegenden Baustellen transportieren. Oder zum Beispiel im Jahr 2018 mehr als 2000 Menschen aus dem durch Schnee und Lawinen von der Außenwelt abgeschnittenen Zermatt ausflogen.

Bis es so weit war, brauchte es aber noch etliche Pionierleistungen mutiger Piloten. So gelang es Günther Amann von der Air Zermatt 1971, mithilfe einer Seilwinde Bergsteiger direkt aus der Eiger-Nordwand zu retten. Und im Jahre 2010 waren es Daniel Aufdenblatten und Richard Lehner, denen es in der dünnen Luft auf 7000 Metern Höhe in Nepal gelang, drei Menschen mit dem Hubschrauber aus Bergnot zu retten. Und dabei einen Hubschrauber-Höhenrekord aufstellten und 2011 den äußerst selten vergebenen *Heroism Award* erhielten, so wie Chesley Sullenberger nach seiner spektakulären Notlandung 2009 auf dem Hudson-River.

Ein Ambulanzjet Bombardier CL-604 Challenger der Rega, der Schweizerischen Rettungsflugwacht, hatte weltweit seit 16 Jahren Menschen nach Hause geflogen.

2019 ist das Flugzeug im Außengelände des Verkehrshauses der Schweiz in Luzern für immer gelandet. Dazu war die Maschine vom Militärflughafen Alpnach (OW) auf ein Pontonschiff verladen worden, mit dem sie über den Vierwaldstättersee nach Luzern gebracht wurde, aus Anlass dieser spektakulären letzten Landung von einem Hubschrauber der Rega überflogen.

88. Grund

Weil die Zytglogge eine besondere Uhr ist

Darauf, zu wissen, wie spät es ist, haben alle Schweizer schon immer größten Wert gelegt. So gibt es auf der Muota (GR) eine bronzezeitliche Kultstätte (1500–1100 v. Chr.) mit derart gesetzten Menhiren, dass mithilfe der Sonne wichtige Daten für den Ackerbau, zum Beispiel Sonnwenden, bestimmt werden konnten. Stonehenge in der Schweiz sozusagen.

Wenn man eine der gut erhaltenen mittelalterlichen Schweizer Städte betritt, vor allem in der Westschweiz, so kann man mitunter durch ein Stadttor treten, das auch gleich die Zeit angibt. So weiß man immer, ob man sich sputen muss, bevor die Stadttore schließen. Das ist ein einfacher Vorgang, und deshalb reicht auch ein Zeiger. Und damit man weiß, wer hier das Sagen hat, zeigt dieser eine Zeiger eine Schwurhand: Sie betreten eine freie Reichsstadt. Das kann man zum Beispiel in Laufen (BE) erleben oder in Murten (FR).

Und weil es Uhren sind, die seit alters die Zeit angeben, werden sie auch noch so aufgezogen, nämlich von Hand. Etwa in Aarau (AG) am Obertorturm von 1532 oder in Murten, wo die Gewichtssteine der von den Gebrüdern Ducommun 1712 in La-Chaux-de-Fonds

(NE) hergestellten Uhr aus Kanonenkugeln der Murtenschlacht (1476) gefertigt wurden. Zuständig dafür ist der Uhrenrichter.

Eine andere Möglichkeit, die Uhrzeit anzuzeigen, bietet auch die Solothurner Uhr: Sie zeigt elf Stunden an. Das Foucaultsche Pendel im Naturmuseum dreht sich um elf Grad pro Stunde. Die Solothurner haben also ein Faible für die Zahl Elf, sogar die Kirche. Elf Stufen führen zur St.Ursen Kathedrale hoch, die elf Altäre und elf Glocken besitzt. Darüber hinaus ließen sich noch viele andere Bezüge zur Elf in der Stadt entdecken.

Ein Kapitel für sich ist das Verhältnis des stolzen Schweizer Bürgers zur christlichen Kirche bzw., um beim Thema dieses Grundes zu bleiben, eine Frage der Uhrzeit. 1385 fertigte Heinrich Halter aus Basel eine Turmuhr in Luzern an, zu der er gleich noch eine Gebrauchsanweisung mitlieferte. Und da wir hier von einem Turm in der Stadtmauer reden, gab der Rat der Stadt ihr das Erstschlagsrecht. Das wurde auch auf die »neue« Uhr von 1535 übertragen, sodass die Zytturmuhr eine Minute vor der Uhr der Stiftskirche St. Leodegar die volle Stunde schlägt.

In der Stadt weiß man eben, was die Stunde geschlagen hat. Da waren auch die Schiffsleute auf dem Vierwaldstättersee froh darum, die sich an der Uhr am Rathaus für ihre Ab- und Ankunftszeiten orientierten. Deshalb ist das östliche Zifferblatt der Rathausturmuhr größer als das westliche.

Und natürlich der berühmte Zytgloggeturm in Bern! Seine Uhr funktioniert seit über 600 Jahren und ist das älteste Uhrwerk der Schweiz. Und natürlich eine Touristenattraktion, wenn vier Minuten vor der vollen Stunde das Figurenspiel beginnt. Vor allem der Narr tut sich hervor. Früher war sie nicht nur eine Touristenattraktion, sondern von elementarer Bedeutung: Von hier aus wurden die Wegstunden gemessen, auf ihn beziehen sich die Stundensteine an den Kantonsstraßen. In seinem Tordurchgang sind die Längenmaße, früher Elle und Klafter, heute noch Meter und Doppelmeter, als Urmaße zur öffentlichen Kontrolle angebracht.

Im Mittelalter richteten sich die Menschen zunächst an den zwölf Arbeitsstunden und Gebetsstunden des Tages aus. Die Kirchenglocke gab die Zeit vor. Aber bekanntlich währten diese Stunden dann im Sommer länger als im Winter. Das änderte sich mit der Einführung mechanischer Räderuhren im 14./15. Jahrhundert, die es ermöglichten, eine Zeitmessung über 24 gleich lange Stunden des Tages einzurichten. Nun brauchte es auch Ziffernblätter, das größte Europas mit einem Durchmesser von 8,64 Metern besitzt St. Peter in Zürich. Schließlich bekamen im 18. Jahrhundert auch die meisten Turmuhren einen Minutenzeiger.

Bis dahin war viel Platz auf dem Ziffernblatt. Was lag also näher, als die Stadt und ihre Menschen in den Kosmos einzubinden. Und so zeigten die Uhren die Schöpfungsgeschichte (Bern), die Planeten (in Schaffhausen, Sion/Sitten oder Zug) und wiesen die Menschen auf die Vergänglichkeit ihres Daseins hin: Vom Zeitglockenturm in Solothurn aus dem 12. Jahrhundert grinst der Tod, lässt das Gerippe klappern und schüttelt das Stundenglas. Dann doch lieber den tanzenden Narren in Bern.

Wem das jetzt zu makaber ist: Natürlich ist auch hier wieder die Schweiz international! Die Sonnenuhr von Daniel Burla an der Primarschule in Murten zeigt seit 1973 an fünf exotischen Beispielen die Weltzeit an.

89. Grund

Weil man sich kutschieren lassen kann wie in alten Zeiten

So eine Kutsche ist doch schon ein enormer Vorteil gegenüber dem mühseligen Passaufstieg mit Maultieren. Da beklagte sich Goethe in einem Brief an Frau von Stein: »Auf den Gebirgen ist keine beschwerlichere Reisegesellschaft als Maultiere ... Steht man still, um etwas zu betrachten, so kommen sie einem wieder zuvor, und der betäubende Laut ihrer Klingeln und ihre breit auf die Seite stehende Bürde sind einem hinderlich und beschwerlich.«

So mühsam ging es noch um 1800 zu, wenn man auf den Gotthardpass wollte, es konnte also nur besser werden. Und das wurde es, als 1830 die erste Postkutsche den Betrieb aufnahm, ab 1842 fuhr das Fünfergespann einmal täglich in beide Richtungen. Im Winter kamen Schlitten zum Einsatz. Mitte des 19. Jahrhunderts lag das Zentrum des ostschweizerischen Postkutschenverkehrs mit täglich 100 Kutschen natürlich in der Hauptstadt, Pardon, in Zürich. Aber das tut jetzt nichts zur Sache.

Von diesem mühseligen Reisen macht man sich kaum noch eine Vorstellung, sondern freut sich, wenn einem auf der alten gepflasterten Tremola am Gotthardpass eine Postkutsche entgegenkommt. Das ist einfach Atmosphäre! Auch wenn es ein Nachbau ist. Seit Ende der 1980er-Jahre zuckelt die Kutsche wieder über den Gotthardpass, ein teurer Spaß, aber ein schönes Erlebnis, für die Teilnehmer und für die Zuschauer, zu denen ich bisher auch noch gehöre. Die fünf gemütlichen Pferde schert das nicht, sie ziehen ihre 2,7 Tonnen Last gemächlich hinter sich her. Sie sind ja selbst 600 Kilo schwer.

Heutzutage geht es morgens vor dem Bahnhof in Andermatt im Kanton Uri los. Die Pferde sind angeschirrt. Schon das ist ein Erlebnis, wie sie da ungeduldig mit den Hufen scharren und darauf warten, dass der Postillon ins Horn bläst, damit es endlich losgehen kann. Der gelb und schwarz gestrichene Landauer, ein naturgetreuer Nachbau einer Kutsche aus dem 18. Jahrhundert, bietet Platz für acht Personen. Die mutigen Kutscher sitzen oben auf dem Bock und haben hoffentlich alles im Griff.

Haben sie, los geht es, alle sind an Bord. Die geduldigen Freiberger aus dem Jura lassen sich von dem Verkehr auf der Schnellstraße, in die die Kutsche einbiegt, ebenso wenig aus ihrer unendlichen Ruhe bringen wie durch das Aufsehen, das sie auslösen. Sie haben, was sie wollten, Bewegung, sie kennen die Strecke.

Das Geklapper der Hufe macht einen Heidenlärm. Auf dem alten, gepflasterten Sträßchen traben die Pferde dem Pass entgegen, bedrohlich nahe rücken die Gesteinsbrocken. Und lassen erahnen, wie gefahrvoll solch eine Fahrt durchs Gebirge einmal war. Gegen Mittag ist die Passhöhe erreicht, die Kutsche umzingelt von Schaulustigen. Fototermin für alle. »Lueg, Vata, Rössli«, sagt ein kleines Mädchen und staunt. Die sind sogar echt! Und einfach ein schöner Anblick. Dann geht's über das historische Kopfsteinpflaster die Tremola hinunter. Da kommt einem gleich das berühmte Bild von Johann Rudolf Koller von 1873 mit der donnernden bewegten Talfahrt nach Airolo (TI) in den Sinn. In Airolo kommt die Kutsche nach sieben Stunden, davon fünf Stunden reiner Fahrtzeit, glücklich an.

Und es ist Schluss mit der durchgerüttelten Romantik. Von hier werden die Kutsche und die Tiere in den Lastwagen verfrachtet und durch den Gotthardtunnel wieder auf die Nordseite gebracht.

Dann kann es von Andermatt wieder losgehen.

90. Grund

Weil man sich überallhin kutschieren lassen kann

Mit dem gelben PostAuto mit weißem Dach, dem roten Schweizer Kreuz und dem stilisierten Posthorn kommt man fast überallhin. Und dieses Verkehrsmittel, liebevoll Poschti genannt, hat immer Vorfahrt. Damit man ihn in den zahlreichen Kurven auch hört, lässt er sein charakteristisches Dreiklanghorn ertönen. Die Tonfolge cis-e-a in A-Dur stammt aus dem Andante der Ouverture zu Rossinis *Wilhelm Tell*. Und ist damit grundlegend schweizerisch.

Ich erinnere mich an die abenteuerlichen Alpenquerungen in den 1960er-Jahren, wenn mein Vater den Wagen Richtung Süden lenkte, während ich selbst quengelnd im Fond saß und er an jeder unübersichtlichen Kurve, und derer gab es vor 60 Jahren noch sehr viele, warnend hupte. Oder war es fragend? Na, jedenfalls: Kam ein Dreiklang retour, musste er ausweichen oder anhalten. Oder sogar zurücksetzen.

Tempi passati. Nicht vorbei ist es mit dem PostAuto. Das erste PostAuto verkehrte übrigens am 1. Juni 1906 von Bern ins etwa 20 Kilometer entfernte Detligen (BE). Dann brach man schnell zu weiteren Ufern auf. Nach der Inbetriebnahme des Simplontunnels für die Eisenbahn 1906 brachen Güterverkehr und Reiseverkehr über den Pass zwischen dem Wallis nach Italien ein. Und das, obwohl die Strecke über den Simplon als erste Passstraße in der Schweiz für den privaten Autoverkehr freigegeben wurde. Besser wurde es 1919, als das PostAuto einen geregelten Verkehr aufnahm. Die Schweizerische Reisepost, wie der PostAutodienst bis in die 1990er-Jahre hieß, ersetzte nach und nach die Pferdeposten durch PostAutos, erschloss aber dank des Monopols auch zahlreiche neue Gebiete.

Diese Erwähnung würde zwar auch unter die kühnsten Straßen passen (s. Grund 81), aber ich möchte doch lieber meiner Bewunderung darüber Ausdruck verleihen, dass die kühnen Fahrer des Poschti jede Straße meistern können. Die Fahrgäste können sich also ganz entspannt zurücklehnen und die Aussicht genießen. Oder in dunklen schmalen Tunneln erschaudern, so wenn man durch den grob gehauenen Tunnel ins Binntal fährt (VS) oder nach Samnaun (GR).

Auch die Einfahrt nach Carona (TI) ist nicht ohne, wenn der Bus durch den engen Felsbogen an der Pfarrkirche San Giorgio hindurch muss. Aber auch das schaffen die Poschti-Fahrer, mithilfe besonderer Rückspiegel und Niveauregulierung, zudem ist die Klimaanlage im Motorraum integriert und nicht auf dem Dach wie bei anderen Fahrzeugen. Aber Hauptsache: geschafft, ohne dass der Felsen Schrammen hinterlassen hätte. PostAuto fahren heißt eben: fahren können!

Für Passanten, Pardon, passionierte Passquerer, bietet sich die Nufenen-Furka-Gotthard-Linie an. Der karg kahle Nufenenpass ist mit 2.478 Metern über dem Meeresspiegel der höchste befahrene Alpenübergang der Schweiz. Was den Poschti nicht schert. Schließlich hat er ein P-Autokennzeichen, also keine Kantonsbezeichnung. Vielleicht heißt P schlicht P-assübergreifend?

Wesentlich entspannter, dafür hoch hinaus, geht es auf der Fahrt nach Juf (GR), ganz hinten im Averstal, wo sich die dreifache Wasserscheide zwischen Schwarzem Meer, Nordsee und Mittelmeer befindet. Nebenbei: Juf ist die höchstgelegene ganzjährig bewohnte Siedlung Europas. Und passionierte Oldtimerfans fahren mit dem alten Saurer RH 525-23 von 1979 oder dem sogar noch älteren FBW EDU 50 von 1966 auf der historischen PostAutolinie durchs Emmental (BE).

Wie wichtig der Postbus für den Anschluss an die Welt ist, erklärt Max Frisch eindringlich in seiner Erzählung *Der Mensch erscheint im Holozän* von 1979. Der Protagonist, Herr Geiser, ist tagelang in seinem Dorf von der Außenwelt abgeschnitten. Auch der Postbus fährt nicht. Was etwas heißen will und eine Katastrophe ist. »Es kommt nur kein Post-Bus, man vermisst seine Dreiklang-Hupe«, verzweifelt Herr Geiser. Der dreimal täglich verkehrende Postbus gehört zum Leben, die »... schmale, aber ordentliche Straße, die nur Ausländern, insbesondere Holländern, Angst macht«, ist die Nabelschnur zur Welt.

Max Frisch beschreibt in der Erzählung den Ort Berzona (TI), in dem er selbst von 1962 bis zu seinem Tode 1991 lebte. Er wie auch seine Schriftstellerkollegen Golo Mann und Alfred Andersch wussten die Weltabgeschiedenheit des Tales zu schätzen. Alfred Andersch und seine Frau Gisela sind auf dem Friedhof von Berzona bestattet, Max Frisch nicht. Bei einem großen Abschiedsfest in seinem Garten in Berzona streuten seine Freunde seine Asche ins offene Feuer.

Übrigens: Der Postbus bzw. das PostAuto durch das Valle Onsernone von Locarno nach Berzona verkehrt nicht mehr dreimal täglich. Sondern sechsmal.

Kapitel 12

Die ganz spezielle Schweiz

91. Grund

Weil es nur hier einen Röstigraben gibt

Den es natürlich zu überwinden gilt. Dafür ist so ein Graben schließlich da! Teilweise soll es allerdings ein feuchter Graben sein, der deutsch Saane oder französisch Sarine heißt und ein 126 Kilometer langer Fluss ist. Es heißt, er würde die deutschsprachige Schweiz von der französischsprachigen Schweiz trennen. Dabei lief die Sprachgrenze zwischen romanischen und germanischen Sprachen im frühen Mittelalter wahrscheinlich sowieso weiter östlich als heute (s. Grund 33). Und dieser Graben soll Mentalitäten, Menschen und Geschlechter trennen.

Apropos geschlechterneutral. Während »die« Rhone in ihrem deutschsprachigen Oberlauf »der« Rotten heißt, ist die Saane immer weiblich, im Deutschen und im Französischen.

Sie entspringt im Diableretsgebiet im Wallis, umfließt das französischsprachige Frîbourg/Freiburg und mündet beim deutschsprachigen Bern in die Aare. Deshalb verbindet schon vom Ursprung her das kleine Teufelchen naturgemäß und trennt nicht, wen auch immer. Die Saane umfließt auch den Berg von Gruyère, deutsch Greyerz (FR), wo man die gewaltige Schlossanlage aus dem 13. Jahrhundert besuchen kann. Überall prangt das Wappen mit dem Kranich, der in vielen Sprachen *grugru* macht. Er ist ein Zugvogel, und im Mittelalter bedeutete sein Erscheinen: Es wird Frühling, wir können wieder auf einen Feldzug ziehen.

Aber nicht doch. Vom Berg blickt man weit nach Westen, in die Berge und auf Bulle (FR), das einmal traurige Berühmtheit erlangte. Im Jahr 1805 wurde die kleine Stadt Opfer eines gewaltigen Brandes, des größten Brandes in der Geschichte der Schweiz, heißt es. Dabei verbrannten auch Tausende von Käselaiben, denn Bulle war der Hauptlagerplatz des Greyerzer Käses. Die Bürger standen vor dem Nichts und geschmolzenem Käse. Es sah schlecht für sie aus, denn es gab keine Feuerversicherung.

Doch alle Schweizer zeigten sich solidarisch mit ihren armen Mitbürgern und hilfsbereit. Eine enorme Welle von Spenden half beim Wiederaufbau. Denn, um noch einmal auf den Kranich zurückzukommen: Er ist auch das Symbol für Kraft und Langlebigkeit! Es ist zwar nicht zu leugnen, dass bei Volksabstimmungen immer einmal wieder ein Graben aufbricht, die Deutschschweizer geben aber zu, dass die Welschen unter anderem mehr vom Essen verstehen. Auch in der Sozialpolitik stimmen sie schon einmal anders ab. Oder in Fragen der Außenpolitik.

Da könnte wieder Gruyère/Greyerz helfen. Denn dort gibt es nicht nur ein Tibet-Museum, sondern auch ein Museum, das an den Oscar-Preisträger H. R. Giger erinnert (1940–2014), der u.a. 1978 den *Alien* für die Filme von Ridley Scott schuf. Surreal! Und das in der Schweiz! Das zeigt nur wieder einmal, dass eine enge Heimat sogar das Universum sprengen kann! Fantastisch! Also lasst uns den

Graben ganz real mit Rösti füllen. Einfach Kartoffeln grob raspeln und in der Pfanne kross braten. Und so ziehe ich den *Rideau de R*östi zu und sage *Bon Appetit*.

Weil auch eine Demokratie ihre Königinnen hat

Sogar vierbeinige: Seit 1922 treten im Frühjahr und im Herbst im Kanton Wallis die Eringer Kühe (französisch *d'Hérens*) gegeneinander an. Dieses unblutige Kampfspektakel heißt im deutschsprachigen Teil des Wallis Ringkuhkampf, im französischen hingegen *Combat des Reines*, der Kampf der Königinnen. So stimmt es zwar nicht ganz, da nur die Siegerin auch Königin wird. Aber es muss auch bei Schweizer Kühen gerecht und demokratisch zugehen, daher wird in fünf unterschiedlichen Kategorien gekämpft, sodass es am Ende der Veranstaltung doch mehrere Königinnen gibt: In den verschiedenen Gewichtsklassen, bei den Erstmelken und bei den Rindern.

Die – meist schwarzen – Eringer Kühe sind als kampfeslustig bekannt, denn sie wissen sich gegen alle Wetterunbilden und tierischen Unholde zu wehren. Sie sind eine alte zähe Rasse, die bereits die Römer ins Land gebracht haben sollen. Manche behaupten auch, die Art ginge auf ein vorgeschichtliches Torfrind zurück. Aus dem römischen *Octodurus*, dem heutigen Martigny (VS), ist der Kopf einer beeindruckenden dreigehörnten Stierskulptur gefunden worden. Sozusagen der passende König zu den Königinnen, die in Martigny ihre Kämpfe in der römischen Arena abhalten. Direkt neben der Residenz von König Bernhardiner im Barryland der Museen der Gianadda-Stiftung. Kein schlechtes Ambiente, ebenso wie der diesjährige Kampf in der Schneearena von Flaschen bei Leukerbad (VS). Auch den Kuhköniginnen muss etwas geboten werden.

Auf den spärlichen Weiden des Rhonetals mussten die Kühe vor allem trittsicher sein, um auf den steinigen Hängen Gämsen und Steinböcken zumindest auf den dorfnahen Weiden Konkurrenz machen zu können. Da waren keine schwerfälligen Tiere gefragt, sondern eher ein kleines, aber wendiges Modell mit zierlichen Füßen.

Und so gehört die Eringer Kuh auch zu den kleinsten Hausrindarten. Aber sie wird auch nicht wegen ihrer Milch oder ihres Fleisches gezüchtet bzw. liebevoll gehegt und gepflegt, sondern gehört zur Familie »ihrer« Menschen. Beide Geschlechter haben Hörner, die bei der Geburt schwarz sind, was sich in den ersten zwei Jahren auswächst. Das ergibt ihre typischen Hörner – »unten« weiß, »oben« eine schwarze Spitze.

Die Eringer Kühe treten nicht zu, sie wissen sich anderweitig, vor allem mit Köpfchen, zu wehren und ihre Rangordnung innerhalb der Herdengemeinschaft zu klären. Stolz sind sie, die Eringer(innen), und stolz sind ihre Besitzer auf sie. Da bietet sich doch ein öffentliches Kämpfchen an. Und so steht oder sitzt das begeisterte Publikum am Rande der einfach abgegrenzten Stechfestarena und feiert die Kämpferinnen. So ein Ringkuhkampf hat Volksfestcharakter und macht Spaß. Allein beim Saisonstart 2018/19 in der Goler Arena in Raron traten 170 Tiere gegeneinander an.

Nachdem die Feuerwehr erst einmal den staubigen Boden der Arena gewässert hat, führen die Besitzer ihre Kampfkühe gegeneinander, und alle feuern ihre Favoritinnen an. Die haben nicht immer Lust auf ein Kämpfchen, aber die ein oder andere stößt mit dem gehörnten Kopf doch ein Duell an, bei dem es dann zu »Schwüngen« kommt. Das kann schon einmal eine halbe Stunde zähen Kampfes bedeuten. Die Kuh, die sich zuerst wegdreht, hat verloren, die Kampfkuh, die am Ende übrig bleibt, wird Königin.

Den sieben besten Kühen jeder Kategorie wird eine Glocke umgehängt, die sogenannte Treichel. Sie ist die Einladungskarte für das Nationale Final, das traditionell im Mai stattfindet, im Jahr 2019 in Aproz (VS). Also nicht so weit entfernt vom Val d'Hérens, das den

Königinnen ihren Namen gegeben hat. Bei der Kampfkategorie der schwersten Tiere in der Goler Arena siegte übrigens die 691 Kilogramm schwere Tokyo.

Alls Gueti!

93. Grund

Weil es von Monarchen nur so wimmelt

In der Schweiz, spöttelte Oscar Wilde, gäbe es bekanntermaßen weder Aristokraten noch Könige. Ja kannte er denn die Inflation von wem auch immer gekrönter Häupter nicht? Auch wenn es nicht immer der Wahrheit entspricht wie die Rigi bei Luzern, »die Königin der Berge«, *Regina Montium,* die zum Beispiel der begeisterte William Turner auf mehreren Aquarellen verewigte. Eigentlich kommt der Name von den sichtbaren Bändern im Fels, den Riginen, aber wen interessiert das schon. Wenn man weiter nach oben sieht, erheben sich ein Mönch, ein Schwarzmönch und eine Jungfrau. Habe ich jetzt etwa den König der Berge vergessen? Nein, das Matterhorn hat sogar ein eigenes Kapitel (s. Grund 8).

Aber beginnen wir am Anfang. Immerhin liegt die Stammburg derer von Habsburg in der Schweiz. Konkret im Aargau. Sie soll angeblich um 1030 von Radbot auf dem Bergsporn gegründet worden sein, als er hier seinen entfleuchten Jagdhabicht wiederfand. Weniger zahm waren dann die Kaiser und Könige, die diese Dynastie bekannt machten. Vor allem natürlich in Österreich. Die Habsburger, die in Österreich nicht beerdigt werden durften, liegen in der Gruft der Klosterkirche Muri (AG). In der Klosterkirche Königsfelden in Windisch (AG) ließ Elisabeth von Tirol ihren 1308 ermordeten Ehegatten, König Albrecht I., bestatten.

Einer anderen Elisabeth erging es umgekehrt. Die Kaiserin von Österreich, allgemein unter dem Namen Sisi bekannt, wurde in Genf ermordet. In Montreux erinnert ein Denkmal an sie. Dann doch lieber *Carpe Diem*. Da lobe ich es mir doch, mir im Schatten des gewaltigen Burgturmes der Habsburg ein Gläschen von dem Wein zu gönnen, der auch an den Hängen wächst. Die Staufer mit Kaiser Friedrich I. Barbarossa kamen 1173 in den Besitz der beeindruckenden Lenzburg (AG), die 100 Jahre später von den Habsburgern übernommen wurde.

In den Jahrhunderten davor haben nicht nur Könige, sondern auch Kaiser ihre Spuren hinterlassen wie die römischen Kaiser Vespasian und sein Sohn Titus oder zum Beispiel Karl der Große (768–814). In steinerner Lebensgröße steht er im Kloster Müstair (GR), das er gegründet haben soll, nachdem er im Jahr 774 auf dem Heimweg von seiner Krönung zum König der Langobarden auf dem Umbrailpass in einen Schneesturm geraten war. Eine andere Legende berichtet, dass er einen Hirschen von Aachen bis Zürich verfolgte, bis sein Pferd an der Stelle hielt, wo die Gebeine der Märtyrer Felix und Regula ruhten und heute das Großmünster steht.

Das Basler Münster wurde vom letzten ottonischen Kaiser Heinrich II. und seiner Frau Kunigunde von Luxemburg gestiftet. 1146 und 1200 heiliggesprochen, gelten sie als die Basler Stadtheiligen. Auf dem Gemälde von 1903 im Basler roten Rathaus sieht man die Gesandten der Eidgenossenschaft 1501 in Basel einziehen, natürlich am Heinrichstag, dem 13. Juli.

Der Walliser Kaspar Jodok Stockalper galt als *Roi du Simplon*, als er diesen Pass für den Handel ausbaute. Ein anderer weit ausgreifender Unternehmer war »König Alfred I.« oder gar der »Zar von Zürich«. So wurde der Zürcher Politiker Alfred Escher genannt (1819–1882). Er hatte die Gotthardbahn initiiert, erlebte aber eine Fahrt durch den Tunnel nicht mehr. Das kann er 2019 nachholen, wenn er als Holzskulptur des Künstlers Inigo Gheyselinck mit im SBB-Zug sitzt.

Hoffentlich gerät er dabei nicht dem berüchtigten Jäger Gian Marchet Colani (1772–1837) in die Fänge. Der war in napoleonischer

Zeit Gastwirt des Berninahauses (GR) und ging als *Der König der Bernina* in die Geschichte und die Literatur ein, so in Jakob Christoph Heers gleichnamigem Roman aus dem Jahr 1900.

Den preußischen Königen gehörte einst Neuenburg (s. Grund 38). Noch heute gibt es die *Grotte des Rois de Prusse* am Fluss Doubs. Lausanne ist die »Königin der Schweizer Riviera«, ganz schön viel Monarchisches für eine Demokratie. Die Stadt ist Sitz des Internationalen Olympischen Komitees und somit zuständig für alle zukünftigen Sportkönige und Sportköniginnen. Im Bündner Ort Scuol blubbern 20 Mineralquellen, die wohl schon seit dem 14. Jahrhundert genutzt wurden. Der Arzt Paracelsus machte ihre heilende Wirkung dann im 16. Jahrhundert so richtig bekannt, und Scuol avancierte im 19. Jahrhundert zur »Badekönigin der Alpen«.

Der Prospekt der Abtei Saint-Maurice (VS) wirbt für diese Klosteranlage mit dem schönen Satz: *Les plus grands rois l' ont visitée. Et vous?* Die Abtei ist das älteste ununterbrochen bewohnte christliche Kloster des Abendlandes, im 6. Jahrhundert vom Königssohn Sigismund von Burgund im römischen Ort *Agaunum* an der Rhone gegründet. Also nichts wie hin und sich wie eine Königin oder ein König fühlen.

Weil die Schweizer so wehrhaft sind

Die Schweizer Söldner waren begehrt zu Zeiten der Renaissance, als es in zahllosen Kriegen in Europa hin und her ging. Aber sie wussten auch, was sie wert waren. Das musste zum Beispiel der französische König Franz I. 1521 erfahren. Kaiser Karl V. belagerte wieder einmal Mailand, das gerade den Franzosen gehörte, aber Franz konnte seine Schweizer Söldner nicht bezahlen. Und deshalb hieß es: »Kein Geld, keine Schweizer.«

Die nationalstolzen Schweizer Wehrmänner haben ihre Ordonnanzwaffe zu Hause, und beim Einrücken in den Dienst wird sie mitgenommen. Umweltbewusste nehmen dafür den öffentlichen Nahverkehr. Nach dem Ausscheiden aus dem Wehrdienst können sie es auch wieder mitnehmen, es muss aber umgebaut werden. Privatpersonen dürfen nur in Ausnahmefällen seit 1999 ihre Waffe im öffentlichen Raum tragen. Wer darüber hinaus ein Stück wehrhafte Schweiz haben möchte, kann sich etwas vom Armeeinventar ersteigern. Zum Beispiel einen Panzer. Je nach Kanton braucht man dann aber vielleicht eine Baubewilligung für ein Gerätehaus. Viele Leute ersteigern sich ein Armeefahrzeug, zum Beispiel einen Lastwagen, einen Jeep oder einen Pkw, denn die haben meistens wenig Kilometer auf dem Tacho, müssen jedoch auf Verkehrssicherheit überprüft werden. Vielleicht tut's ja auch schon ein schmucker Kampfanzug, also der sogenannte Vierfruchtpyjama.

Aber eigentlich sind nicht nur die Schweizer wehrhaft, sondern das ganze Schweizer Land. Es kursiert der Spruch »Wir haben keine Armee, wir sind eine«. Nicht nur die Festung Gotthard wurde zum Sinnbild des Schutzes vor invasiven Mächten, auch an etlichen anderen Stellen in der Schweiz wurden Berge durchlöchert und wehrhaft ausgebaut. Immer wieder fährt man über Sprengkammern in der Straße und an Tunneleinfahrten. Und wenn man nichts ahnend auf einer Straße im Jura an eine Engstelle kommt: Schon hat's eine Schießscharte! Die Straße macht eine Wendung um fast 300 Grad, und nun geht's erst richtig durch die Schlucht, in diesem Fall die Gorges du Pichoux. Allein das Festungsmuseum Crestawald in der Nähe von Sufers (GR) führt für alle »Sperrenbegeisterten« in seinem Sperrenarchiv 250 Sperren, verteilt auf 40 Festungen in Graubünden, auf.

So ist das mit den wehrhaften Schweizern. Das will ich mir vor Ort ansehen und fahre auf die älteste Schweizer Waffen-Sammlerbörse und eine der wichtigsten internationalen Börsen, die jedes Jahr Ende März in Luzern stattfindet. Im Jahr 2019 war sie zusätzlich interessant, weil es am 19. Mai eine Abstimmung über Ablehnung oder Übernahme des EU-Waffenrechtes geben sollte. Dagegen wurde massiv Sturm gelaufen, denn so etwas läuft dem Selbstverständnis des Schweizers zuwider!

Und so gibt es auch prompt einen zentralen Stand der Gesellschaft PROTELL, die seit 1978 das »liberale Waffenrecht« der Schweiz verteidigt. Ihr Aufkleber zeigt einen markigen Burschen mit Armbrust und ausgestreckter rechter Handfläche. Sie kämpft vehement gegen die Übernahme des EU-Waffenrechts bzw. gegen das »EU-Entwaffnungsdiktat«, das in ihren Augen antischweizerisch sei. Ich werde auch gleich vereinnahmt und soll der Initiative beitreten. »Aber ich bin Deutsche«, wehre ich mich. »Das macht nichts«, wird gekontert. Da bin ich ja beruhigt. Der Widerstand hat nichts genutzt. Am 19. Mai stimmten 64 Prozent der Schweizer Stimmbürger für die Übernahme des EU-Rechts, nur die Tessiner waren dagegen. Jäger und Sportschützen sind allerdings auch gar nicht betroffen, auch die Ordonnanzwaffen, also die militärische Ausrüstung, nicht.

Ansonsten geht es auf dieser Messe total entspannt zu. Am Stand der Luzerner Polizei für »Waffen, Sprengstoff und Pyrotechnik« werden nicht nur Kugelschreiber und Broschüren über das Schweizer Waffenrecht (die brauchen sowieso nur die staunenden Ausländer) verteilt, sondern auch gleich das passende Formular zum Erwerb einer Waffe.

Irgendwo habe ich gelesen, dass die Armbrust in der Schweiz nicht unter das Waffenrecht fällt wie in Deutschland. Ich trete an einen entsprechenden Bogenschießstand und frage danach, meine aber auch, mich dafür rechtfertigen zu müssen (ohne Schiller unter dem Arm!). »Ich bin Deutsche«, erkläre ich, und der freundliche Schweizer am Stand zwinkert mir zu. »Das hätte ich jetzt nicht gedacht«, sagt er in diesem unverwechselbaren Schweizerdeutsch und erklärt, »bei uns ist das eine Sportwaffe.«

Die Grenzen zwischen Waffe und Sportgerät scheinen fließend zu sein. Alles hat fairen Wettkampfcharakter, denn »Es schießt ja niemand zurück«. Es kommt eben auf die Übung in Präzision an.

Und zum Schluss gibt es Armee-Schokolade, 50-Gramm-Kraftpaket in Schweizer Rot mit Cornflakes und Kola-Extrakt. Das Armeebiskuit, gerne auch als »Bundesziegel« bezeichnet, lassen wir jetzt einmal außen vor. So präzise müssen wir auch nicht sein.

Weil in der Schweiz scharf geschossen wird

Das dürfen sogar schon die Knaben, selbstredend gleich mit scharfer Munition. Seit 400 Jahren treten am zweiten Septemberwochenende die jungen Schützen im Albisgüetli in Zürich zum Knabenschiessen zusammen, um den Schützenkönig zu ermitteln. Hervorgegangen ist es aus der militärischen Ausbildung der männlichen Jugend und deren Waffenübungen. Also hört man anerkennend: »Schießt wie Wilhelm Tell, der Kleine.« Wenn auch mit anderen Mitteln. Guter Schütze bleibt guter Schütze. Seit 1991 dürfen auch Mädchen mitschießen. Drum herum findet der dreitägige Jahrmarkt Chilbi statt, das größte Zürcher Volksfest. Das findet natürlich das meiste Interesse. Auch Schießen hat in der Schweiz Volksfestcharakter.

Noch heute gibt es kaum einen Ort, der nicht seinen Schützenverein hat. Bis 1996 musste sogar jeder Schweizer Mitglied in einem Schützenverein sein. Zwar gibt es auch heute noch zahlreiche begeisterte Schweizer, die in Vereinen, Schießkellern und auf den Schießständen ihrem Sport nachgehen, aber es werden weniger, und es gibt immer weniger Jungschützen. Natürlich schießen auch Frauen mitunter gerne. Aber die Tradition lebt weiter, und sei es modern in 3-D im Bogenschießen in einem Bogenpark. Man kann auf Tierfiguren schießen, auf Baumstümpfe oder andere markante Punkte im Gelände.

Aber wir wären nicht in der Schweiz, wenn die Tradition nicht auch lebendig wäre, zum Beispiel beim Historischen Murtenschießen Ende Juli, wenn man das »Murtenfähnlein« im Visier hat. Es erinnert an den glorreichen Sieg der Schweizer bei Murten (FR) über die Burgunder unter Karl dem Kühnen 1476. So lange findet das traditionelle Schießen zwar noch nicht statt, aber immerhin doch seit fast 90 Jahren. Jede Schützengesellschaft darf dort mitmachen, geschossen wird auf 200 und 300 Meter. »Auf dem Schiessplatz ist strengste Feuerdisziplin zu beachten; jeder nichtgezielte Schuss bildet eine grosse Gefährdung des offenen Hintergeländes. Es darf nur auf Befehl geladen werden. Feuereröffnung auf Kommando: Feuern! Ende Feuer: Langer Pfiff«, heißt es.

Vor Jahrzehnten fuhren wir zu einem Schießstand auf der grünen Wiese, wo die Schweizer mit ihren Militärwaffen auf 25, 50 und 300 Meter schossen. Der ältere Herr, der die Position des Schießbüchlein-Verwalters innehatte, meinte auf die Frage, ob wir als Deutsche zusehen dürften: »Ja, Sie sehen nicht aus wie ein Spion.« Wie sehen die in der Schweiz aus?

Überhaupt ist das Vereinswesen in der Schweiz, das sich seit dem 18. Jahrhundert herausbildete, fest im Gemeinschaftsleben verankert und hat, unter anderem wegen der recht freien rechtlichen Rahmenbedingungen, immer noch Zukunft. Dafür muss man nur einen Blick auf die Internetseiten der Städte und Gemeinden werfen, die stolz Listen ihrer Vereine führen. Statistisch gesehen soll rund die Hälfte der Schweizer in mindestens einem Verein tätig sein. Und so gibt es überall Dutzende davon.

Auch wenn man in gesetzterem Alter vielleicht nicht mehr gemeinsam ins Ferienlager, das früher Massenlager hieß, fährt, sind die Möglichkeiten der gesellschaftlichen Beschäftigung vielfältig. Feuerwehr, Feste organisieren, zum Singen, zum Plauschschießen, zum »richtigen« Schießen, zum Wandern und so viel mehr!

Weil die Schweiz ein Goldgräberland ist

»Ich bin hier wegen eines Nummernkontos«, sagt Jason Bourne im Film *Die Bourne-Identität* von 2002. Braucht er etwa einen Zustupf? Aber die Zuschauer wissen: Aha! Wir sind in einer Zürcher Bank! Zürich, der weltweit größte Goldumschlagplatz, ist seit 1877 einer der weltweit wichtigsten Finanzplätze und Sitz mehrerer Schweizer Großbanken, allen voran der größten Schweizer Bank, der UBS im Münzhof. Die Gründung der Staatsbank 1755 gab den Startschuss für eine unnachahmliche Entwicklung des Bankenwesens. Da kann es schon einmal vorkommen, dass sich die Zürcher für die heimliche Hauptstadt der Schweiz halten. Die größte Stadt der Schweiz sind sie jedenfalls. Da, wo heute die Zürcher Altstadt liegt, befand sich mit dem Lindenhof eine Zollstation und das Kastell *Turicum*, die die Römer im Jahr 15 v. Chr. unter Kaiser Augustus hier errichteten. Banken haben also in Zürich Tradition.

Aber auch die Schweiz ist nicht (mehr?) die Insel der Seligen. Auswirkungen der Finanzkrise, die Aufweichung des seit 1934 bestehenden Bankkundengeheimnisses für potenzielle europäische Steuersünder, die zunehmende Digitalisierung und die Nullzinspolitik machen auch Schweizer Banken zu schaffen. Es ist also nicht (mehr?) alles Gold, was glänzt. Dabei hat die Schweiz in puncto Gold so eine schöne Tradition! Mal wieder. Der griechische Geograf Strabon überlieferte den Philosophen Poseidonios um 100 v. Chr. mit der Bemerkung, dass die Helvetier ein goldreicher und friedliebender Stamm seien. Damit verwies er auf die wichtige Kulturfunktion des Schweizer Gebietes in keltischer Zeit. Und hat er mit dem Gold übertrieben?

Bereits in keltischer und danach in römischer Zeit wurde in den Flüssen eifrig Gold gewaschen. Mühsam den Göttern abgerungen, denen man es dann im Grab wieder zurückgab. Ein Glücksfall für uns, denn sonst würden die Archäologen nach über 2000 Jahren wohl kein altes Gold mehr finden. Oder man gab es den Göttern, die auf den Bergen wohnten, zurück, zum Beispiel in Erstfeld (UR) am Fuße des St. Gotthard, der damit fast in die Nähe des Olymp rückt! Dieser fast 2.500 Jahre alte Goldschatz überliefert reichen goldenen Schmuck, zum Beispiel goldene Ringe, Hals- und Armreife, die bei den Kelten ein Zeichen für den Kreislauf des Lebens waren. Goldener Schmuck wurde aus dieser Zeit auch an anderen Stellen vor allem in der Westschweiz gefunden, zum Beispiel in Payerne (VD), Ins (BE), Allenlüften (BE), Urtenen (BE) und Gunzwiler (AG). Noch Jahrhunderte älter ist eine 910 Gramm schwere Goldschale aus Zürich-Altstetten. Sogar 3.500 Jahre alt ist eine Bronzehand mit goldener Manschette, die oberhalb des Bielersees (BE) gefunden wurde. In der Kirche von Amsoldingen (BE) ist eine römerzeitliche Grabinschrift vermauert, die zwei Goldschmiede aus Lydien (Westtürkei) erwähnt.

Rheingold kennt jeder, verortet es aber meistens am Mittelrhein, unter der Rubrik »Hagen und der Nibelungenschatz«. Man kann aber auch schon an der Quelle schürfen. Immerhin brachte der bis jetzt größte Nugget ein Gewicht von über 123 Gramm auf die Waage. Und so waschen die Goldsucher auch weiterhin im Cadi am Rhein um das Kloster Disentis (GR). Das gibt es natürlich auch woanders, zum Beispiel im Entlebuch (LU). Im Mittelalter und in der frühen Neuzeit gewann man Berggold aus goldhaltigem Gestein durch Herausklauben und Zerstampfen, zum Beispiel aus den Quarzgängen im Zwischbergental bei Gondo (VS), wo vermutlich bereits die Römer Gold geschürft hatten. Die sogenannten Zaine wurden zu Stangen gewalzt und dann zu zartem Blattgold. Im Mittelalter war das Gold vor allem für die Mönche wichtig, die die Bucheinbände gottgefällig kostbar machten oder sogar mit Goldtinte schrieben.

Und wie kommen wir jetzt wieder zum Geld? In der Schweiz wurden bereits aus dem 3. Jahrhundert v. Chr. aus dem Ausland stammende Goldmünzen gefunden, im 2. Jahrhundert v. Chr. prägte man selbst. Wem das alles noch nicht goldig genug ist, der kann ins Helvetische Goldmuseum gehen, das im Zähringerschloss in Burgdorf

(BE) zu Hause ist. Sinnigerweise im Verlies des Bergfriedes. Man muss halt auf seine Schätze achtgeben, denn immer droht Gefahr: »In Zürich gelten auch die Börsianer und Bankiers als heilige Kühe. Sie dürfen keinesfalls verscheucht, beleidigt oder angerempelt werden, auch wenn sie das Fortkommen behindern. Und natürlich darf man sie auch nicht schlachten, obwohl einige junge Heißsporne in dieser Stadt das gerne sähen«, illustriert Hans Traxler.

97. Grund

Weil man durchatmen kann

Einst ließen sich Walser im Bergort Davos (GR) nieder, vielleicht wegen der guten Luft? Jedenfalls nahm Davos Ende des 19. Jahrhunderts einen enormen Aufschwung, und es entstanden zahlreiche Kliniken für Lungenkranke. Als Katia Mann hier 1912 eine halbjährige (sic!) Kur antrat, besuchte sie auch ihr Mann Thomas, den dieser Aufenthalt zu seinem Roman *Zauberberg* anregte. Was immerhin elf Jahre dauerte. Katia lag im Waldsanatorium, das es noch immer gibt, jetzt allerdings als Hotel mit Restaurant, das logischerweise »Mann & Co« heißt. Und einen Thomas-Mann-Weg gibt's natürlich auch, den schafft man aber in einer Stunde. Nur nicht überanstrengen, sondern Luft holen! Auf dem Wanderweg erreicht man die Schatzalp, sozusagen den Prototyp des Davoser Lungensanatoriums. Vor der Entdeckung des Penicillins hatten die armen Tuberkulosekranken wochenlang nichts anderes zu tun, als das zu üben, was ihnen die Krankheit schwer machte: in gesunder Luft tief durchatmen zu können.

Auch Arosa (GR) verhalf seit 1888 das Hochgebirgsklima zu einem heilsamen Aufschwung. Ob man als Friseur in den Kurorten reich werden konnte? Viele Frauen ließen sich damals die langen Haare abschneiden, sie waren beim vielen (Herum)liegen doch sehr hinderlich.

Auch im Tessin, zum Beispiel in Agra, wo der Schriftsteller Erich Kästner 1964 und 1966 kurte, oder in Carona, wo Ruth Hesse kurte, gab es Sanatorien für Lungenkranke, die sich an der frischen Luft und Vogelgezwitscher erfreuten. Wobei Letzteres zuweilen nicht viel zu hören war, denn die Tessiner frönten bis in die Mitte des 20. Jahrhunderts dem Vogelfang. Noch heute kann man nun meistens eher romantisch anmutende Relikte in der Landschaft entdecken, die sogenannten Roccoli. In diesen bis zu 15 Meter hohen Türmen versteckten sich die Jäger und ihre Lockvögel und lockten die Singvögel in ihre Netze und Schlingen, die als Delikatesse galten. Das Fangen von Singvögeln wurde zwar 1875 gesetzlich verboten, das half ihnen aber nicht viel. Ebenso wenig wie das gestreute Gerücht, die Vögel müssten als Insektenfresser geschont werden, da diese den Tuberkuloseerreger übertrügen.

Wir wissen, dass Mikroorganismen in unserem Körper Krankheiten auslösen können, deshalb mag es uns heute seltsam vorkommen, einer Krankheit, die durch ein Bakterium hervorgerufen wird, mit guter Luft beikommen zu wollen. Abgesehen davon, dass gute Luft niemandem schaden kann, wurden hier, wie vor der Mitte des 19. Jahrhunderts allgemein üblich, die Auslöser einer Krankheit außerhalb des Körpers in Umwelteinflüssen gesucht. Von daher meinte man, sie deshalb auch von außen heilen zu können. Dachte man. Gedanken, die zunehmend wiederkommen. Erst Louis Pasteur und Robert Koch konnten nachweisen, dass Bakterien Krankheiten verursachten. Bis sich diese Erkenntnis gegen viel Kritik und Ablehnung durchsetzen konnte, mussten jedoch viele Jahre vergehen. Bei der Weißen Pest, wie die Tuberkulose auch genannt wurde, kam erschwerend hinzu, dass die auslösenden Erreger sehr lange brauchen, bis der Mensch an der Krankheit stirbt. An der Schatzalp bei Davos kann man übrigens noch immer die Rampe sehen, über die die erfolglosen Kurgäste diskret abtransportiert wurden.

Ende des 19. Jahrhunderts war die Tuberkulose die häufigste Todesursache der 15- bis 40-Jährigen. 1882 gelang schließlich Robert

Koch der Nachweis des Tuberkuloseerregers, ein wirksames Antibiotikum wurde aber erst 1944 entdeckt. Die Krankheit ebbte im 20. Jahrhundert ab, sodass nicht mehr so viele Menschen »die Motten kriegten«. Aber ausgerottet ist sie nicht, denn die Erreger passen sich an und kommen wieder.

Erholung und monatelange Kuren in mondänen Orten konnten sich um 1900 nur die reichen Kranken leisten und sich angesichts des Alpenpanoramas auf den tiefen Balkonen der Sanatorien ihren Tagträumen hingeben. Aber auch sie siechten langsam dahin, weswegen die Krankheit auch Schwindsucht genannt wurde. Die durchscheinende Erscheinung der TBC-Kranken beflügelte aber auch Kunst und Literatur und romantisierte das Leiden der Bemitleidenswerten. Entweder waren sie selbst erkrankt, wie zum Beispiel Franz Kafka oder Albert Camus, oder sie wurden literarische Berühmtheiten wie *Die Kameliendame* von Alexandre Dumas, die uns musikalisch als *La Traviata* von Giuseppe Verdi wiederbegegnet.

Wenigstens die Schwarze Pest scheint besiegt. Denn die Schweiz mochte neutral sein, Krankheiten sind noch neutraler und können alle treffen. Aber die findigen Schweizer wären keine solchen, würden sie sich nicht dagegen wehren! In Luzern steht noch immer das schön bunt bemalte Haus des vielseitigen Apothekers Renward Cysat. Nachdem der Apotheker Anton Hegner 1567 der Pest zum Opfer gefallen war, übernahm sein Lehrling die Apotheke, wurde zum Heilkräuterexperten und zeugte 14 Kinder. Denn wie der Spruch auf seinem ehemaligen Haus am Weinmarkt zeigt, wusste er: *Amor medicabilis nullis Herbis*, Gegen die Liebe ist eben kein Kraut gewachsen.

Ob das Davoser Weltwirtschaftsforum die gute Luft für die Zukunft retten kann und frische Luft Lösungen für internationale Probleme wie Klimawandel, Cyberattacken und Handelskriege bringt? Immerhin wurde angeblich im Hotel mit dem passenden Namen Paradis in Ftan (GR) von Robert Schuman, Winston Churchill und Konrad Adenauer die Idee der Europäischen Union geboren. So schön schöpferisch war das damals. Das sind wir sicherlich noch immer.

Weil es hier glückliche Kühe gibt

Wie heißt es beim Schweizer Lieblingsschiller in *Wilhelm Tell: Die Alp ist abgeweidet! Glücksel'ge Heimkehr, Senn!* Nun ist bekanntlich Schiller nie in der Schweiz gewesen, fragen wir also einen Schweizer: »Der Senn, der täglich die Milch brachte, tat's mit einer Miene, dass man sich fragen musste, ob er nicht in die Milch gepisst hatte.«

Das vermutete Max Frisch in seinem *Wilhelm Tell für die Schule.* So schlimm kann's doch nicht gewesen sein, oder? Wahrscheinlich kam das daher, dass die Sennen, »die einen Sommer allein auf ihrer Alp verbrachten, lieber mit den Geistern als mit einem Unbekannten redeten«. Zwar gibt's die glücklichen Kühe nur im Märchen, aber der Mensch braucht auch Märchen. Zum Beispiel, wenn die raue Landschaft keine Idylle zulässt, sondern eine anstrengende Bewirtschaftung fast jeder Fläche erforderlich macht. So sie sich auch nur im Entferntesten für Viehhaltung oder Ackerbau eignet.

Und so werden die Tiere im Frühjahr auf den Maiensäß getrieben, bevor sie auf die hoch gelegenen Alpen kommen und gesömmert werden. Das dauert gut 100 Tage, ab 5 Uhr morgens bis in den Abend. Am Ende gibt es dann die Chästeilet, und die Regale der Käsespeicher biegen sich unter den schweren Käselaiben.

Kuhglocken sind ein wichtiges Utensil der heilen Bergwelt, um nicht zu sagen, das lauteste. Eine unüberhörbare Tradition findet am Chalandamarz, also am 1. März, in Graubünden statt. Dann ziehen die jungen Leute, zum Beispiel im Engadin, mit ihren Zipfelmützen durchs Dorf und scheppern mit ihren Kuhglocken. Je größer die Glocke, desto weiter vorne im Zug darf man das Geläut anstimmen. So wie der kleine Schellen-Ursli, der des Nachts auf den Maiensäß klettert und von dort die größte Glocke ins Tal bringt. Das berichtet 1945 Selina Chönz in ihrem schönen von Alois Carigiet illustrierten Kinderbuch. Der Schellen-Ursli ist sozusagen das Heidi von Graubünden. Vor den Häusern wird gesungen, wenn ein feines Gehör das dann noch aufnehmen kann. Eine Belohnung, zum Beispiel durch Süßigkeiten, können die Kinder auf jeden Fall aufnehmen. Ob es in unseren genderkorrekten Zeiten den Jungen noch erlaubt ist, die Mädchen mit aufgeblasenen Schweinsblasen zu verprügeln?

Aber es gibt nicht nur einen Höllen-, pardon Schellenlärm, sondern zum Austrieb des Winters wird auch fleißig mit der Geißel geschnalzt. Aus sechs bzw. acht Stricken für die größeren Jungen wird sie bis zu 2,5 Meter lang geflochten. Dass Nietzsche hier auf seinen Rat gekommen sein könnte, die Peitsche nicht zu vergessen, wenn man zum Weibe geht, ist meines Wissens nicht überliefert. Schließlich muss so eine Geißel ein Leben lang halten.

Dieses Geläut hätte Winston Churchill nicht gefallen: Der besuchte seinen Freund, Sir Ernest Cassel (1852–1921), den Finanzexperten von Edward VII. (Sie wissen schon, den mit dem durchgebratenen Steak, s. Grund 41) in dessen Villa Cassel auf der Riederalp (VS). Und das gleich vier Mal, 1904, 1905, 1906 und noch einmal 1913.

Dort fand er es zunächst wenig schön, vor allem das Bimmeln der Kuhglocken ging dem beim ersten Besuch gerade einmal 30-jährigen gehörig auf die Nerven. Da staunten die Hirten nicht schlecht.

Laudo Albrecht, der Leiter des Pro Natura Zentrums Aletsch, wie Cassels Villa heute heißt, zitiert dazu aus dem Gästebuch: »Dass es sich bei diesem verärgerten Mann um Winston Churchill handelte, wussten die Hirten natürlich nicht. Und hätten sie es gewusst, hätten sie mit dem Namen sowieso nichts anzufangen gewusst … Als Cassel die Hirten bat, die Kühe ohne Glocken auf die Weide zu schicken, schüttelten diese nur den Kopf. Zu einer stolzen Walliser Kuh gehört nun mal eine Glocke … Nach längerem Hin und Her konnte Cassel den Streit zwischen Churchill und den Bauern dann doch noch schlichten. Er veranlasste die Hirten, den Kühen am Morgen jeweils Heu und Gras in die Glocken zu stopfen. Damit hatte Churchill fortan beim Schreiben seine Ruhe, die Kühe durften weiterhin ihre Glocken tragen, und die Hirten nahmen dafür jeden Tag ein paar

Franken in Empfang.« Und endlich konnte der nun doch begeisterte Churchill wie ein Murmeltier schlafen. Man muss eben nur mit den richtigen Leuten reden.

Wer so lärmempfindlich ist, für den wäre die nachhaltigste und noch dazu bunteste Alternative zur Bewirtschaftung, der Natur ihren Lauf zu lassen. Das honoriert zum Beispiel die Fundaziun Pro Terra Engiadina, indem sie die Wiese mit der größten Pflanzenvielfalt auszeichnet, zuletzt 2015. »Wir haben vor, nächstes Jahr eine Heckenmeisterschaft durchzuführen. Die Hecken sind wertvolle Lebensräume, sollten aber gepflegt werden, um ihre Vielfalt zu erhalten«, erzählt Angelika Abderhalden von der Fundaziun 2019.

Auch die nachhaltige Bio-Idee hat sich vielerorts durchgesetzt, sodass es wieder traditionelle Verfahren zur Herstellung von Fleisch und Käse gibt. Viele Agrarbetriebe wirtschaften ohne künstlichen Dünger und Chemie. Die natürliche Produktionsweise gewinnt wieder an Boden und findet dankbare Abnehmer. Lokal, regional ist halt immer noch das Beste. Und es ist schön, dass man sich das leisten kann. Und weiter nachhaltig verfolgt.

99. Grund

Weil einem der Nouss um die Ohren fliegt

Nein, das sieht mir zu gefährlich aus! Mit so einem Holzbrettchen will man die fliegenden Bälle abwehren? Ist das nun Golf oder Baseball? Vielleicht gehe ich doch lieber eine Runde Tischtennis spielen, das in der Schweiz noch immer Pingpong heißt. So wie in meiner Jugend. Aber der Reihe nach: Es geht ums Hornussen. So heißt ein typisch Schweizer Sport, von denen es bekanntlich einige gibt. Es heißt sogar, er wäre eine der traditionellen Schweizer Nationalsportarten. Und es gäbe ihn bereits seit 500 Jahren. Damals soll er im Emmental (BE) erfunden worden sein.

Wer den 1841 erschienenen Roman von Jeremias Gotthelf liest, erfährt darin ausführlich, wie *Uli der Knecht* das Hornussen betrieb. In früheren Zeiten sollen auf diese Art und Weise auf den abgeernteten Feldern Streitigkeiten zwischen den Bauern verschiedener Dörfer geregelt worden sein. Ansonsten ist es so, wie es immer ist: Man will seine Kräfte messen. Aber ehe es zu wüsten Raufereien kommt wie bei Uli dem Knecht, macht man besser einen fairen Wettkampf draus. Um böse Geister zu vertreiben, und die gibt es auch in der neutralen Schweiz, schwang man auch brennende Holzscheite ins Tal. Brennende Holzräder ins Tal laufen zu lassen, gibt es zwar auch in anderen europäischen Traditionen und Regionen, aber die Schweizer machen gleich einen Sport draus. Und der wird natürlich gut organisiert. Seit 1902 gibt es den Eidgenössischen Hornusserverband. Und seit einigen Jahren dürfen auch Mädchen und Frauen mitspielen.

Und wie geht's? Es gibt zwei Mannschaften. Das Ziel für die schlagende Mannschaft ist es, den Nouss oder d'Noss so weit wie möglich ins gegnerische Feld zu schlagen. Genau das gilt es für die »abtuende« Mannschaft zu verhindern. Und zwar durch das Hochhalten quadratischer Holzschilde, die den fliegenden Puck, denn so etwas Ähnliches ist der Nouss, früher aus Holz, heute aus Kunststoff, zurückschlagen, bevor er zu Boden fällt. Der Nouss kann bis zu 330 Meter weit fliegen und dabei eine Geschwindigkeit von bis zu 306 Stundenkilometern erreichen. Dieses atemberaubende Tempo führt zu einem schwirrenden, eben *hornenden* Ton, der ihm den Namen gab.

Jetzt geht's los: Ein Spieler beginnt mit einem über zwei Meter langen elastischen Stecken, den Nouss aus einem halbkreisförmigen Kanal in das gegnerische Feld (*Ries*) zu befördern. Dafür hat er zwei Streiche bei drei Versuchen. Und die Gegner, also die abtuende Mannschaft, halten ihre Schindeln hoch, um ihn aufzuhalten, und zwar so früh wie möglich, damit er nicht den Boden erreicht! Die Dauer dieses Schlagabtausches ist nicht festgelegt, es kann schon einmal drei oder vier Stunden dauern, wenn man zwei Umläufe spielt und jede Mannschaft einmal schlägt und einmal abtut. Die Mannschaft hat gewonnen, bei der am Schluss weniger Hornusse im Spielfeld gelandet sind. Und der Verlierer darf die Brotzeit, das Zvieri, bezahlen. Denn natürlich gibt es immer ein Fest, zum Beispiel alle drei Jahre das Eidgenössische Hornusserfest. Und natürlich wird auch immer der erfolgreichste Abschläger prämiert. Da haben wir sie wieder, die typische Schweiz. Ein einzelner Kämpfer, ein ganzes Team – und am Schluss wird gefeiert.

Also ran an den Nouss oder, wie ich als alter »Trecki« mit Mr. Spock vom Raumschiff Enterprise einer Meinung wäre: faszinierend.

100. Grund

Weil es einen Stein des Anstoßes gibt

Welche wuchtige Bedeutung muss ein Stein von mehr als 80 Kilo denn haben, dass er es wert ist, gestohlen zu werden? Und das gleich zwei Mal? Es geht um den Unspunnenstein, um den herum sich das Unspunnenfest entspinnt, benannt nach der Burg Unspunnen bei Interlaken (BE). Trachten, Umzüge, Alphörner, Volkslieder und ebendieser Stein sind wichtige Bestandteile dieser »Olympiade der Schweizer Volksbräuche«, die alle zwölf Jahre stattfindet.

Erfunden wurde das Fest am Anfang des 19. Jahrhunderts, um die gemeinsamen Traditionen von Schweizer Stadt- und Schweizer Landbevölkerung zu vereinen und zu feiern. Die Initiatoren waren Patrizier der Stadt Bern, weswegen es zunächst auch am 17. August gefeiert wurde, dem Namenstag des Stadtgründers Herzog Berchtold V. von Zähringen. Das letzte Unspunnenfest fand 2017 statt, das nächste ist für 2029 geplant. Also save the date. Wem das in zu weiter Zukunft liegt, der geht zwischendurch aufs Unspunnenschwinget, das ist öfter, das nächste Mal im Jahr 2023.

Ein wichtiger Programmpunkt ist das Steinstoßen, mit oder ohne Anlauf. Den Weitenrekord hält Markus Maire aus Plaffeien seit 2004 mit 4,11 Metern, der Sieger des Wettkampfes 2017 brachte es auf 3,71 Meter. 300 Steinstößer nahmen teil. Steinstoßen war im Jahre 1906 in Athen sogar Olympiadisziplin.

Tant de bruit pour une pierre de scandale? Der ursprüngliche Unspunnenstein von 1805 wog stattliche 92 Kilo, beim zweiten Fest 1808 »nur« noch 83,5 Kilo. Von dem wurde 1905 eine Nachbildung geschaffen mit den Jahreszahlen 1805 und 1905. Dabei blieb es für die nächsten Jahrzehnte. Bis 1984 jurassische Separatisten, die Béliers, die den Südjura vom Kanton Bern trennen und dem Kanton Jura eingliedern wollten, den Stein aus dem Touristikmuseum in Unterseen (BE) stahlen. Im Jahr 2000 wurde der Stein als Bonbon verpackt zurückgegeben. Er hatte allerdings über zwei Kilogramm an Gewicht verloren, da die Diebe zwölf Europasterne und das Datum »12. Dezember« 1992 hineingemeißelt hatten. Das war der Tag, an dem die Schweizer gegen einen Beitritt zum Europäischen Wirtschaftsraum gestimmt hatten. Und als Urheber des Ganzen fand sich auch das Emblem der Béliers.

Durch diese »Erleichterung« war er wettkampfuntauglich geworden, aber man besaß ein Duplikat, das nach dem Diebstahl von 1984 angefertigt worden war. Trotzdem, Original ist Original und wiegt deshalb als Symbol mehr als zwei Kilogramm Gewicht. Als der Stein im Jahr 2005 in Interlaken anlässlich der 200-Jahr-Feier des Unspunnenfestes in einem Hotel in Interlaken ausgestellt wurde, wurde er zum zweiten Mal, wahrscheinlich wieder von den Béliers, entwendet. Dieses Mal gab's als Trostpflaster einen Pflasterstein mit aufgemaltem Jurawappen.

Seitdem müssen alle auf das Bonbon warten, denn er ist nicht wieder aufgetaucht. »Alle Bemühungen bis in hohe Regierungskreise sind bis heute erfolglos geblieben, und der gestohlene Unspunnenstein ist nicht zurückgekehrt«, sagen die Organisatoren. Also darf das Duplikat der Kampfstein bleiben.

Auch Frauen dürfen Steine stoßen, und natürlich gibt es weitere Steinstoßwettbewerbe. Zum Beispiel 2019 auf dem Schwingfest Willisau. Für Damen mit einem 8-Kilo-Stein, für Herren mit einem 60-Kilo-Gedenkstein oder zumindest, dann aber einhändig (!), mit Anlauf 20 Kilo.

101. Grund

Weil Knecht Ruprecht ein Schmutzli ist

Senten- und Klopfentrychler, Geisselchlöpfer und Infuln ziehen beim Sächsizügli und Rendsfödelizögli mit Samichlaus durch den Ort. Und zwar, wenn es dunkel ist, denn es ist der 6. Dezember.

Damit ist alles klar: Wir reden vom Heiligen Nikolaus! Der an seinem Namenstag zum Beispiel durch Küssnacht (SZ) zieht. Den Rekord beim dortigen Umzug hält bisher das Jahr 2015 mit 1681 Klausjägern. Also ein sehenswertes Spektakel, das noch dazu, wie könnte es anders sein, Tradition ist. Der rotgewandete Nikolaus wird begleitet von den Kuhglockenschellern (Trychler) und Peitschenknallern (Geisselchlöpfer) und oft noch einem Esel. Aber wohl am beeindruckendsten für die Zuschauer sind die Iffelenträger. Als Reminiszenz an die Mitra des heiligen Bischofs tragen sie große leuchtende Laternen auf dem Kopf, die durchaus zwei Meter hoch und 20 Kilogramm schwer sein können: Trotzdem können die Träger noch tänzeln. Während die Blechbläser sich im immer gleichen Dreiklang im Zug hin und her bewegen.

Um den historischen Bischof Nikolaus aus dem 4. Jahrhundert ranken sich zahlreiche Legenden. Im Laufe der Jahrhunderte wurde er zu einem der beliebtesten christlichen Schutzpatrone und zuständig für die Schiffer, zum Beispiel auf dem Vierwaldstättersee, denn Nikolaus konnte aus Seenot retten. Darüber hinaus wurde er als großzügiger Spender verehrt und als Beschützer der Schüler.

Eine Legende berichtet davon, dass ein Metzger, der in der früher üblichen vorweihnachtlichen Fastenzeit zu wenig zu tun hatte, drei Knaben tötete, die Nikolaus wieder zum Leben erweckte.

Um 1300 entstanden in den Klosterschulen in Nordfrankreich und den Niederlanden sogenannte Bischofsspiele, bei denen ein Knabenbischof gewählt wurde und die ganze Gruppe zu einem mitunter etwas rabiaten Bettelzug aufbrach. Das hört sich nach einem wilden Ritual an, das auch schnell das restliche Europa begeisterte. Und nicht nur Klosterschüler. Auch andere Gruppen wie junge Handwerker und Bauern sahen darin eine willkommene Gelegenheit, einmal über die Stränge zu schlagen. Bereits im 15. Jahrhundert fügte man der frommen Bischofsgestalt noch eine Teufelsgestalt hinzu, als Knecht Ruprecht oder dem Schmutzli in seiner dunklen Kutte.

Die Obrigkeit und die Kirche versuchten immer wieder, das ausufernde Treiben in bravere Bahnen zu lenken, indem zum Beispiel ein autoritätsgebietender Erwachsener zu Hausbesuchen geschickt wurde, um die Kinder pädagogisch zu belehren. Gerne in Begleitung der strafenden Figur für die bösen Kinder. Eine (Un)sitte, die seit den emanzipierteren 1980er-Jahren zunehmend abgelehnt wurde.

Andererseits kam das Nikolaus-Schleiken auf: Die Eltern hinterlegten den Kindern in der Nacht heimlich Geschenke, die dann der Heilige Nikolaus gebracht haben sollte. Damit auch ärmere Kinder in den Genuss eines Geschenks kamen, kümmern sich vielfach, vor allem in der ersten Hälfte des 20. Jahrhunderts gegründete, Organisationen um die Verteilung.

Wenn man also Glück hat, bekommt man Leckereien, etwa Grittibänz, ein Hefegebäck in Form eines Männleins, oder das Chlaussäckli mit Nüssen, Lebkuchen und Zältli (Bonbons) gefüllt. Ob es dann für die Erwachsenen Chlöpfmost gibt? Also ein Gläschen Champagner. Der knallt so schön. Wer kennt und liebt ihn nicht, den Santa Claus, der seit der Coca-Cola-Werbung der 1930er-Jahre aus den USA der Welt ein rotes liebenswertes Bild des Heiligen vermittelt und tausendfach in Schokoladenform auftaucht. So stellen wir ihn uns vor.

Kapitel 13

Die sagenhafte Schweiz

102. Grund

Weil Wilhelm Tell der einzig Wahre ist

Muss man seine Geschichte überhaupt erzählen? In der Schweiz sicherlich nicht. Da kennt jedes Kind den Friedrich Schillerschen Tell, wie Tell sich weigerte, den Hut des Landvogts Gessler, den dieser auf eine Stange gesteckt hatte, zu grüßen. Nach der prompten Verhaftung ob dieser Obrigkeitsmissachtung, vielleicht hatte der Naturbursche Wilhelm Tell dieses Verkehrszeichen auch einfach nur übersehen, meint es Gessler aber noch recht freundlich und verlangt einen Beweis von Respekt: Tell soll seinem Sohn einen Apfel vom Kopf schießen, so wie der vorlaute Walter es selbst vorgeschlagen hatte. Mit der Armbrust versteht sich.

Als ehrlicher Held, der er nun einmal ist, sagt Tell, warum er einen zweiten Pfeil im Köcher hatte. Für den Fall, dass der erste daneben gegangen wäre, was immer das heißt, wäre der zweite für Gessler gewesen, aber garantiert nicht über den hutlosen Kopf hinweg. Natürlich wäre bei bewährter Schweizer Präzision, man merkt einmal wieder, dass Schiller nie in der Schweiz war, der erste Schuss nicht daneben gegangen! Trotz aller Selbstzweifel furchtloser Helden. Jedenfalls reut Gessler seine Milde nun, und er will den potenziellen Tyrannenmörder auf seiner Burg bei Küssnacht einkerkern. Dafür muss man Tell im Boot – bekanntlich gab es damals noch keine gut ausgebaute Axenstraße – über den Vierwaldstättersee bringen. Natürlich sind die Naturmächte mit dem Naturbuschen und entfachen einen Sturm, sodass sich Tell retten kann – auf die Tellsplatte. Was er natürlich schon ahnte (»Wo's nottut, lässt sich alles wagen«, sagt er bei Schiller).

Auch wenn Schiller nie in der Schweiz war: Das Vertrauen in die Stärke der Schweizer im Umgang mit der Natur scheint ihm Goethe beigebracht zu haben. Und dann erschießt Tell völlig unnötigerweise Gessler, man erinnere sich an den zweiten Pfeil, in der hohlen Gasse, durch die der bekanntlich kommen muss. Woher hatte Friedrich Schiller diese Ortskenntnis? Da hat ihm wohl der alte Geheimrat einiges erzählt.

Egal, eines zumindest haben Tell und Schiller gemeinsam: das Zeug zum Rebellen. Und darauf kommt es an. Von daher verwundert es nicht, dass Goethe den Stoff, den er angeblich in einer dänischen Fassung kennenlernte, nicht zu verwenden gedachte. Auch Voltaire hatte Mitte des 18. Jahrhunderts dieses dänische Märchen mit der Geschichte mit dem Apfel schon recht verdächtig gefunden. Eine Art von Rebell war der Geheimrat Goethe nicht, aber er erzählte seinem Freund Schiller gerne einiges über die Schweiz (s. Grund 55). Tell wollte doch einfach nur seine Ruhe haben. Das klappte leider nicht wirklich, denn ausgerechnet die heute als älteste Darstellung der Tellschen Geschichte geltende Darstellung gibt es – sind die Schweizer im Herzen doch alle Rebellen? – im renitentesten Kanton der Schweiz, im Wallis in Ernen (s. Grund 42).

Na, jedenfalls ist das Wichtigste, dass die Geschichte bei Schiller 1804 gut ausgeht. Zumindest für den Helden, der damals noch nicht wusste, dass er einmal ein Nationalheld werden würde. Das um 1477 entstandene Tellenlied endet ganz anders: Da wird Tell kurzerhand im See ersäuft. Oder ertrinkt im Wildwasser, wie es in der 1582 gestifteten Tellskapelle, die angeblich an der Stelle seines Wohnhauses in Bürglen (UR) errichtet wurde, dargestellt wird. Recht prosaisch. Mit so einem Ende ließ sich kein Mythos schaffen, im Mittelalter wurden nur Kindsmörderinnen und Hexen ertränkt.

Aber die Schweizer sind fantasiebegabt, wie wir in diesem Buch schon des Öfteren erleben konnten. Und nichts lebt länger als ein Mythos. Den muss der gute Tell jedenfalls nicht mehr miterleben, vielleicht besser so. Denn der Held wurde nicht gefragt, ob er eine (3-D-)Projektionsfläche durch die Jahrhunderte sein wollte bis hin zum plakativen Kernkraftgegner 1979. Dann doch lieber ein ganzes Heldenmuseum, kraftstrotzende Denkmäler und das Laienspiel zu Altdorf (UR). Dort steht Tell auch seit 1895 in kraftstrotzender Bronze und natürlich heldischer Übergröße von 3,55 Meter an der Stelle, wo der Apfelschuss stattgefunden haben soll. Sein Söhnchen muss also bewundernd zu ihm aufschauen. Das Vorgängermodell aus Gips konnte da natürlich nicht mithalten. Man hätte Tell nur einen kleinen Stips geben müssen. Bescheidener gibt sich das zwei Meter hohe Denkmal *Frau Tell mit Sohn Wilhelm.*

Wer es bequem mag, nimmt den Dampfer. Der fährt dann an der Tellsplatte vorbei, in deren Kapelle vier neogotische Kolossalgemälde den Mythos lebendig halten: Gessler – der Sprung – der Schuss – der Rütlischwur. Warum ist er denn gerade hier an Land gesprungen, etwas oberhalb fährt doch die Bahn! Ach so, die kam erst im 19. Jahrhundert. Aber das täte der Heldengeschichte auch keinen Abbruch.

Was ich mich schon immer gefragt habe: Was ist eigentlich aus dem Sohn geworden? Sicherlich etwas Ordentliches, denn ein labiler Charakter hätte wohl Probleme gehabt, sich Früchte vom Haupt schießen zu lassen. Heutzutage wäre er vielleicht Fan von amerikanischen Western, in denen die Cowboys auf Konservendosen schießen. Macht zumindest mehr Lärm. Selbstständig in Arbeit und Überzeugung ist er sicherlich, denn, wie man seit Schiller weiß: »Die Axt im Haus erspart den Zimmermann.«

Zusammen mit dem mythischen Ort des Rütlischwurs und dem mystischen Tell gibt es eine schöne Mischung einer Gründungssage, die nichts zu wünschen übrig lässt. Und nicht zu Tausenden Toten führte, sondern Tausende quicklebendige Eidgenossen und Eidgenossinnnen hervorbrachte!

103. Grund

Weil der Rollibock Ruhe gibt

Typisch schweizerisch: Es fängt unheimlich an und endet heimelig. Es war einmal vor langer, langer Zeit, dass ein Jäger am Märjelensee am Aletschgletscher Kristalle sammeln wollte. Beim Eggishorn (VS) fand er eine Menge Edelsteine und füllte seine Taschen, wobei er vor Gier auch einige davon zerstörte.

Gegen Abend kehrte er zum Märjelensee zurück, wo er seine Waffe und seine Provianttasche liegen gelassen hatte. Doch als er sich mit großem Hunger auf sein Brot stürzte, wurde es zu Stein. Auch das Trockenfleisch, das er sich eingepackt hatte, wurde zu Stein. Wütend ließ er die Steine fallen, und als sie den Boden berührten, verwandelten sie sich wieder in Brot und Trockenfleisch. Dieses Spielchen frustrierte den Jäger dermaßen, dass er lieber sein Nachtlager aufsuchte. Am nächsten Morgen machte er sich auf zur Jagd und erblickte auch bald einen formidablen Bock und erschoss ihn. Auch eine Gams, die trauernd neben ihrem Zicklein mit gebrochenem Lauf stand, erschoss er.

Das war zu viel des Frevels an der Natur. Am Himmel zogen dunkle Wolken auf, und Sturm kam auf. Der wilde Jäger zog sich mit seiner Beute an den Märjelensee zurück, der damals noch bis an den Aletschgletscher heranreichte. Am See wartete ein altes Männchen mit langem grauen Bart, das ihm versprach, ihn mit seinem Boot an das rettende Ufer zu bringen. Und so stieg der Jäger mit seiner gefrevelten Beute ins Boot. Doch der alte Fährmann fuhr nicht ans rettende Ufer, sondern steuerte geradewegs in den Gletscher hinein. Hier richtete er sich auf, wuchs zu Riesengröße heran und wurde zu einem Bock mit großen Hörnern und feurigen Augen, und sein ganzer Leib war nicht mehr mit Haaren, sondern mit klingelnden Eiszapfen behängt. Bei diesem furchterregenden Wesen, das da über den Jäger hinauswuchs, handelte es sich um niemand Geringeren als den Rollibock, den Schützer der Natur und der natürlichen Umgebung des Großen Aletschgletschers.

Und der Rollibock fuhr den Frevler mit grollender Stimme an: »Warum zerstörst du mein Reich? Was habe ich dir getan? Du kannst alles haben, was du benötigst, aber warum zerstörst du mein Gestein und tötest meine Kinder?« Und der Gletscher öffnete sich und verschlang das Boot mitsamt Jäger.

Am folgenden Morgen erklangen die Sturmglocken im Tal. »Der Märjelensee ist ausgebrochen!«, lautete der Schreckensruf. Wiesen, Felder, Äcker wurden überschwemmt und gewaltig hoch mit Schutt bedeckt. Bei stürmischem Wetter wollten früher die Hirten am Märjelensee noch für lange Zeit einen altmodisch gewandeten Mann mit Waffe und Provianttasche gesehen haben. Er soll noch immer auf der Suche nach einem Fährmann sein, der ihn an das rettende Ufer des Gletschers bringt.

Welche Gefahren mit dem Aletschgletscher verbunden waren, machen die alten Geschichten vom Rollibock deutlich, der im Gletscher haust und schon einmal ungemütlich werden kann. Um sich davor zu schützen, dass der Märjelensee »überlief« und die Orte im Tal unter sich begrub, erlaubte der Papst im Jahre 1678 den Wallisern, gegen das Anwachsen des Gletschers zu beten. 2010 drehte sich diese Fürbitte um, und nun wird mit päpstlichem Segen für das

Anwachsen des Gletschers gebetet. Die Menschen aber ehren noch immer den Rollibock als Botschafter der intakten Bergwelt.

2017 schenkte das Fiechertal den berühmten Jungfraubahnen oberhalb des Nährgebietes des Aletschgletschers zum 100-jährigen Bestehen eine hölzerne Rollibock-Skulptur, die die ansehnliche Größe von 2,50 Metern besitzt und immerhin 450 Kilo wiegt. Also ein Schwergewicht, das noch immer die Natur vor der rücksichtslosen Ausbeutung durch den Menschen schützen soll. Der Märjelensee aber ist heute eine lauschige Blümchenwiese, weit entfernt von der Gletschermasse (s. Grund 27).

Apropos Blümchen. Weil die Thermik im Fiechertal (VS) besonders gut ist, lieben es die Gleitschirmflieger. Für sie gibt es die Rollibocktrophy, bei der es vor allem auf Spaß und Gemütlichkeit, nicht auf Schnelligkeit ankommt. »Und wenn man sich unterwegs Blümchen ansehen will, ist das in Ordnung«, sagt einer der Organisatoren, Xandi Furrer, zu diesem Erlebnis, »wer Schwein hat, gewinnt.« Also ganz im Sinne des Rollibocks.

Eine besondere Thermik herrscht auch in Château-d'Oex (VD) beim Internationalen Ballonfestival im Januar. Sie ermöglicht es sogar, dass man wieder am Ausgangspunkt landet, was die Erdferkel freut, die den Ballon vom Landeplatz einsammeln müssen.

104. Grund

Und das Gogwärgi nicht

Alle Wetter wären zähm, wenn der Wind nicht käm! Nun, wenn das Gogwärgi nur bei gutem Wetter arbeitet, hätte es im Oberwallis ganz schön zu tun. Und das hat es auch, schließlich soll sein Name »güet wärchu« bedeuten, gut werken. Das tut es auch, wobei es ihm zum Vorteil gereicht, dass Brot und Käse, die seine Verpflegung darstellen, am nächsten Morgen wieder vollständig sind. Das ist wie im

Schlaraffenland! Aber das ist das Wallis auch. Mitunter. Wenn sie den Menschen nicht gerade Streiche spielen, sind die Gogwärgini, wie sie heißen, wenn mehrere von ihnen in Erscheinung treten, nett und freundlich und hilfsbereit. Sie verwandeln Kohlenstücke in Goldstücke, sie sorgen dafür, dass die Matten frühlingsgrün werden, und bringen den Menschen das Käsen bei. Was bei so vielen Kühen nicht das Schlechteste ist. Wenn man sie aber ärgert, so können sie auch schon einmal schlecht Wetter machen. Und stehlen tun sie auch gerne. Wenn einmal etwas verloren geht, so hat es sich sicherlich ein Gogwärgi eingesteckt!

Ansonsten verkriechen sie sich gerne im Heustock, in Höhlen und unterirdischen Gängen, wie es sich für Zwerge gehört. Und wenn sie ein Menschenkind fangen, dann kann es ihnen nur auf listige Art wieder entkommen. In Erschmatt (VS) entführten die Gogwärgini einst einen Knaben, der dem Hirten helfen sollte, ihre Ziegen und Schafe zu hüten. Der Junge aber, da er anscheinend Griechisch in der Schule gelernt und brav seinen Homer gelesen hatte, hängte sich in bester Odysseusmanier unter ein Schaf und entfloh. Denn, wie im Sagenuniversum üblich: Der Hirt war blind.

Ach, die Gogwärgini kennen sich in der Geschichte überhaupt nicht aus! Und so kann es passieren, dass ein Gogwärgi, das sich für König Laurin im Rosengarten hält, seine spröde Angebetete damit ködern zu können meint, dass es sie nur freizugeben gedenke, wenn sie seinen Namen erriete. Da haben bekanntlich in allen Geschichten die selbstgefälligen Zwergenvertreter den Kürzeren gezogen. Und so tanzte auch das Gogwärgi im Aletschwald herum und sang: »Oh wie bini so froh, dass miini nit weiß, dasi Gindulin heiß!« Wir wissen, wie das auszugehen pflegt.

Und damit ich jetzt keinen Ärger mit dem Zwergenvolk bekomme: Die freundlichen Helferlein gibt es natürlich nicht nur im Wallis. Nur heißen sie dann anders: In Glarus Bartli, im Engadin Gian Pitshen mit dem spitzen Hut oder auf dem Pilatus Herdmannli oder Erdmannli. Die liebten Schweinefleisch und halfen, wo sie konnten.

Aber irgendwann reichte es ihnen, von den garstigen Menschlein geärgert zu werden, und sie verschwanden für immer.

Damit das nicht mit den Gogwärgini geschieht, werden sie gehegt und gepflegt, denn es kann nicht schaden, sie sich bereits in frühestem Alter zu Freunden zu machen. Als die Menschen in Lax (VS) 2015 einen neuen Kinderspielplatz einweihten, benannten sie ihn ehrenhalber nach den Gogwärgini. Sogar die Kinder, die noch im Kinderwagen geschoben werden, können schon den zehn Gogwärgistationen im Fieschertal folgen und schön geschnitzte Holzskulpturen bestaunen, die für Zwerge allerdings ziemlich groß sind. Die fantasievollen Geschichten, die es dazu gibt, sollen sich die Primarschüler von Fiesch für sie ausgedacht haben. Wirklich nur ausgedacht?

Nun, überlieferte Geschichten gibt es zur Genüge und sogar einen Gogwärgiwohnturm. Und die Erwachsenen gehen in die Godswaergjistubu zum Apero. So gehen die Sagen des Zwergenvolkes der Gogwärgini, und wenn sie nicht vergessen sind, so brauchen wir sie noch heute! Und wenn sie sich nicht zeigen, dann rufen wir nach dem Knorrli! Seit 70 Jahren kennt jedes Kind der Schweiz den rot bezipfelten Berggeist mit dem Suppenlöffel auf den Verpackungen der Firma Knorr, der für die tägliche Würze sorgt.

Weil Maskentreiben munter macht

Im Vordergrund des bunten Maskentreibens stand in fast allen europäischen Kulturen, die von Ackerbau und Viehzucht lebten, das Vertreiben der winterlichen Dämonen und die Begrüßung von Blüte und Aussaat. Und böse Geister vertreibt man am besten, indem man sie durch den eigenen Anblick erschreckt, dazu gewaltigen Lärm macht und vielleicht auch noch etwas Feuerzauber veranstaltet. In der Schweiz helfen auch noch ungewöhnliche Ausdrücke, so wenn die Tschägättä im Lötschental (VS) mit ihrem furchterregenden Äußeren und ihrem unaussprechlichen Namen herumtoben.

Die Christen haben den Mummenschanz der Winteraustreibung aufgenommen, aber schon einmal vorsichtshalber eine 40-tägige Fastenzeit eingeführt. Aber damit das Volk nicht murrt, darf es vorher noch mal auf den Putz hauen und alles aufessen und trinken, was von den Wintervorräten übrig geblieben ist. So war es gedacht, und so bleibt es. Das närrische Treiben beginnt in Luzern und das gleich mit einem Knall! Um 5 Uhr in der Früh erfolgt am Schmutzigen Donnerstag auf dem Kapellplatz der Startschuss für die Guggenmusigen, und der Fötzeliräge geht über den Zuschauern nieder. Konfetti für alle. Noch früher, zumindest was die Uhrzeit angeht, erfolgt der Startschuss der größten Fasnacht, der Basler, nämlich morgens früh um 4 Uhr. Allerdings erst am Montag nach Aschermittwoch, dann, wenn in Luzern schon alles vorbei ist. Auch hier regnet es Konfetti, die hier Räppli heißen und vor denen man auf der Hut sein muss. Sonst werden dem unschuldigen Zuschauer damit die Taschen vollgestopft.

Im Jahr 1529 erklärte sich Basel offiziell zur reformierten Stadt und verbot die Fasnacht. Das ließ sich aber nicht durchsetzen, und so blieb die Basler Fasnacht als einzige protestantische Fasnacht der Schweiz erhalten. Es kursieren zwar viele Anekdoten, wie die evangelische Kirche bis in die neuere Zeit vergeblich gegen die Fasnacht und den damit verbundenen Sittenzerfall predigte, aber bekanntlich hat das alles nichts genutzt. Jeder der ca. 18.000 aktiven Fasnächtler trägt ein Kostüm mit einer Maske, wobei es zum guten Ton gehört, sich in der Öffentlichkeit nicht zu erkennen zu geben. Der Brauch des Morgenstraichs ist schon aus dem 18. Jahrhundert überliefert, damals noch ohne Laternen, dafür mit Schießen und anderem Lärm. Das Trommeln war erst ab Tagesanbruch erlaubt, doch hielt man sich nicht immer an diese zeitliche Begrenzung.

Am Dienstagabend gehören die Innenstadt und die großen Plätze den Guggenmusiken, die falsch und schräg spielen. Absichtlich, das gehört dazu. Auch mit Absicht, noch dazu sarkastisch, gerieren sich die Schnitzelbanksänger. Das Publikum bleibt Publikum, geschminkte Gesichter, Verkleidungen und andere lustige Accessoires, wie man sie vom rheinischen Straßenkarneval kennt, sind verpönt.

Dafür können die Zuschauer die traditionelle Basler Mählsubbe (Mehlsuppe) auslöffeln und hinterher Basler Läckerli ablecken, die Lebkuchenvariante der Stadt. In der Nacht auf Donnerstag werden dann die bunten Laternen, die die einzelnen Gruppen begleitet haben, langsam gelöscht, um 4 Uhr in der Früh ist Schluss, und auch die Straßenbeleuchtung erlischt. 2002 schon um 3.59 Uhr. Überpünktlich. Nicht absichtlich.

So was kann schon einmal passieren. Auch das Wetter spielt nicht immer mit. 2006 fielen in der Nacht vor dem Morgenstraich in wenigen Stunden 50 Zentimeter Neuschnee. Es war also nicht ganz einfach, Basel innerhalb kürzester Zeit fasnachtstauglich zu machen. Natürlich hat's geklappt. Pünktlich.

106. Grund

Weil ein Schneemann schon mal den Kopf verliert

Und schon sehen sich die Zürcher mit der Frage konfrontiert: Wie lange braucht er dafür? Pardon, Butzemann!

Woher das Wort Böögg kommt, weiß man nicht so genau, es klingt schön und hat vielleicht etwas mit dem walisischen *bwg*, »Geist«, beziehungsweise *bwgwl* zu tun. Das gefällt mir jedenfalls besser als die Herleitung, dass Böögg im Sinne von »Klümpchen vertrockneten Nasenschleims, Popel« und »Blütenrest am Kernobst« mit der Bedeutung »Schreckgestalt« zusammengehören, so wie auch im Englischen *bogy* sowohl für »Schreckgespenst« als auch für »Popel« steht. In Zürich sieht der Böögg jedenfalls aus wie ein

Schneemann, und wenn er verbrannt wird, ist der Winter vorbei, und der Frühling kommt.

In Zürich verbrannte einst die männliche Jugend jedes Jahr am Tag der Tagundnachtgleiche ihren Böögg, und das gleichzeitig, wenn die Zünfter das Sechseläuten begingen. Ende des 19. Jahrhunderts legte man einfach beide Rituale zusammen und feierte sie entsprechend. So wurde aus dem johlenden Knabenumzug der heutige Kinderumzug, der jeweils am Sonntag vor dem Sechseläuten stattfindet, und aus dem Böögg wurde die Hauptfigur des Frühlingsfestes, das meistens am dritten Montag im April stattfindet.

Eigentlich waren die Bööggen ganz normale vermummte Störenfriede, die zu Fasnacht und anderen Gelegenheiten Unfug trieben und die Leute erschreckten. So hieß es 1417 in Basel, es sei als neue Gewohnheit aufgekommen, im Advent als Böögg verkleidet ehrbare Leute in ihren Häusern zu überfallen! Im selben Jahr erließ der Luzerner Rat ein Verbot, sich Fasnacht als Böögg zu kostümieren, und 1579 sollte es sogar mit Gefängnis bestraft werden, wenn man den Böögg gab. Das ist der unschöne Teil. Der schöne sind die Umzüge in den bunten traditionellen Trachten der Zünfter inklusive Reitern und Wagen. Die Reihenfolge im Umzug wird ausgelost. Und weil das so schön bunt ist, wird es sogar im Fernsehen übertragen.

Und dann geht's dem Böögg an den Kragen, pardon Kopf. Da steht er auf seinem zehn Meter hohen Scheiterhaufen aus etwa 5000 Bürdeli, also zusammengebundenem Kleinholz. Der Böögg selbst ist 3,40 Meter hoch, wiegt 100 Kilogramm, hat einen Körperumfang von 2,80 Metern, eine Armlänge von 1,90 Metern und einen Kopfumfang von 1,80 Metern. Also nicht gerade die Größe eines Popels. Pardon. Und den Kopf voller Feuerwerk.

Traditionell interpretiert man die Dauer bis zur Explosion seines Kopfes als Wettervorhersage für den Sommer: Je schneller der Kopf explodiert, desto schöner würde der Sommer. Heißt es. Bewiesen ist nichts. Macht nichts. Den Jahrhundertsommer von 2003 hat der Böögg zwar korrekt vorausgesehen, sein Kopf explodierte nach rekordverdächtigen fünf Minuten 42 Sekunden. Aber ob ein Kracher einmal im Jahrhundert schon für verlässliche Statistik taugt? 16 Minuten und 44 Sekunden, so lange hat es seit 1970 im Schnitt gedauert, bis der Böögg beim Sechseläuten explodierte. Der Rekord für den am schnellsten explodierten Böögg hält das Jahr 1956 mit weniger als vier Minuten. Der Sommer hielt sich allerdings nicht an die Vorhersage: Mit lediglich 26 Sommertagen, also Tagen mit über 25 Grad Celsius, war 1956 einer der ungemütlichsten Sommer im Messzeitraum.

Für das ganz private Sechseläuten im eigenen Garten gibt es seit einigen Jahren den Pocket-Böögg. Er kann im Baukastensystem selbst gebaut werden. Der Bausatz enthält einen Scheiterhaufen, den Böögg mit Besen und Hut sowie zwei Lady-Kracher für den finalen Knall. Was Sie währenddessen mit Ihrer Nase anstellen, ist einzig und allein Ihre Sache. Man weiß also nichts Genaues, auch nicht, ob der Kopf des Schneemanns wirklich eine sonnige Zukunft verheißt. Was man weiß, ist, dass der Zürcher Schneemann nicht alleine in die Luft gehen muss. Das kann einem auch in Winterthur, Grüningen, Biel/Bienne, Grenchen, Solothurn, Laufenburg oder Amsteg passieren, wenn man ein Schneemann ist bzw. ein *popòcc da marz,* wie er in Graubünden heißt.

Jedenfalls ist der Böögg das brennende Beispiel dafür, wofür der ganze Mummenschanz überhaupt gut ist: Weg mit dem Winter und her mit dem Frühling! 2019 trug er übrigens anlässlich des Jubiläums »500 Jahre Zwingli« ausnahmsweise einen schwarzen Zwinglihut, was aber nichts genützt hat: Nach 17 Minuten und 44 Sekunden flog der Kopf in die Luft. Das sollte auf einen »durchschnittlichen Sommer« hinweisen. Was immer das heißt.

Weil die Brunnen so viel zu erzählen haben

Zugegeben, die berühmte Filmszene mit Anita Ekberg im Trevi-Brunnen in Rom wäre mit Schweizer Brunnen schlecht nachzuspielen. Denn die Schweizer können mit dem kostbaren Nass, über das sie reichlich verfügen, pragmatischer umgehen (s. Grund 31). Barocker Protz liegt ihnen (meistens) fern. Diese Filmszene bleibt deshalb einmalig und wäre heute sowieso politisch nicht mehr korrekt. Von Hygienevorschriften ganz zu schweigen!

Bleiben viele Brunnen in der Schweiz, allen voran ist wieder der reichste Ort der Schweiz, in diesem Falle der brunnenreichste Ort der Schweiz: Zürich. Oder nehmen wir die Schweizer Hauptstadt Bern mit ihren vielen Brunnen aus dem 16. Jahrhundert. Hier entstand der Prototyp des Gerechtigkeitsbrunnens, den viele Städte übernahmen, etwa Lausanne oder Aarau. Eine Justitia, die so neutral und gerecht mit verbundenen Augen, Schwert und Waage über dem kostbaren Allgemeingut Wasser wacht.

Aber was ist schon gerecht? 2014 wies eine Helvetas-Aktion zum Weltwassertag auf dem Bärenplatz in Bern darauf hin, dass Trinkwasser ein kostbares Gut ist, das es zu bewahren gilt. Zumindest in der Schweiz klappt das: Das meiste Wasser aus öffentlichen Brunnen ist trinkbar. Abgesehen davon, können die Brunnen viele Geschichten erzählen, allen voran die Berner. Wer schon einmal dort war, dem fällt sicherlich dazu sofort der Chindlifresserbrunnen von 1545 ein. Die Hauptfigur auf dem Brunnenstock verschlingt gerade ein Kind, und sie hat noch andere im Sack und am Gürtel hängen.

Die schönen Figuren der Berner Brunnen sollen alle nur topografische Bezüge haben. Das wäre aber schade und ich kann es kaum glauben. Oder heißt das, der Brunnen wurde vor dem Haus eines Kinderfressers errichtet? Hoffentlich nicht.

Aber was ist er denn nun? Kinderschreck, Fasnachtsfigur oder grausige Wahrheit? Ist er ein Oger, ein menschenfressender Dämon, das Gegenstück zum Helden sozusagen, den es auf diese Art und Weise zu bannen gilt? Oder ist es der altgriechische Gott Kronos, der seine Kinder verschlang, weil ihm geweissagt worden war, dass ihn einer seiner Söhne entmachten würde? Schließlich konnte ihn sein Sohn Zeus besiegen, nicht ohne vorher seine Ammen vor dem Zorn des Vaters gerettet zu haben, indem er sie in Bären verwandelte, bzw. das Sternbild des Bären. So lautet der uralte Mythos. Und wenn man bedenkt, dass Kronos der Herr über die Zeit war, sozusagen ein früher Uhrengott, würde das doch gut in die Schweiz passen.

Viele der Brunnen stammen aus dem 16. Jahrhundert, als man auf diese Weise die öffentliche Wasserversorgung sicherte und auch noch hübsch präsentierte: Der Zähringerbrunnen erinnert an Berchtold von Zähringen, den Gründer Berns, natürlich mit Bären, der Anna-Seiler-Brunnen erinnert an die Gründerin des ersten Hospitals in Bern 1354, und der Vennerbrunnen an die Wehrhaftigkeit, denn Venner war im Mittelalter ein militärischer Rang.

Die Brunnen spenden Trinkwasser für Mensch und Tier und stellen Brauchwasser zur Verfügung. Besonders anschaulich sind diese Verwendungszwecke zum Beispiel in Chur (GR) am Hegisbrunnen zu sehen: Das obere rechteckige Becken diente als Viehtränke, das untere, der Sudelbrunnen, diente den Handwerkern. Aus dem steinernen Brunnenstock spendeten zwei Rohre frisches Trinkwasser. Den Prototyp dieser achteckigen Becken schuf der Allgäuer Steinmetz Johannes Wankmüller im Jahr 1716 mit dem Martinsbrunnen, dessen Beckenrand Tierkreiszeichen schmücken. Auf der Brunnensäule thront nicht der heilige Martin, sondern ein Ritter.

Auf Churs schönstem Platz, dem Arcas, steht ein Brunnen mit drei Wasser speienden Scalära-Geistern. Die sollen einst im sagenumwobenen finsteren Scalära-Tobel oberhalb von Chur gehaust haben. Vor dem Stadthaus in Chur und in Tschlin stehen Duonna-Lupa-Brunnen. Sie erinnern an die geistesgegenwärtige tapfere Engadinerin, die 1499 ihr Dorf Tschlin vor den habsburgischen Truppen gerettet haben soll.

Weniger fröhlich, dafür moderner, zeigt sich der Brunnen der Lukretia von 2005. Die schmalen Rinnsale, die aus der blauen Halbkugel rinnen, symbolisieren die Tränen, die Katharina von Planta, genannt Lukretia, vergoss, als ihre Jugendliebe Jürg Jenatsch in der hier früher am Platz stehenden Wirtschaft Zum Staubigen Hüetli ermordet worden ist. Das ist natürlich eine traurige Geschichte.

Dann doch lieber der Fritschibrunnen in Luzern, der an die Fritschifamilie erinnert, die am Schmutzigen Donnerstag die Luzerner Fasnacht einleitet. Welche fröhliche Geschichte sich wohl hinter dem Affenbrunnen in Basel verbirgt? Auf dem Brunnenstock hockt gemütlich ein rot gekleideter Affe mit rotem Hut und speist eine Traube. Apropos Hut: Einen schicken Florentinerhut trägt die Nixe in Valendas (GR). Sie thront auf dem angeblich größten Holzbrunnen Europas. Der stammt ursprünglich aus dem Jahr 1760 und wurde seitdem des Öfteren erneuert, zuletzt 2011.

So kann die doppelschwänzige Meerjungfrau immer neu planschen im kostbaren Nass. Die Schweiz ist halt ein Wasserland.

108. Grund

Weil der Genfersee magisch ist

Einst fuhr bei Vollmond ein Schiff mit goldenem Drachenkopf über den See. Es wurde von acht weißen Schwänen gezogen, und wunderbare Harfenklänge schwebten über den See. An Bord stand eine Jungfrau, von der nicht überliefert ist, ob sie Elsa hieß, die aber Wünsche in Erfüllung gehen ließ.

Nicht nur bei Vollmond hat der Genfersee etwas Magisches. Bei Noville im Rhonedelta (VD) spukt Fenetta. Man sollte sich allerdings nicht wünschen, sie zu Gesicht zu bekommen, denn dann müsste man innerhalb eines Jahres sterben. Man kann ihr aber auch aus dem Weg gehen, schließlich ist das »Meer der Schweiz« der größte See der Alpen und voller Zauber. Die glatte Wasseroberfläche strahlt Ruhe und Harmonie aus. Der Magie des Sees verfielen viele, etwa der Philosoph Jean-Jacques Rousseau (1694–1778), als er die moderne Naturbetrachtung erfand. Der Sohn eines Uhrmachers stammte aus Genf, musste es also wissen. Ob die Magie des Sees auch bei den über 200 internationalen Organisationen in Genf, der Hauptstadt der Diplomatie, für Harmonie sorgt?

Dem Zauber des Sees verfielen auch viele Schriftsteller, etwa Tolstoi, Dostojewski oder Hemingway oder Musiker wie Tschaikowski und Strawinsky, um nur ganz wenige zu nennen! Bis zu seinem Tode war Montreux (VD) der zweite Wohnsitz von Freddie Mercury, dem Sänger der Rockband Queen (1946–1991). Die Besucher der berühmten Musikfestivals können auf der Place du Marché die Statue bewundern, die an ihn erinnert.

Die Musik kommt leider in diesem Buch viel zu kurz, denn die Schweiz ist – unter anderem natürlich – ein musikalisches Land! Da ließen sich schon wieder 111 Gründe nennen. Hier geht es jetzt zunächst um Magie und Ruhe. Nach den Wirren der französischen Revolution und den napoleonischen Kriegen suchten vor allem die europäischen Romantiker zauberhafte Ruhe am Genfersee.

Die Schriftstellerin Madame Germaine de Staël (1766–1817) ließ sich häuslich am Westufer des Genfersees im Schlösschen von Coppet (VD) nieder, zugegeben nicht ganz freiwillig. Sie kam damit der Ausweisung aus Frankreich durch Napoleon, der intelligente Frauen nicht zu schätzen wusste, zuvor. Hier führte sie einen großen literarischen Salon mit illustren Besuchern, zum Beispiel Lord Byron. Als Hauslehrer für ihre Kinder engagierte sie August Wilhelm Schlegel (1767–1845), der sich wohl unglücklich in sie verliebte, aber trotzdem seine *Poetischen Werke* vollenden konnte. Im Schloss von Coppet blieb immer ein Zimmer für ihn reserviert, auch nach dem Tode der Madame de Staël 1817. Als er in Bonn Professor für Literatur- und Kunstgeschichte wurde, besuchte ihn dort auch deren Tochter Albertine. Vor allem aber hat der Genfersee für alle Zeiten einen besonderen Platz in der Literaturgeschichte, wenn auch einen nicht sehr harmonischen, sondern eher schaurigen.

1815 brach der Vulkan Tambora auf der Insel Sumbawa im heutigen Indonesien aus. Die Eruption schleuderte dabei nicht nur Lava, Asche und Bimsstein in die Luft, sondern auch eine bescheidene Menge von Schwefel. Die reichte aber aus, dass die Luft das einfallende Sonnenlicht reflektierte und auf der gesamten Erde die Durchschnittstemperatur sank. Besonders betroffen war Mitteleuropa. Dort ging das Jahr 1816 als »Jahr ohne Sommer« in die Geschichte ein. Und wo kein Sommer, da auch keine Sommerfrische – jedenfalls nicht so, wie es sich wohl ein Grüppchen junger Romantiker vorgestellt hatte, das in der Villa Diodati bei Cologny (GE) einzog.

Mary Shelley, die damals noch Mary Godwin hieß und gerade 18 Jahre alt war, hatte ihren Geliebten und späteren Ehemann, den Dichter Percy Bysshe Shelley, und dessen Freund, Lord George Gordon Byron, begleitet. Dessen schwangere Exgeliebte Claire Clairmont war ihre Halbschwester. Auch der Arzt und Schriftsteller John Polidori gehörte zur Clique. An den langen düsteren Abenden plauderte man über neue Entdeckungen wie die Elektrizität oder allgemein die Naturphilosophie und erzählte sich Schauergeschichten, denn *Gothic Novels* waren damals sehr beliebt, als man sich der Euphorie für die neuen Naturwissenschaften hingab. Eines Abends, so geht die Überlieferung, schlug Lord Byron vor, jeder solle eine eigene Gruselgeschichte erfinden. Und die junge Mary verfasste den Roman, der alle Schauergeschichten hinter sich ließ und tonangebend wurde: Viktor Frankenstein, der ein 2,40 Meter großes Monster schuf, das zu sich selbst finden wollte, was natürlich schiefging und in einer Tragödie für alle Beteiligten endete.

Fast wie im wahren Leben und unter allem Schwulst begraben, dennoch immer wieder zum Geborenwerden verdammt: Gott zu spielen ist lebensgefährlich!

Die Selbstüberschätzung des Menschen im Umgang mit seiner Umwelt zeigt sich bis heute darin, dass »Frankenstein« ein fester Begriff im täglichen Vokabular wurde. So bekam der Horror verantwortungsloser Ethik einen Namen – nicht den des Monsters, sondern des Menschen, der ihn erschuf. Das hatte Mary wohl auch im Sinn, als sie ihrer Schöpfung den Untertitel *Der moderne Prometheus* gab.

Kehren wir zurück zu einer anderen Berühmtheit aus dem wirklichen Leben, deren Reise an den Genfersee glücklich verlief: Der berühmte Stummfilmstar Charlie Chaplin (1889–1977) lebte 25 Jahre lang bei Vevey (VD), ganz in der Nähe wohnt seine Tochter Geraldine noch immer. Sie erzählte 2019 in einem Interview: »Ich habe einen Teil meiner Kindheit in der Schweiz verbracht. Als meine Mutter starb, hinterließ sie uns dieses Haus. Niemand wollte es haben, weil es relativ dunkel ist, ein echtes Dorfhaus, also bin ich eingezogen. Ich fühle mich sehr wohl in der Schweiz, auch wenn es ein seltsames Land ist.«

109. Grund

Weil Drachen die Fantasie beflügeln

Warum hausen Drachen in Höhlen? Wieso haben Drachen Flügel? Warum bewachen Drachen riesige Schätze? Und warum sind sie manchmal gut, wie Fauchi der legendäre Schlossdrache auf Schloss Lenzburg (AG), meistens aber böse? Jedenfalls ist ein Drache immer eine fantastische Figur, ob in der Sagenwelt oder in der Märchenwelt. Von großen Helden oder Heiligen kann er jedenfalls bezwungen werden: Denn ein echter Mensch kann das am wenigsten menschliche Wesen besiegen.

Beatus, der Apostel der Schweiz, lebte der Legende nach mit seinem Gefährten Achatus in einer Höhle am Thunersee (BE). Dort hatte er einen Drachen besiegt, dem er das Kreuz entgegenhielt. Das war zu viel für den Drachen, und er stürzte in den Thunersee, der daraufhin in Wallung geriet und zu kochen anfing. Zumindest Letzteres ist unpoetisch erklärlich. Das Wasser einer Karstquelle mündet unter der Wasseroberfläche in den See. Bei sehr starkem Regen fängt dieser Wasseraustritt an zu brodeln, und die Wasseroberfläche verfärbt sich. Ein Phänomen, das einige Tage andauern kann, aber ausgesprochen selten auftritt. Wenn man nicht darauf warten möchte, kann man zumindest die beeindruckende Beatushöhle besichtigen.

Pontius Pilatus soll nach vielen Irrfahrten im Gipfelsee bei der Oberalp versenkt worden sein. Aber er fuhr als scheußliches Ungeheuer kreuz und quer, bis er schließlich gebannt werden konnte. Man kann einen Drachen aber auch einfach beschäftigen, sodass er keinen Unsinn anstellen kann. Zum Beispiel darf er das Logo der Pilatusbahn bei Luzern zieren. Denn die Drachen vom Luzerner Hausberg sind besonders aktiv oder zeigen sich als wabernde Wolke über dem Berg, ähnlich wie die Malojaschlange im Bergell (GR). Im Jahre 1421 hatte ein junger Mann ein Drachengewand sticken lassen, das in der Luzerner Hofkirche ausgestellt wurde. Er hatte notgedrungen zusammen mit zwei Drachen in einer Höhle am Pilatus den Winter verbringen müssen.

Daher wissen wir: Drachen halten Winterschlaf. An Lawinen können sie somit nicht schuld sein, es sei denn, sie haben unruhige Träume und schlagen mit den Flügeln oder lassen etwas fallen. So geschehen ebenfalls im Jahr 1421, als ein Stück versteinerter Drachenkot einem Luzerner Bauern auf den Kopf fiel. Der Heilkundige Renward Cysat fand schnell heraus, dass der Dragonit ein probates Mittel gegen die Pest sein konnte, auch wenn der Drache dann bei der Konkurrenz, der Suidter'schen Apotheke in Luzern, landete, um dort über die Essenzen zu wachen. Vor allem aber sind sie für Bergstürze verantwortlich, die für die Menschen oft aus heiterem Himmel kamen und Tod und Verderben brachten. Sie konnten nur vom Teufel kommen, der seine giftigen Helferlinge, die Drachen, gegen die Menschen losschickte.

Im Wallis bei Visp erzählt man sich von einem Drachen, der sich an dem messerbewehrten Stahlpanzer eines in spanischen Diensten ergrauten Soldaten den Magen verdarb. Vor lauter Schmerzen schlug er mit seinen Flügeln so heftig auf die Felsen, dass die Felsmasse abbrach und ein ganzes Dorf verschüttete. Das Unwohlsein des Drachen linderte das nicht, und er flog rasend vor Schmerzen bis auf die andere Talseite. Dort wälzte er sich so verzweifelt, dass ein Loch entstand und sich ein See bildete. Aber auch das half nichts. Schließlich verendete der Drache im Nanztal und versteinerte dort. Und so liegt sein Drachenleib in seinen Schlangenwindungen noch immer an dem Ort, der deswegen Lingwurm heißt.

Auch Naters (VS) soll seinen Namen von der Natter ableiten, die aus dem sogenannten Natterloch ihren giftigen Atem verströmte. Auch dieser Drache verdarb sich den Magen, als der von ihm verschlungene Mensch sich mit seinem Messer wieder ins Freie schnitt. Wen wundert's. Drachen brechen also ganze Berge ab oder sorgen für Überschwemmungen, denn in den Alpen haust auch der Wasserdrache. Zum Beispiel im Sumpf im Tal der Ogna da Pardiala (GR). Wasser statt Feuer und Gift spucken auch die Basler Basilisken. Früher gab es mehr als 45 dieser Brunnen in der Stadt. Sogar gekrönte Drachen gibt es: Sie sitzen als überdimensionierte Wasserspeier auf dem *Hôtel de Ville,* also dem Rathaus, von Lausanne. Drachen können also doch ganz nett sein.

Apropos Wasser. Wo vor 230 Millionen Jahren einmal ein Meer war, haben sich die Alpen aufgefaltet – und werden durch Wind, Wasser oder Eis wieder glatt gehobelt. Dabei kommen immer wieder Reste der einstigen Meeresbewohner ans Tageslicht, zum Beispiel Haifischzähne wie in Estavayer-le-Lac (FR).

Oder sind das in Wirklichkeit Drachenzähne? Wer von uns war schon dabei?

Weil der Mythos Gotthard lebt

Steiner sprach zu Hermann Hesse: / »Nenn mir sieben Alpenpässe!«
/ Darauf fragte Hesse Steiner: / »Sag mal Rudolf, reicht nicht einer?«,
dichtete einst Robert Gernhardt. Da kann es nur einen geben: Und
das ist der Gotthard, der Pass zwischen den Eidgenossen und dem
Süden. Dort heißt er noch immer San Gottardo, während er im Norden seine Heiligkeit eingebüßt hat. Er ist einfach ein Mythos, das
reicht. Goethe meinte 1799, nur »Felsen und Schnee« zu sehen, aber
der Pass faszinierte ihn doch so sehr, dass er dreimal hinaufkletterte.

Der Heilige Gotthard ist immer präsent, zum Beispiel in seiner
multimedialen Auseinandersetzung mit dem Teufel. Da geht es im
Museum auf dem Pass lautstark zur Sache. Natürlich siegt das Gute.
Das heißt, der Teufel mit seinem langen roten Schwanz und den
gedrehten Hörnern kommt nicht gegen Gotthard an, den kleinen
Dicken in seinem schützenden Mantel. Und wenn die Tagestouristen
am Abend die Passhöhe verlassen haben und die letzte kleine Sport-
maschine über den Gotthard geflogen ist, steigt der Mythos wieder
empor, kühl und frisch aus dem Norden und sanft abendrötlich aus
dem Süden. Der See liegt einsam und ruhig zwischen den asphaltier-
ten Straßen, und nach dem Abendessen bietet sich noch ein kleiner
Rundgang an, bevor man sich im Alten oder Neuen Hospiz zur Ruhe
begibt. Hier kann man beruhigt schlafen, schließlich ist der Pass das
Symbol der Wehrhaftigkeit und Unabhängigkeit der Schweiz und
das Bollwerk ihrer Freiheit.

So viel zum Mythos. Der kann natürlich auch noch andere Sai-
ten aufziehen, denn so lieb geht die Natur auch nicht mit uns um.
Da pfeifen schon einmal Winde mit bis zu 170 Stundenkilometern
über die Höhe, und es kann bis zu minus 30 Grad werden. Das
Gotthardmassiv gilt als eine der niederschlagsreichsten Regionen
der Schweiz. Mit »nur« 2.091 Metern Höhe lässt er sich allerdings

auch mit kleinen Flugzeugen gut überfliegen. Aber er ist nun einmal Wetterscheide. Das teilweise vergletscherte Gotthardmassiv ist auch eine der bedeutendsten Wasserscheiden Europas.

Dummerweise ist die Erklimmung des Passes von Norden aus schwierig, sodass die ersten Alpenüberquerer lieber den Weg über den bequemeren Lukmanierpass wählten. Aber trotz aller natürlichen Widrigkeiten ist der Pass die kürzeste Verbindung über den Alpenhauptkamm. Davon profitieren Luzern und die Region um den Vierwaldstättersee seit 2000 Jahren. Der Gotthard gilt als »Pass der Pioniere«, und seine Erschließung legte den Grundstein für den Reichtum der Schweiz. 1176 wurde eine Kapelle auf dem Pass geweiht und war Ziel zahlreicher Prozessionen, ein erstes Hospiz entstand 1237. Eine Überlieferung berichtet sogar, dass bereits die Langobardenkönigin Theodolinda im Jahre 620 ein Hospiz gegründet haben soll. Aber das gehört wohl zum Mythos.

Jedenfalls sollte man den Gotthard weiterhin ehren und nicht schnöde unter ihm hindurchsausen.

111. Grund

Weil die Klischees der Schweiz so beliebt sind

Nehmen wir einmal die Fläche der deutschen Bundesländer Hessen und Sachsen-Anhalt zusammen, erhalten wir ziemlich genau die Fläche der Schweiz – natürlich nur zweidimensional und nicht in der Höhe! Der vierten Dimension, der Zeit, sind wir im Laufe der Gründe des Öfteren begegnet.

Ganz spontan: Wie viele Klischees zu Hessen und Sachsen-Anhaltinern fallen Ihnen ein? Sicherlich das ein oder andere, aber Sie werden garantiert nicht auf so viele kommen, wie Ihnen zur Schweiz einfallen, oder? Da gibt es eine Menge, natürlich nur liebenswerte, wie wir sehen konnten.

Und das Schöne ist: Die Schweizer scheinen ihre Klischees auch zu lieben. Das konnten wir immer wieder feststellen. Die Schweiz steht für Qualität (Uhren, Schokolade, Bankkonten), Folklore (Alphörner, Fasnacht, dass man aus dem Schwenken seiner Nationalfahne einen Sport machen kann) und eine tolle Landschaft (Berge, Seen, Gletscher). Sie ist mondän (Genf, Interlaken, Zürich), traditionell (Rütliwiese, Schwinger und glückliche Kühe) und auch ein bisschen verspielt. Und das alles auf so einem kleinen Raum! Und das alles heißt dann *Swissness*. Auch Sport- und Brauchtumsvereine feiern ihr Land und seine Besonderheiten gerne, wie wir wissen, sogar meistens, ohne über die Sozialstränge zu schlagen.

Alle anderen sind sowieso begeistert. Da kann es in Zeiten des *Overtourism* auch schon einmal zu Engpässen kommen, und ich stelle mir lieber nicht vor, wie es in Luzern im Mai 2019 ausgesehen hat, als 12.000 Chinesen auf einer *Incentive*-Reise ihres Arbeitgebers unter anderem nach Luzern gereist sind und die *Swissness* erlebt haben. Die Schweiz ist zwar eine der erfolgreichsten Wirtschaftsmächte der Welt, schafft es aber gleichzeitig, unpolitisch, lieblich und mustergültig daherzukommen. *Swissness* eben, und das weltweit. Anlässlich der Fußballweltmeisterschaft 1972 verkündete die Schweiz gerne, dass sie wie immer neutral seien. »Uns ist es gleich, wer die Deutschen schlägt.« Ich gebe zu, dass ich gerne diesen Spruch abwandle, wenn mir etwas wurscht ist.

Andererseits: Was sind schon Klischees in Zeiten der ununterbrochenen Suche nach der *Corporate Identity*? Ein ganzes Land als Marke. Wer hat das schon? Wer ist das schon? In Zeiten, wo alle gleichzeitig mit Millionen anderer einem Trend hinterherlaufen, wollen sie doch gleichzeitig individuell und einzigartig sein. Natürlich gibt es auch in der Schweiz die internationalen Ketten, die jeder aus seiner Heimat und allen bis dahin besuchten Ländern kennt. Dennoch gibt es in der Schweiz Phänomene, die exotisch und gleichzeitig gewohnt anmuten. Klischees und Realität treffen sich. Vielleicht sind sie deshalb so beliebt. Denn schon fühlt man sich »daheim«.

Immerhin habe ich es als Deutsche geschafft, dem so oft benutzten Wort Tradition kein abgenutztes »ungebrochen« voranzusetzen. Die Schweizer machen was daraus. Und ein Fest gibt's obendrauf.

Die Frage, was dran ist an Schweizer Klischees, hat sogar schon einmal eine Ausstellung zu beantworten versucht: Im Jahr 2010 präsentierten sich Plakate zum Thema »Paradies Schweiz«. Und wo? Natürlich in der Schweiz. Genauer gesagt in Zürich im Museum für Gestaltung. Mit der Ratifizierung des UNESCO-Übereinkommens zur Bewahrung des immateriellen Kulturerbes am 16. Oktober 2008 verpflichtete sich die Schweiz, ein Inventar zu erstellen und periodisch zu aktualisieren. Die Liste umfasst bisher 199 Themen. Was für eine magische Grundlage für die nächsten 111 Gründe! Wenn ich mit einem Comic begonnen habe, beende ich dieses Buch auch mit einem bzw. vielen. Nämlich auf dem Internationalen Comix-Festival Fumetto in Luzern, das es schon seit fast 30 Jahren gibt.

Wie es sich für ein traditionsbewusstes Land gehört, werden wir alle mitgenommen in Bildern und Texten. Zum Beispiel illustriert und erzählt die Baslerin Kathrin Schärer Geschichten für Kinder. Ihre Zeichnungen sind so urchig und niedlich (jetzt ist mir dieses Wort doch noch rausgerutscht!), das gefällt auch Erwachsenen. Mir zum Beispiel.

Grüezi aus dem Bilderbuchland Schweiz!

ORTS- UND PERSONENLISTE

Die Ziffern beziehen sich auf die jeweiligen Gründe

KANTONE

Zur Lokalisierung der Schweizer Orte sind die amtlichen Kürzel der Kantone und Halbkantone angegeben, wie man es auch auf den Auto-kennzeichen sehen kann, sortiert nach der jeweiligen Hauptsprache:

AG = Aargau	NW = Nidwalden
AR = Appenzell Ausserrhoden	OW = Obwalden
AI = Appenzell Innerrhoden	SH = Schaffhausen
BL = Basel-Landschaft	SZ = Schwyz
(Baselbiet)	SO = Solothurn
BS = Basel-Stadt	SG = St.Gallen
BE = Bern	TG = Thurgau
FR = Freiburg/Fribourg	TI = Ticino/Tessin
GE = Genève/Genf	UR = Uri
GL = Glarus	VS = Valais/Wallis
GR = Graubünden/Grischun	VD = Vaud/Waadt
JU = Jura	ZG = Zug
LU = Luzern	ZH = Zürich
NE = Neuchâtel/Neuenburg	

QUELLEN- UND LITERATURANGABEN

Vorwort: Zitat: ZEITmagazin 14.4.1989.

Grund 1: René Goscinny und Albert Uderzo, Astérix chez les Helvètes. Paris 1970; Dt. Übersetzung Asterix bei den Schweizern. Stuttgart 1973.

Grund 2: Bruno Ganz in B.Z. Berlin 9.12.2015, zitiert nach www.bz-berlin.de/panorama/alm-oehi-bruno-ganz-manchmal-nerven-mich-kinder.

Grund 3: Zitat: www.rothenburg2020.ch.

Grund 4: Martine Bally u.a. Juni 2018 »Alphorn- und Büchelspiel«, www.lebendige-traditionen-schweiz.ch.

Grund 5: www.bern.carpe.diem.ch.

Grund 6: Fleur Helmig zitiert nach: www.nestle.ch/de/media/pressreleases/caillerfeiert200geburtstag.

Grund 7: Verstehen Sie Spaß: www.youtube.com/watch?v=mPoW-bok107g.; Ausstellung und Zitat: www.handelszeitung.ch/unternehmen/diese-skurrilen-produkte-werben-mit-dem-matterhorn-1442159.

Grund 8: Nationale Plattform für Naturgefahren: www.planat.ch.

Grund 9: www.seismo.ethz.ch; 662 registrierte Erdbeben: Stand vom 16.7.2019. Michèle Marti von seismo.ethz.ch, mail vom 5.2.2019: jährlich werden 1.000 bis 1.500 Erdbeben in der Schweiz aufgezeichnet.

Grund 12: Reinhard Lässig, Eidgenössische Forschungsanstalt WSL, mail vom 28.5.2019; www.wsl.ch.

Grund 13: aktuelle Bären: Peter Schlup, Tierpark Dählhölzli Bern, mail vom 22.3.2019.

Grund 14 : www.fondation-barry.ch; www.barryland.ch.

Grund 16: Daniela Hilfiker, www.herdenschutzschweiz.ch, mail vom 30.4.2019; Bär am Seewligrat: Blick 22.7.2016.

Grund 17: Martin Suter, Die Schwarznasen vom Gletscher. In: Geo-Magazin 9, 1980; Zitat: www.sn-verband.ch, 2019.

Grund 26: www.glamos.ch; Tagung zur Gletscherarchäologie im Mai 2019 unter: www.sagw.ch/sagw/archiv/veranstaltungen/gletscherarchaeologie/.Dort auch beeindruckende historische Bilder zum Gletscherschwund, z.B. bei Christian Rohr von der Universität Bern: https://sagw.ch/fileadmin/redaktion_sagw/dokumente/Veranstaltungen/2019/Gletscherarchaeologie/Christian_Rohr.pdf.

Grund 29: Jean-Henri Papilloud, überarb. von Johannes Gerber, Walliser Suonen. Sierre 2015.

Grund 30: René Cathrein, Schweizer Salinen AG, E-Mail vom 23.7.2019; www.salz.ch/de/salz-erleben.

Grund 32: www.verkehrshaus.ch/footer/menu-quicklinks/unternehmen/medien/medienmitteilungen/detail/pressrelease/show/piccards-u-boot-auferweckt.html.

Grund 36: Übersetzung der Überschrift: Walter Degonda, www.grisun.ch.

Grund 37: Zitat Strahler: Thomas Bolli, mail vom 21.5.2019; Ehrenkodex: www.svsmf.ch; Zitat Grathirt: Laudo Albrecht, mail vom 18.3.2019.

Grund 42: Zitat: Walliser Bote 12.8.1994 und 1.4.2019; Zitat Theler: Merian-Heft Wallis 2010.

Grund 44: www.soroptimist-vaduz.li/pcms/file/vortrag-josef-wagner.pdf; www.emilielouisefrey.ch; Zitat: www.altbasel.ch.

Grund 45: www.suva.ch/de-ch/die-suva/news-und-medien/medien/2006/12/13/start-der-tempo-tage-von-suvaliv.

Grund 46: www.pondhockey.ch; www.spenglercup.ch.

Grund 47: www.equus-helveticus.ch, mail vom 8.5.2019; Zitat Guerdat nach Gabriele Pochhammer, 9.4.2019 www.st-georg.de/blog/warum-steve-guerdat-so-besonders-ist/ und WDR-Fernsehinterview vom 21.7.2019.

Grund 48: Zitat Tolstoi nach https://gutenberg.spiegel.de/buch/luzern-albert-10417/2.

Grund 50: Michael Marti, Peter Wälty, James Bond und die Schweiz. Basel 2008.

Grund 51: www.schweiz-japan.ch; swisschado.ch; intercultura-gruezi.ch.

Grund 52: Ann M. Hentschel und Gerd Graßhoff, Albert Einstein, »Jene glücklichen Berner Jahre«. Bern 2005.

Grund 53: Heimo Schwilk, Hermann Hesse – Das Leben des Glasperlenspielers. München 2.Aufl. 2012.

Grund 54: www.rilke.ch; www.fondationrilke.ch; Briefe in zwei Bänden, BN II 83. Leipzig 1991.

Grund 55: Les Trois Rois, Basel: mail vom 25.3.2019; Les Trois Rois – Einblicke in die Geschichte; Maximilian Triet / Anne Nagel / Michael Leuenberger, Schwabe Verlag 2006; Margrit Wyder, uzh. ch, mail vom 28.3.2019.

Grund 63: www.swissfruit.ch/de/infothek/obstland-schweiz.

Grund 65: Chillon: Château du Chillon, mail vom 11.5.2019.

Grund 68: Zitat: Marc-Antoine Kaeser, mail vom 28.5.2019.

Grund 71: Lesetipp: Roman »Walliser Totentanz« von Werner Ryser. Visp 2009.

Grund 74: Byron zitiert nach: www.poemhunter.com/poem/the-prisoner-of-chillon-2.

Grund 75: Zitat: Michael Schoenenberger in NZZ 11.2. 2019.

Grund 76: Roman Weissen, Unterbäch – »Rütli der Schweizer Frau«. Walliser Jahrbuch 87, 2018.

Grund 83: Zitat: Beat Moser, die FO. Teil 1 Die Furka-Oberalp-Bahn, heute und morgen. Sondernummer des Eisenbahn-Journal. Fürstenfeldbruck 1992.

Grund 84: Krokodil und Dampfschneeschleuder gemeinsam unterwegs: www.youtube.com/watch?v=nvEYDUYwvek.

Grund 85: Zitat Sauber: www.formel1.de/news/news/2018-01-08/peter-sauber-identitaet-geht-durch-alfa-romeo-nicht-verloren.

Grund 88: Luzern: Ueli Habegger, mail vom 1.7.2019; www.musegg-mauer.ch. (Verein und Stiftung für die Erhaltung der Musegg-mauer).

Grund 93: https://news.sbb.ch/artikel/89926/alfred-escher-faehrt-erstmals-durch-seinen-gotthardtunnel.

Grund 94: www.crestawald.ch/archiv/sperren.

Grund 95: www.murtenschiessen.ch/index.php/bestimmungen.

Grund 96: Ausstellungskatalog Schweizerisches Landesmuseum »Gold der Helvetier. Keltische Kostbarkeiten aus der Schweiz«. Zürich 1991; Zitat: Hans Traxler, ZEITmagazin vom 14.4.1989.

Grund 98: Zitat: Laudo Albrecht, mail vom 18.3.2019; www.pronatura-aletsch.ch.; Zitat: Angelika Abderhalden-Raba, Fundaziun Pro Terra Engadina, mail vom 15.7.2019.

Grund 100: Zitat: Jrène Küng-Schmocker, Verein Schweizerisches Trachten- und Alphirtenfest Unspunnen, mail vom 26.6.2019.

Grund 103: Xandi Furrer, mündl. 16.3.2019; www.rollibocktrophy.ch.

Grund 104: Josef Guntern (Hrsg.), Walliser Sagen. Olten/Freiburg i.Breisgau 1963.

Grund 106: Viktor Rosser, Zentralkomitee der Zünfte Zürichs ZZZ, mail vom 24.6.2019; www.sechselaeuten.ch inkl. der Brenndauer der letzten Jahrzehnte im Zeitraffer! Einfach aufs Streichholz klicken! 2016 war rekordverdächtig.

Grund 108: Zitat: Geraldine Chaplin in NZZ 2.3.2019.

Grund 111: Immaterielles Kulturerbe: www.lebendige-traditionen.ch.

111 GRÜNDE:

REISE INTERNATIONAL: 111 GRÜNDE, GEORGIEN ZU LIEBEN • 111 GRÜNDE, DIE SCHWEIZ ZU LIEBEN • 111 GRÜNDE, ALBANIEN ZU LIEBEN • 111 GRÜNDE, CHINA ZU LIEBEN • 111 GRÜNDE, BULGARIEN ZU LIEBEN • 111 GRÜNDE, COSTA RICA ZU LIEBEN • 111 GRÜNDE, DIE SLOWAKEI ZU LIEBEN • 111 GRÜNDE, SINGAPUR ZU LIEBEN • 111 GRÜNDE, TSCHECHIEN ZU LIEBEN • 111 GRÜNDE, ARMENIEN ZU LIEBEN • 111 GRÜNDE, DUBLIN ZU LIEBEN • 111 GRÜNDE, ÄGYPTEN ZU LIEBEN • 111 GRÜNDE, DIE NIEDERLANDE ZU LIEBEN • 111 GRÜNDE, DIE UKRAINE ZU LIEBEN • 111 GRÜNDE, ARGENTINIEN ZU LIEBEN • 111 GRÜNDE, DIE TÜRKEI ZU LIEBEN • 111 GRÜNDE, SÜDAFRIKA ZU LIEBEN • 111 GRÜNDE, LONDON ZU LIEBEN • 111 GRÜNDE, NEW YORK ZU LIEBEN • 111 GRÜNDE, MALLORCA ZU LIEBEN • 111 GRÜNDE, DÄNEMARK ZU LIEBEN • 111 GRÜNDE, SCHWEDEN ZU LIEBEN • 111 GRÜNDE, FINNLAND ZU LIEBEN • 111 GRÜNDE, IRLAND ZU LIEBEN • 111 GRÜNDE, ISLAND ZU LIEBEN • 111 GRÜNDE, SCHOTTLAND ZU LIEBEN • 111 GRÜNDE, POLEN ZU LIEBEN • 111 GRÜNDE, PORTUGAL ZU LIEBEN • 111 GRÜNDE, AUSTRALIEN ZU LIEBEN • 111 GRÜNDE, NEUSEELAND ZU LIEBEN • 111 GRÜNDE, INDIEN ZU LIEBEN • 111 GRÜNDE, KUBA ZU LIEBEN • 111 GRÜNDE, RUSSLAND ZU LIEBEN • 111 GRÜNDE, FRANKREICH ZU LIEBEN • 111 GRÜNDE, ROM ZU LIEBEN • 111 GRÜNDE, ENGLAND ZU LIEBEN • 111 GRÜNDE, BRASILIEN ZU LIEBEN • 111 GRÜNDE, JAPAN ZU LIEBEN • 111 GRÜNDE, WALES ZU LIEBEN • 111 GRÜNDE, KANADA ZU LIEBEN • 111 GRÜNDE, ITALIEN ZU LIEBEN • 111 GRÜNDE, NORWEGEN ZU LIEBEN • **REISE DEUTSCHLAND:** 111 GRÜNDE, DEN RUHRPOTT ZU LIEBEN • 111 GRÜNDE, DIE NORDSEE ZU LIEBEN • 111 GRÜNDE, KÖLN ZU LIEBEN • 111 GRÜNDE, DAS RHEINLAND ZU LIEBEN • 111 GRÜNDE, THÜRINGEN ZU LIEBEN • 111 GRÜNDE, FRANKEN ZU LIEBEN • 111 GRÜNDE, BADEN ZU LIEBEN • 111 GRÜNDE, BAYERN ZU LIEBEN • 111 GRÜNDE, SACHSEN ZU LIEBEN • 111 GRÜNDE, HAMBURG ZU LIEBEN • 111 GRÜNDE, DIE PFALZ ZU LIEBEN • 111 GRÜNDE, SYLT ZU LIEBEN • 111 GRÜNDE, SCHWABEN ZU LIEBEN • **MUSIK:** 111 GRÜNDE, HIPHOP ZU LIEBEN • 111 GRÜNDE, HEAVY METAL ZU LIEBEN • 111 GRÜNDE, KLASSISCHE MUSIK ZU LIEBEN • 111 GRÜNDE, JAZZ ZU LIEBEN • **EROTIK:** 111 GRÜNDE, SM ZU LIEBEN • 111 GRÜNDE, OFFEN ZU LIEBEN • **HOBBY & FREIZEIT:** 111 GRÜNDE, SELBST ZU KOCHEN • 111 GRÜNDE, POKER ZU LIEBEN • 111 GRÜNDE, SCHACH ZU LIEBEN • 111 GRÜNDE, BÜCHER ZU LIEBEN • 111 GRÜNDE, DAS BÖSE ZU LIEBEN • 111 GRÜNDE, COMPUTERSPIELE ZU LIEBEN • 111 GRÜNDE, DIE EISENBAHN

WWW.111-GRUENDE.DE

SONST NICHTS.

111 GRÜNDE:

FUSSBALL: 111 GRÜNDE, BAYERN MÜNCHEN ZU LIEBEN • 111 GRÜNDE, BAYER 04 LEVERKUSEN ZU LIEBEN • 111 GRÜNDE, SCHALKE 04 ZU LIEBEN • 111 GRÜNDE, MAINZ 05 ZU LIEBEN • 111 GRÜNDE, HERTHA BSC ZU LIEBEN • 111 GRÜNDE, EINTRACHT BRAUNSCHWEIG ZU LIEBEN • 111 GRÜNDE, DEN 1. FC KAISERSLAUTERN ZU LIEBEN • 111 GRÜNDE, FRAUENFUSSBALL ZU LIEBEN • 111 GRÜNDE, DIE PREMIER LEAGUE ZU LIEBEN • 111 GRÜNDE, DEN SV WEHEN WIESBADEN ZU LIEBEN • 111 GRÜNDE, MANCHESTER UNITED ZU LIEBEN • 111 GRÜNDE, DEN FC ARSENAL ZU LIEBEN • 111 GRÜNDE, DEN FC BARCELONA ZU LIEBEN • 111 GRÜNDE, DEN AC MAILAND ZU LIEBEN • 111 GRÜNDE, JUVENTUS TURIN ZU LIEBEN • 111 GRÜNDE, GALATASARAY ZU LIEBEN • 111 GRÜNDE, DEN FC AUGSBURG ZU LIEBEN • 111 GRÜNDE, DIE SPVGG GREUTHER FÜRTH ZU LIEBEN • 111 GRÜNDE, DEN VFL BOCHUM ZU LIEBEN • 111 GRÜNDE, DEN VFL WOLFSBURG ZU LIEBEN • 111 GRÜNDE, ARMINIA BIELEFELD ZU LIEBEN • 111 GRÜNDE, HANSA ROSTOCK ZU LIEBEN • 111 GRÜNDE, DYNAMO DRESDEN ZU LIEBEN • 111 GRÜNDE, DEN FC CARL ZEISS JENA ZU LIEBEN • 111 GRÜNDE, DEN SC PADERBORN ZU LIEBEN • 111 GRÜNDE, DEN KARLSRUHER SC ZU LIEBEN • 111 GRÜNDE, 1899 HOFFENHEIM ZU LIEBEN • 111 GRÜNDE, ALEMANNIA AACHEN ZU LIEBEN • 111 GRÜNDE, BAYERN-FAN ZU SEIN • 111 GRÜNDE, DEN FC BASEL 1893 ZU LIEBEN • 111 GRÜNDE, DEN FC INGOLSTADT 04 ZU LIEBEN • 111 GRÜNDE, DEN SK RAPID WIEN ZU LIEBEN • 111 GRÜNDE, DEN SV DARMSTADT 98 ZU LIEBEN • 111 GRÜNDE, PREUSSEN MÜNSTER ZU LIEBEN • 111 GRÜNDE, RB LEIPZIG ZU LIEBEN • 111 GRÜNDE, UNIONER ZU SEIN • 111 GRÜNDE, DIE NATIONALMANNSCHAFT ZU LIEBEN • 111 GRÜNDE, DIE SELEÇÃO BRASILEIRA ZU LIEBEN • 111 GRÜNDE, ROT-WEISS ESSEN ZU LIEBEN • 111 GRÜNDE, KICKERS OFFENBACH ZU LIEBEN • 111 GRÜNDE, ROT-WEISS ERFURT ZU LIEBEN • 111 GRÜNDE, BEŞIKTAŞ ZU LIEBEN • 111 GRÜNDE, DEN 1. FC SAARBRÜCKEN ZU LIEBEN • 111 GRÜNDE, DEN VFL OSNABRÜCK ZU LIEBEN • 111 GRÜNDE, ST.-PAULI-FAN ZU SEIN • 111 GRÜNDE, DIE MiLLi TAKIM ZU LIEBEN • 111 GRÜNDE, DEN FK AUSTRIA WIEN ZU LIEBEN • 111 GRÜNDE, ATLÉTICO MADRID ZU LIEBEN • 111 GRÜNDE, DEN VFL SPORTFREUNDE LOTTE ZU LIEBEN • 111 GRÜNDE, DEN SV WALDHOF MANNHEIM 07 ZU LIEBEN • 111 GRÜNDE, DEN FC 08 HOMBURG ZU LIEBEN • 111 GRÜNDE, DEN FC RED BULL SALZBURG ZU LIEBEN • 111 GRÜNDE, DEN SK STURM GRAZ ZU LIEBEN • 111 GRÜNDE, EINTRACHT FRANKFURT ZU LIEBEN • 111 GRÜNDE, DEN 1. FC NÜRNBERG ZU LIEBEN • 111 GRÜNDE, REAL MADRID ZU LIEBEN • 111 GRÜNDE, HOLSTEIN KIEL ZU LIEBEN • 111 GRÜNDE, DEN SSV JAHN REGENSBURG ZU LIEBEN • 111 GRÜNDE, DEN TSV 1860 MÜNCHEN ZU LIEBEN •

SONST NICHTS.

111 GRÜNDE, DEN FC LIVERPOOL ZU LIEBEN • 111 GRÜNDE, BENFICA LISSABON ZU LIEBEN • 111 GRÜNDE, BORUSSIA DORTMUND ZU LIEBEN • 111 GRÜNDE, BORUSSIA MÖNCHENGLADBACH ZU LIEBEN • 111 GRÜNDE, DEN VFB STUTTGART ZU LIEBEN • 111 GRÜNDE, WERDER BREMEN ZU LIEBEN • 111 GRÜNDE, HANNOVER 96 ZU LIEBEN • 111 GRÜNDE, DEN SC FREIBURG ZU LIEBEN • 111 GRÜNDE, DEN 1. FC KÖLN ZU LIEBEN • 111 GRÜNDE, FORTUNA DÜSSELDORF ZU LIEBEN • 111 GRÜNDE, DEN 1. FC UNION BERLIN ZU LIEBEN • 111 GRÜNDE, DEN 1. FC MAGDEBURG ZU LIEBEN • 111 GRÜNDE, DEN MSV DUISBURG ZU LIEBEN • 111 GRÜNDE, DEN FC ST. PAULI ZU LIEBEN • 111 GRÜNDE, DEN HAMBURGER SV ZU LIEBEN • 111 GRÜNDE, ENERGIE COTTBUS ZU LIEBEN • 111 GRÜNDE, DIE WÜRZBURGER KICKERS ZU LIEBEN • 111 GRÜNDE, DEN KFC UERDINGEN ZU LIEBEN • 111 GRÜNDE, BAYERN MÜNCHEN ZU HASSEN • **HANDBALL:** 111 GRÜNDE, HANDBALL ZU LIEBEN • 111 GRÜNDE, DIE SG FLENSBURG-HANDEWITT ZU LIEBEN • 111 GRÜNDE, DIE RHEIN-NECKAR LÖWEN ZU LIEBEN • **BASKETBALL:** 111 GRÜNDE, BASKETBALL ZU LIEBEN • 111 GRÜNDE, DIE FRAPORT SKYLINERS ZU LIEBEN • 111 GRÜNDE, ALBA BERLIN ZU LIEBEN • 111 GRÜNDE, FC BAYERN MÜNCHEN BASKETBALL ZU LIEBEN • 111 GRÜNDE, BROSE BAMBERG ZU LIEBEN • 111 GRÜNDE, MEDI BAYREUTH ZU LIEBEN • **EISHOCKEY:** 111 GRÜNDE, EISHOCKEY ZU LIEBEN • 111 GRÜNDE, DIE DÜSSELDORFER EG ZU LIEBEN • 111 GRÜNDE, DEN SC BERN ZU LIEBEN • 111 GRÜNDE, DEN EHC RED BULL MÜNCHEN ZU LIEBEN • 111 GRÜNDE, DIE ADLER MANNHEIM ZU LIEBEN • 111 GRÜNDE, DIE ICE TIGERS ZU LIEBEN • 111 GRÜNDE, DIE KÖLNER HAIE ZU LIEBEN • 111 GRÜNDE, DEN ERC INGOLSTADT ZU LIEBEN • 111 GRÜNDE, DIE EISBÄREN BERLIN ZU LIEBEN • 111 GRÜNDE, DIE VIENNA CAPITALS ZU LIEBEN • **SONSTIGER SPORT:** 111 GRÜNDE, BOXEN ZU LIEBEN • 111 GRÜNDE, BIATHLON ZU LIEBEN • 111 GRÜNDE, DIE FORMEL 1 ZU LIEBEN • 111 GRÜNDE, DAS RADFAHREN ZU LIEBEN • 111 GRÜNDE, TENNIS ZU LIEBEN • 111 GRÜNDE, MOTORRAD ZU FAHREN • 111 GRÜNDE, TISCHTENNIS ZU LIEBEN • 111 GRÜNDE, KLETTERN ZU GEHEN • 111 GRÜNDE, WRESTLING ZU LIEBEN • 111 GRÜNDE, SNOOKER ZU LIEBEN • 111 GRÜNDE, BODYBUILDING ZU LIEBEN • 111 GRÜNDE, DARTS ZU LIEBEN • 111 GRÜNDE, TRIATHLON ZU LIEBEN • 111 GRÜNDE, GOLF ZU LIEBEN • 111 GRÜNDE, DAS RUDERN ZU LIEBEN • 111 GRÜNDE, BASEBALL ZU LIEBEN • 111 GRÜNDE, DAS BOGENSCHIESSEN ZU LIEBEN • 111 GRÜNDE, DEN GALOPPRENNSPORT ZU LIEBEN • 111 GRÜNDE, AMERICAN FOOTBALL ZU LIEBEN • 111 GRÜNDE, HOCKEY ZU LIEBEN • 111 GRÜNDE, JUDO ZU LIEBEN • 111 GRÜNDE, CRICKET ZU LIEBEN • 111 GRÜNDE, RUGBY ZU LIEBEN • **FÜR JEDEN IST ETWAS DABEI.**

WWW.SCHWARZKOPF-SCHWARZKOPF.DE

BRIGITTE BEYER, geboren 1954 in Hann.-Münden, promovierte über einen ägyptischen Pharao. Sie war lange Zeit in der Presse- und Öffentlichkeitsarbeit verschiedener Kulturinstitutionen tätig und forscht vor allem über den geschichtlichen, kulturellen und sprachlichen Austausch in den antiken Kulturen. Seit über 30 Jahren bereist sie regelmäßig die Schweiz.

Brigitte Beyer
111 GRÜNDE, DIE SCHWEIZ ZU LIEBEN
Eine Liebeserklärung an das schönste Land der Welt
ISBN 978-3-86265-746-9

BILDNACHWEIS

Bildteil 1, S. II oben Oliver Hlavaty/stock.adobe.com, S. IV oben: Michael/stock.adobe.com, S. V oben: wyssu/stock.adobe.com, S. V unten: Bogdan Lazar/stock.adobe.com, S. VI unten Gina Sanders/stock.adobe.com, S. VII unten: vlad_g/stock.adobe.com, S. VIII oben: by-studio/stock.adobe.com, S. VIII unten: janoka82/stock.adobe.com, S. IX oben: Magica/stock.adobe.com, S. IX unten: djama/stock.adobe.com, S. X oben: andrii_lutsyk/stock.adobe.com, S. XIII unten: Peter Stein/stock.adobe.com, S. XIV oben: Ben Burger/stock.adobe.com, S. XVI oben: Hans und Christa Ede/stock.adobe.com, S. XVI unten: Sergii Figurnyi/stock.adobe.com, S. VII oben: Zentralkomitee der Zünfte Zürichs/Guggenbühl, Autor: S. I, S. II unten, S. III, S. IV unten, S. VI oben, S. X unten, S. XI, S. XII, S. XIII oben, S. XIV unten, S. XV., Bildteil 2, Stock.adobe.com: S. XVII: Tsuboya/stock.adobe.com, S. XVIII oben: Gorilla/stock.adobe.com, S. XVIII unten: Olga/stock.adobe.com, S. XIX unten: icephotography/stock.adobe.com, S. XX oben: Eva Bocek/stock.adobe.com, S. XX unten: brunok1/stock.adobe.com, S. XXII, XXIII: Bildgigant/stock.adobe.com, S XXIV unten: cliffhanger105/stock.adobe.com, S. XXVI oben: tsuguliev/stock.adobe.com, S. XXVI unten: Stefan Schurr/stock.adobe.com, S. XXVII unten: Marina Ignatova/stock.adobe.com, S. XXVIII oben: oscity/stock.adobe.com, S. XXVIII unten: fotofrank/stock.adobe.com, S. XXX unten: Markus Fischer/stock.adobe.com, S. XXXII: michaklootwijk/stock.adobe.com, Autor: S. XXI, S. XXV, S. XXVII oben, S. XXIX, S. XXXI., S. XXIV oben: Laténium, Foto Q.Bacchus., S. XXX oben: SBB CFF FFS., Titelfoto: © D'July/stock.adobe.com, linke Bildleiste: oben nach unten: 4,6: stock.adobe.com, Autor 1-3, 5,7.

VERLAG
Schwarzkopf & Schwarzkopf Verlag GmbH
Kastanienallee 32, 10435 Berlin
Telefon: 030 – 44 33 63 00, Fax: 030 – 44 33 63 044

INTERNET | E-MAIL
www.schwarzkopf-schwarzkopf.de | info@schwarzkopf-schwarzkopf.de
www.facebook.com/schwarzkopfverlag